近代报刊视野下中国小说转型研究

郭浩帆　著

科学出版社
北　京

内 容 简 介

本书在中国文学转型背景下整合小说史和新闻出版史研究，通过对晚清四大小说期刊等近代文学报刊及报刊编辑活动的分析，探讨近代小说与近代报刊的互动关系及其对中国小说转型的重要影响。全书内容主要由五部分组成：第一部分是对近代小说与报刊事业密切关系的总体考察；第二部分是对促成中国小说转型的主力军——小说报刊的宏观考述；第三部分是对《新小说》等晚清四大小说期刊的研究，探索其对中国小说转型的重要影响；第四部分和第五部分选取近代报刊视野下小说实践的部分个案进行分析，试图从多维度多层面展示近代报刊与小说的双向互动关系。

本书的读者对象为本专业教学研究人员，文科学生，文史知识爱好者及新闻出版工作者。

图书在版编目（CIP）数据

近代报刊视野下中国小说转型研究/郭浩帆著. —北京：科学出版社，2018.4

ISBN 978-7-03-056940-0

Ⅰ. ①近… Ⅱ. ①郭… Ⅲ. ①小说研究–中国–近代 Ⅳ. ①I207.41

中国版本图书馆CIP数据核字（2018）第049732号

责任编辑：王洪秀/责任校对：孙婷婷

责任印制：张欣秀/封面设计：铭轩堂

科学出版社出版

北京东黄城根北街16号

邮政编码：100717

http://www.sciencep.com

北京厚诚则铭印刷科技有限公司 印刷

科学出版社发行　各地新华书店经销

*

2018年4月第 一 版　开本：720×1000　B5

2018年4月第一次印刷　印张：16 3/4

字数：270 000

POD定价： 88.00元

（如有印装质量问题，我社负责调换）

前　　言

19 世纪末至 20 世纪初，中国文学进入从古代向现代的转型时期，文学的内容与形式都发生了重要变化。晚清以来，作者由原来的士大夫逐渐变为知识分子，其写作方式、写作心态等都发生了重要变化。文本的外观形式由原来的线装书和手抄本变为平装书和报刊，文学语言也由原来的以古代汉语为主变为以现代汉语为主。除了词这一文体外，各种文学体裁几乎都发生了巨大的变化。文学传播方式也纳入工业化生产和商业化销售的轨道，运行机制更趋向于“市场化”。受此影响，读者也由原来的士大夫变为普通市民和学堂培养的读书人。可以说，在中国文学史上还从没有哪个时期像近代这样，从观念、内容、形式、语言乃至运行机制等都发生如此剧烈的变化，使文学生态呈现出鲜明的“转型”特征。尽管促成这种文学转型的因素包括政治、经济、文化、教育等，但由近代报刊带来的传播媒介和方式的革命是其中至关重要的原因。正如曹聚仁的《文坛五十年》所言，“中国的文坛和报坛是表姊妹，血缘是很密切的”，“一部中国近代文化史，从侧面看去，正是一部印刷机器发达史；而一部中国近代文学史，从侧面看去，正是一部新闻事业发展史”。可以说，如果没有近代传播媒介与方式的革命，就不可能有我们今天所能看到的近代文学，也不可能形成 20 世纪中国文学的体系和格局。

据不完全统计，1815—1919 年，海内外累计出版的中文报刊约有 2000 种；1872—1919 年，我国至少有 388 种文艺性报刊在社会上刊行，并且出现了 70 种左右以刊载小说为主的文学专刊——小说杂志。在 1840—1919 年近 80 年产生的 12 000 余种小说中，有近万种在报刊上登载过，报刊登载率占了其时作品总数的 80%以上。近代小说在其发展变迁过程中，始终与报刊业保持着密切的联系，这种关系表面看来似乎很单纯，其实是相当微妙而复杂的。例如，在清末，小说与报刊业呈现出同步发展的态势；而到了民初，与新闻界长期遭受打击和镇压的命运相反，小说事业进入了兴盛时期。这都是值得深入思考的问题。

在中国近代小说研究中，对报刊予以密切关注从阿英开始，经郑逸梅、魏绍昌诸前辈推动，到 20 世纪 90 年代以后成为比较热门的话题。陈平原的《二十世纪中国小说史》（第一卷）、蒋晓丽的《中国近代大众传媒与中国近代文学》、袁进的《中国文学的近代变革》、陈大康的《中国近代小说编年史》、付建舟的《小说界革命的兴起与发展》、何宏玲的《晚清上海文艺报纸与近代文学变革》、张天星的《报刊与晚清文学现代化的发生》、胡全章的《清末民初白话报刊研究》，以及郭延礼的《近代西学与中国文学》《中国前现代文学的转型》《中国文学的变革：由古典走向现代》等专著对此问题都有精辟深入的梳理和论述。对近代小说报刊的研究，目前已有王燕的《晚清小说期刊史论》、郭浩帆的《中国近代四大小说杂志研究》、柳珊的《在历史缝隙间挣扎——1910—1920 年的〈小说月报〉研究》、谢晓霞的《〈小说月报〉1910—1920：商业、文化与未完成的现代性》、陶春军的《中国近现代通俗文学期刊风格研究——以〈礼拜六〉〈小说月报〉（1910—1920）〈小说世界〉为例》、栾伟平的《小说林社研究》等专著，以及《〈绣像小说〉研究》《〈月月小说〉研究》《〈小说时报〉研究》等多篇论文问世。对近代报刊小说的研究，近年来也产生了一批有价值的成果，如刘永文的《晚清报刊小说研究》、文迎霞的《晚清报载小说研究——以〈申报〉〈新闻报〉〈时报〉〈神州日报〉为中心》、阚文文的《晚清报刊翻译小说研究——以八大报刊为中心》、刘颖慧的《晚清小说广告研究》等。应该说，目前对小说报刊和报刊小说的研究已经取得了较为丰富的成果，研究者也看到了近代报刊与小说之间存在着的非常密切的关系，并且在各自的论述中都有所涉及，但对两者之间究竟存在怎样密切而复杂的关系，近代报刊对中国小说转型究竟发生过哪些影响，迄今还很少有人做过系统的专门研究。就目前已经取得的研究成果看，也存在一定的不足之处。例如，个案研究多、整体研究少，不少论著选题很好，但做得并不理想，甚至只是一些资料和统计数字的汇集，没能在理论抑或史料上做更深入的探讨和更细致的分析。这些都说明关于这个问题的研究还有很大的拓展空间。

本书在充分吸收前贤研究成果的基础上，尝试将近代小说与近代报刊结合起来研究，通过对晚清四大小说期刊等近代文学报刊及报刊编辑活动的个案分析，深入探讨近代小说与近代报刊相互依存、相互促进的互动关系及其对中国小说转型的重要影响，这样既可以在一定程度上梳理清楚近代小说是通过什么途径，以及如何在继承、超越传统和借鉴、融会西学这两个维度上实现从古代向现代转型的，又可以比较彻底地厘清近代小说与报刊之间密切而复杂的关系，从而进一步推动近代小说的研究进程。在研究方法上，笔者拟在中国文学转型的背景下整合小说史和新闻出版史研究，采取个案分析与宏观考察相结合的方法，考论并重，深入探讨以小说期刊为代表的近代报刊的运行机制，近代小说与报刊业的密切关系，文学市场化、作家职业化、稿酬制度，以及小说观念、内容、体裁、艺术表现手法及语言的重大变革、近代报刊与小说的双向互动等问题，希望借此对小说与报刊这一中国近现代文学史上十分普遍而重要的问题进行比较全面、深入的探寻和评析。

作为山东省社会科学规划重点项目“近代报刊与中国小说的转型”研究的最终成果，本书在中国文学转型背景下整合小说史和新闻出版史研究，通过对晚清四大小说期刊等近代文学报刊及报刊编辑活动的分析，探讨近代报刊视野下小说事业的风貌和走向，近代小说与近代报刊的互动关系及其对中国小说转型的重要影响。全书主要由五个部分组成：一是对近代小说与报刊事业密切关系的总体考察，试图揭示近代小说与报刊业密切而微妙、复杂的关系；二是对与近代小说关系最为密切，也是促成中国小说转型的主力军——小说报刊的宏观考述，内容涉及近代小说报刊的概念界定、兴盛原因及演进轨迹等问题，并对 1892 年《海上奇书》以来的几十种近代小说报刊情况做了发掘和梳理；三是通过对“晚清四大小说期刊”——《新小说》《绣像小说》《月月小说》《小说林》的个案研究，追溯它们的创办与刊行情况，揭示它们的宗旨，以期发掘以它们为代表的近代小说报刊对中国小说转型的影响和意义；第四部分、第五部分大体上按照作者编者和小说报刊两个范畴，选取近代报刊视野下小说实践的部分个案进行比较深入、细致的分析，试图从多维度多层次展示近代报刊之于小说转型的影响，以及近代报刊与小说的双向互动关系。附录一和附录二反映了笔者对近代文学研究及学术史的梳理和思考，作为本书内容的扩展和补充。

由于报刊与文学的关系特别是文学转型问题研究牵涉政治、经济、文化、教育等多个领域，是一个庞大的题目，并且本书研究未能完全达到最初的预想目标，这是笔者感到遗憾的。当然，本书在很多问题上都经过了较长时间的思考，也发掘出部分近代小说史和新闻出版史上的珍贵资料，例如，近代小说家张毅汉、《读红楼梦诗》作者朱瓣香的生平创作情况，《绣像小说》《新新小说》等小说期刊的编辑者，哈尔滨《小说月报》、民初小说期刊《眉语》的刊行情况等，因此还可以为中国近代文学研究提供必要的借鉴和帮助。当然，书中不足之处是下一步研究需要重点解决的问题，也恳请各位专家和读者批评指正。

郭浩帆

2018年1月

目　　录

第一章 近代小说与报刊业之关系探略

清末民初，中国小说开始进入从古代向现代的转型时期，即中国小说的现代化时期。促成这种文学转型的因素包括政治、经济、文化、教育等，但传播媒介和传播方式的革命是其中至关重要的原因。具体地说，就是在西学东渐大潮中兴起的现代出版机构和报刊改变了传统的文学运行机制，使小说的观念、内容、形式，以及文学作品的产出、传播和接受方式发生了根本性变化，从而促成了中国小说品格与风貌的现代转型。1906 年底，陆绍明在《〈月月小说〉发刊词》中提出将中国小说的演进过程分为五个时代："一曰口耳小说之时代，虚饰之言，人各相传；二曰竹简小说之时代，各执异说，刻于竹简；三曰布帛小说之时代，书于绅带，以资悦目；四曰誊写小说之时代，奇异新语，誊写相传；五曰梨枣小说之时代，付梓问世，博价沽誉。"[①]尽管这种说法有泛化"小说"概念的嫌疑，但是不能否认，这种从传播媒介角度描述中国小说发展轨迹的思路却是十分新颖和别致的，并且大体符合中国古代文化演进的基本规律。那么，依照这种思路来看，19、20 世纪之交的中国，应该说是到了小说演进的第六个时代，即报刊（报章）小说时代。

从清朝末年起，中国开始进入使用近代印刷技术的报刊时代。报刊在清末民初蓬勃发展，成为其时文化传播的主要载体和媒介。据不完全统计，从 1815 年我国第一份中文期刊《察世俗每月统记传》问世到 1919 年，海内外累计出版的中文报刊约有 2000 种；从 1872 年我国第一份文艺期刊《瀛寰琐记》创刊到 1919 年，有超过 400 种文艺性报刊在社会上刊行，而这些报刊特别是文艺性报刊几乎都登载过小说，并且出现了

① 《月月小说》第一年第三号（1906 年）。

几十种以刊载小说为主的专门期刊——小说杂志。据笔者统计，从1892年《海上奇书》创刊起到1919年，我国公开发行的小说期刊约有70种，其中仅以“小说”命名的即超过40种。事实上，在清末民初，报刊已经成为小说的主要载体和传播媒介，其时不仅数千篇短篇小说几乎都最先发表在报刊上，而且许多中长篇小说也首先在报刊上连载，而后再由出版社结集刊行。近代许多优秀和有影响的长篇小说，如“四大谴责小说”、《海上花列传》、《文明小史》、《活地狱》、《中国现在记》、《邻女语》、《东欧女豪杰》、《黄绣球》、《九命奇冤》、《廿载繁华梦》、《玉梨魂》、《广陵潮》等，都是首先发表在报刊上的。再以清末著名小说家吴趼人的作品为例。吴趼人的12部短篇小说全部发表在《月月小说》上，中长篇如《九命奇冤》《痛史》《电术奇谈》最先发表在《新小说》上，《瞎骗奇闻》最先发表在《绣像小说》上，《两晋演义》《上海游骖录》《劫余灰》《发财秘诀》《云南野乘》最先发表在《月月小说》上，《剖心记》最先发表在《竞立社小说月报》上，《新石头记》、《糊涂世界》、《近代社会龌龊史》（初名《近十年之怪现状》）、《情变》分别发表在《南方报》《世界繁华报》《中外日报》《舆论时事报》上。这样，除了《恨海》和生前未刊稿《白话西厢记》外，吴趼人的16部中长篇小说和全部短篇小说都是首先在报刊上发表的。那么，清末民初80年间到底产生过多少小说？这些小说究竟发表在什么地方？其时小说产量增减的轨迹和速率是怎样的？这些都是近代小说研究中非常重要的问题，也不断有学者努力去探求。笔者以日本大阪经济大学教授樽本照雄所编《新编增补清末民初小说目录》及《清末民初小说年表》两书为工作底本，对这两部著作所载录的小说逐一统计，并参考陈大康的《中国近代小说编年史》、刘永文的《晚清小说目录》等文献资料，剔除个别误收的作品，补入《时报》、《申报》、《图画日报》、哈尔滨《小说月报》及《盛京时报》等报刊中登载的作品目录，制成1840—1919年中国近代小说发表简况表（表1-1）。

表 1-1　中国近代小说发表简况表

年份	作品								
	创作小说			翻译小说			合计		
	作品数	报刊登载数	报刊登载率/%	作品数	报刊登载数	报刊登载率/%	作品总数	报刊登载总数	报刊总登载率/%
1840—1891	63	1	1.6	16	7	44	79	8	10
1892	6	3	50	0	0	0	6	3	50
1893	8	0	0	0	0	0	8	0	0
1894	10	0	0	1	0	0	11	0	0
1895	9	1	11	0	0	0	9	1	11
1896	2	0	0	4	3	75	6	3	50
1897	22	11	50	5	4	80	27	15	56
1898	5	1	20	6	5	83	11	6	55
1899	15	2	13	2	0	0	17	2	12
1900	12	2	17	4	1	25	16	3	19
1901	38	30	79	10	4	40	48	34	71
1902	21	15	71	18	13	72	39	28	72
1903	73	57	78	96	46	48	169	103	61
1904	96	78	81	73	32	44	169	110	65
1905	85	59	69	91	26	29	176	85	48
1906	155	96	62	154	53	34	309	149	48
1907	224	170	76	204	76	37	428	246	58
1908	297	212	71	157	64	41	454	276	61
1909	265	165	63	85	27	32	350	192	56
1910	247	172	70	60	24	40	307	196	64
1911	197	92	47	62	51	82	259	143	55
1912	151	122	81	55	47	86	206	169	82
1913	256	204	80	98	87	88	354	290	82
1914	1207	1126	93	253	220	87	1460	1346	92
1915	1585	1500	95	346	279	81	1931	1779	92
1916	1161	1048	90	283	222	79	1444	1270	88
1917	1048	912	87	300	224	75	1348	1136	84
1918	766	689	90	150	119	79	916	808	88
1919	416	371	89	132	95	72	548	466	85
合计	8440	7139	85	2665	1729	65	11105	8868	80

从表 1-1 可以看出，在 1840—1919 这 80 年，总共产生的创作、翻译小

说是 11 105 种，其中包括创作小说 8840 种，翻译小说 2665 种，共有 8868 种在报刊上登载，占作品总数的 80%。实际上，随着对小说资料特别是报刊小说资料的不断挖掘，我们发现，清末民初 80 年间产出的小说数量要庞大得多。刘永文《晚清小说目录》收录了期刊小说目录 1141 篇，日报小说目录 1239 篇，单行本小说目录 2593 部（包括再版的小说）；《民国小说目录》（1912—1920）收录了期刊小说目录 6022 篇，日报小说目录 9466 篇，单行本小说目录 2364 部（包括再版的小说）。两书合计收录清末民初报刊小说 17 868 篇，单行本小说（包括再版的小说）4957 部，合计 22 825 篇（部）。由此可见，近代小说数量之众及报刊在小说界地位之重要，在中国小说史上都是前所未有的，充分展示了中西文化交流大潮中我国小说演进的崭新面貌。当然，这里揭示的只是 80 年间近代小说发表的基本情况，如果稍加具体分析，我们还可以发现如下几个重要现象。

首先，近代小说产量的消长与报刊业的盛衰始终保持着密切甚至是微妙而复杂的关系。在鸦片战争到中日甲午战争期间，我国的新闻事业还处于起步阶段，其时的大部分报刊为外国人所办（据统计，这期间外国人在我国创办的中文报刊有 70 种左右①），社会上还没有报刊登载小说的风气，尽管第一份小说期刊《海上奇书》于 1892 年问世，但终因风气未开，不久即告停刊。因此，除少数翻译作品外，我国小说界基本上还是旧小说的天下，小说的创作、传播还基本停留在传统运作阶段，数量也只有 100 种左右。1895—1898 年，随着维新运动的蓬勃发展，全国报纸总数猛然增加了 3.7 倍，而中文报刊的数量也增长到一百一二十种。《时务报》《采风报》《游戏报》《演义白话报》等报刊开始陆续登载小说作品，于是小说数量逐年增长，到 1897 年达 27 种。1900—1911 年，各派政治势力出于启蒙宣传的目的在海内外争相创办报刊，我国的新闻事业也随之进入快速发展时期。据统计，从 1900 年到 1905 年 8 月同盟会成立以前，国内（包括港、澳地区，台湾地区数据缺失）出版的中文报刊将近 200 种②；其中仅革命党人在

① 方汉奇《中国新闻事业通史》（第一卷），中国人民大学出版社 1992 年版，第 285 页。

② 据方汉奇《中国近代新闻事业史编年》（载《新闻研究资料》第 8—21 辑）统计。

整个辛亥革命期间就先后创办了报刊120余种[①]。在小说界，自梁启超于1902年发出“小说界革命”号召，将小说与“改良群治”、救亡图存结合起来以后，小说专刊和小说专门出版机构大量涌现，综合性杂志甚至理科类杂志登载小说也成为一时风气，小说事业有了突飞猛进的发展。到1907—1908年达到近代小说发展的第一个高潮，这两年里登载小说的报刊分别达49种和43种，小说总量也增长到428种和454种。

辛亥革命爆发后，全国的报纸由10年前的100余种陡增至近500种，总销数达4200万份，其中仅1912年2月以后，向民政部门进行登记要求创办的报纸就达90余种[②]。另据统计，从1911年辛亥革命后到1912年底，仅上海就新出版了报刊60余种[③]。但是好景不长，袁世凯政府倒行逆施，“癸丑报灾”的浩劫使报刊业遭受了巨大损失。据《中国新闻事业通史》（第一卷）统计，到1913年底，全国继续出版的报纸只剩下139家，在1912年4月到1916年6月袁世凯当权期间，全国报纸至少有71家被封，49家被传讯，9家被军警捣毁；新闻记者有60人被捕，24人被杀。从1913年“癸丑报灾”到1916年6月，全国报纸总数始终维持在130～150家，形成了民国后连续数年新闻出版事业的低潮。1916年，随着反袁护法运动的胜利，新闻事业在短时期内迅速复苏，到该年底，全国新老报纸达到了289种，比1915年增加了85%。然而，各地军阀对新闻事业继续实施迫害和摧残政策，从1916年底到1919年五四运动前的两年半时间里，全国至少有29家报纸被封，17位报人遭到监禁和枪决处分，到1918年底，全国报纸由1916年底的289种降为221种，减少了24%。

然而，与新闻界长期遭受打击和镇压的命运相反，民初的小说事业却进入了蓬勃发展的兴盛时期。1912—1913年，由于政治形势的动荡，小说界尚未显示出多大起色，小说产量分别降至206种和354种。但是从1914年起，我国的小说事业开始出现巨大转折，这一年的小说产量猛增至1460种，比1913年的354种增长了4倍多，到1915年更达到了近代小说产量的最高峰——1931种，并且这种势头一直延续到1917年。新闻业遭受严重

① 方汉奇《中国新闻事业通史》（第一卷），中国人民大学出版社1992年版，第682页。

② 方汉奇《中国近代报刊史》，山西人民出版社1981年版，第676页。

③ 马光仁《上海新闻史》，复旦大学出版社1996年版，第397页。

迫害和摧残，小说出版机构也没有明显增长（事实上，民初的小说专门出版机构在数量上还不如清末），到底是什么原因导致这种看似十分奇怪的现象出现呢？解决这个问题的最好办法是看一看当时的小说都是在哪里发表的。1914 年是中国小说产量猛增的第一年，笔者以樽本照雄《清末民初小说年表》为主，并参照其他书籍的相关著录，统计、整理出了 1914 年小说发表的基本情况，在该年里，除商务印书馆、广益书局、国华书局、中华书局等 10 余家出版社出版小说外，有 92%的小说作品（即 1346 种）登载在报刊上，这些报刊的总数多达 87 种，它们是：《小说时报》《小说月报》《中华小说界》《小说丛报》《礼拜六》《礼拜三》《亚东小说新刊》《小说杂志》《小说旬报》《七襄》《朔望》《眉语》《十日新》《上海滩》《江东杂志》《好白相》《说林》《游戏杂志》《繁华杂志》《民权素》《娱闲录》《销魂语》《七天》《消闲钟》《五铜元》《香艳小品》《俳优杂志》《快活世界》《新剧杂志》《戏世界》《剧场月报》《快乐杂志》《最新滑稽集志》《香艳杂志》《织云杂志》《文艺杂志》《余兴》《超然》《春雷》《白相朋友》《黄花旬报》《庄谐丛报》《花世界鸣报》《春申艺报》《笑报》《飞报》《京话日报》《东方杂志》《世界杂志》《共和杂志》《正谊杂志》《进步杂志》《甲寅杂志》《民口杂志》《夏星杂志》《中国实业杂志》《云南实业杂志》《实业丛报》《（上海）中华实业丛报》《中华教育界》《教育研究》《（商务）教育杂志》《湖南教育杂志》《绍兴教育杂志》《京师教育报》《浙江兵事杂志》《学生杂志》《（中华图书馆）女子世界》《妇女时报》《国学丛刊》《清华周刊》《欧洲风云周刊》《（北京）法政学报》《留美学生季报》《雅言》《公言》《民国》《人籁》《庸言》《谠报》《蜀风报》《神州丛报》《神州日报》《梨花日报》《盛京时报》《（上海）大共和日报》《大共和画报》。

上面列出的 87 种报刊大致可以分为如下几类：第一类是《小说月报》等十几种小说专门期刊，这是刊载小说的主力军；第二类是《游戏杂志》《民权素》《娱闲录》《余兴》等文艺性报刊和报纸副刊约 30 种；第三类是《东方杂志》《浙江兵事杂志》《神州日报》等综合性报刊和专业报刊约 40 种。以上诸报刊中，就绝对数量而言，以第三类为最多，但是就发表小说的数量而言，除小说专门期刊外，就要数第二类文艺性报刊和报纸副刊了，其中又以王钝根和天虚我生主编的《游戏杂志》、孙玉声主编的《繁华杂志》《七天》、蒋箸超主编的《民权素》、吴虞等主编的《娱闲录》、包天笑主编的《余兴》、李定夷主编的《消闲钟》、吴双热主编的《五铜元》、王均卿主编的《香艳杂志》、戚饭牛主编的《销魂语》等刊物登载小说最多，也最集中。这些报刊的共同特点是，基本上都创办于1914年或稍前，创办人和主编大都是当时有名的小说家和报人，刊物基本上以“消闲”和“趣味”为宗旨。它们在当时大量产生和刊行的社会原因是，辛亥革命失败后，袁世凯政府的倒行逆施导致政局异常黑暗，报纸的停刊和报馆的被封使得很多编辑纷纷另寻生路；与此同时，由于近代工商业的快速发展，城市人口的迅猛增长，以上海为代表的近代大都市迅速膨胀和成熟。广大市民了解信息和娱乐消遣的强烈要求，促进了这些休闲性杂志和报纸副刊的迅速发展，而小说作为广大市民最喜闻乐见的通俗文学体裁，理所当然地成了这些报刊重点登载的内容。因此，到1914年，尽管新闻界正处于袁世凯政府的专制重压之下，然而小说界并未因此落入低潮，反而借此机会快速发展了起来。例如，徐枕亚和吴双热主编的《小说丛报》就是在《民权报》被封后从该报的副刊过渡而来的。《民权报》创刊于1912年3月1日，由戴季陶和何海鸣任主编，报刊自称“系自由党全体同人组织而成”，与《中华民报》《民国新闻》一起被称为“横三民”，以言辞激烈而著称，曾提出过“报馆不封门不是好报馆，主笔不入狱不是好主笔”的口号，在袁世凯阴谋称帝期间成为攻击袁世凯政府的重要阵地，于1913年被封。《民权报》日出三大张，副刊占了整整一版，由蒋箸超、吴双热、徐枕亚、李定夷等担任主编，曾连载过徐枕亚的《玉梨魂》和吴双热的《孽冤镜》等鸳鸯蝴蝶派名作，在社会上引起巨大反响。《民权报》停刊后，副刊上的作品仍在风行，于是这些副刊的编辑合资创办了《小说丛报》，将副刊未登完的稿子全部移入其中发表，《小说丛报》的编创人员、编辑体制及作品风格都与《民权报》副刊一脉相承。不仅如此，后来，李定夷创办的《小说新报》、徐枕亚创办的《小说季报》，都是从《小说丛报》分离出来的，也可看做《民权报》被封后的产物。总之，文人对政治高压的趋避和对商业效应的追求，加上近代都市文化市场的巨大需求，大大刺激了小说事业的迅猛发展，并使其逐步与政治疏离，开始形成以《小说时报》《小说月报》《礼拜六》《小说丛报》等报刊为主要阵地，以消闲、娱乐和趣味为宗旨的“鸳鸯蝴蝶-礼拜六派”的小说创作潮流，社会的审美风尚由此发生了重大变化。

其次，小说期刊始终是小说和小说理论发表的最主要阵地。据不完全统计，1872—1919年，刊载过小说的报刊总数在550种以上[①]，而文艺性报刊又是其中的主力军。据《中国近代文学大系·史料索引集》，目前已经查知的近代文艺报刊（1872—1919年）共有320种，内有文艺杂志133种，偏重文艺的综合性杂志111种，文艺报纸76种，尚有文艺报刊68种未见原物。这样几项加起来，目前已经知道名目的文艺性报刊总数为388种，它们中的绝大部分都刊登过小说。据笔者统计，从1892年第一份小说期刊《海上奇书》问世到1919年，海内外累计刊行的小说期刊约70种，小说期刊对近代小说发展的重要影响，1902—1919年近代小说产量与小说期刊的数量走势从图1-1中可以看得很清楚。

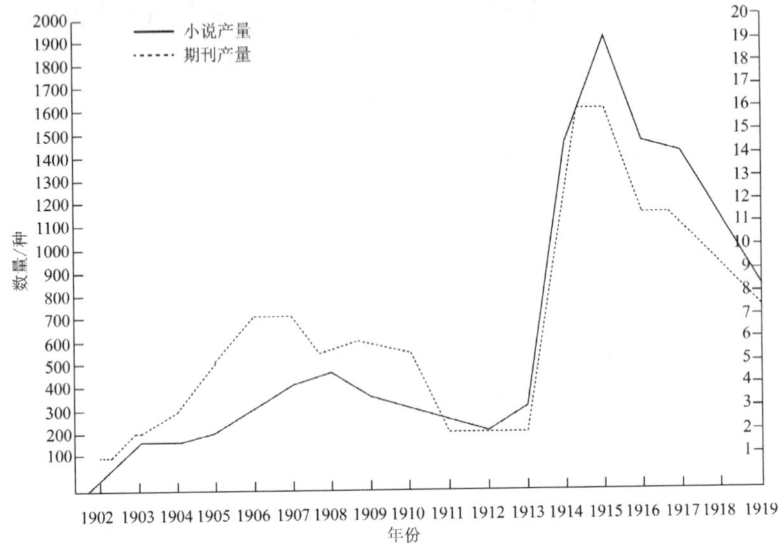

图1-1　近代小说产量与小说期刊数量走势

数量标度部分，小说为100～2000，小说期刊为1～20

从图1-1可以看出，在近代，小说产量与小说期刊数量的走势基本吻合，这说明小说产量与小说期刊的盛衰之间保持着非常密切的关系，小说产量最丰时期恰好也是小说期刊发展最为蓬勃的时期，这种情况在民初几年里体现得尤为明显。1902年全国只有一份小说期刊《新小说》刊行，并且还是在11月份才创刊、在日本横滨出版的，所以该年的小说数量只有39种；

① 笔者对樽本照雄《新编增补清末民初小说目录》和《清末民初小说年表》的统计结果，1872—1919年刊载小说的报刊有551种，其中小说专刊59种，但实际数目还要多。

1907年是清末小说期刊数量最多的年份，因此小说的产量也创了历史新高——428种；1911—1913年，小说界几乎没有创办过一份新的小说期刊，只剩下上海的《小说月报》《小说时报》两家刊物自拉自唱，因此，这三年的小说数量较前几年非但没有增长，反而减少了许多。1914—1915年，小说期刊的数量一下子增长到16份，创近代小说期刊刊行的最高纪录，并且产生了《中华小说界》《小说丛报》《礼拜六》这样大型的刊物，因此，这两年小说产量的迅猛增长应当与此有很大的关系。从1916年起，小说期刊的数量逐年下降，因此小说产量也呈现下降的态势，至1919年降到了548种。据此，我们可以得出这样的结论，近代小说的主要载体是文艺性报刊，而在文艺性报刊中，小说期刊成为刊载小说的最主要阵地。当然，仅仅从数量上考察尚不足以说明所有问题。事实上，近代绝大部分有影响的小说作品都曾在小说期刊上登载过，这种情况在清末表现得尤为突出。例如，“晚清四大小说期刊”在1902—1909年共刊载著译小说210种，其中包括梁启超的《新中国未来记》，岭南羽衣女士的《东欧女豪杰》，吴趼人的《二十年目睹之怪现状》、《九命奇冤》、《痛史》（以上载《新小说》）；李伯元的《文明小史》《活地狱》，刘鹗的《老残游记》，连梦青的《邻女语》，壮者的《扫迷帚》，姬文的《市声》（以上载《绣像小说》）；吴趼人的《两晋演义》《劫余灰》《发财秘诀》《上海游骖录》，以及《庆祝立宪》《黑籍冤魂》等12个短篇小说（以上载《月月小说》）和曾朴的《孽海花》（《小说林》）等一大批优秀的或有影响的作品。不仅如此，小说期刊还登载了近代小说史上最优秀的小说理论论著，如被称为“小说界革命”的纲领性文件《论小说与群治之关系》发表在《新小说》上，小说理论家黄人的《小说林发刊词》《小说小话》，徐念慈的《小说林缘起》《余之小说观》都发表在《小说林》上，王钟麒的《论小说与改良社会之关系》《中国历代小说史论》发表在《月月小说》上，黄小配、黄伯耀的《文风之变迁与小说将来之位置》《改良剧本与改良小说关系于社会之重轻》《小说风尚之进步以翻译说部为风气之先》《小说与风俗之关系》等发表在《中外小说林》上，管达如的《说小说》发表在《小说月报》上，成之（吕思勉）的《小说丛话》发表在《中华小说界》上，被视为鸳鸯蝴蝶派文学理论主张宣言的《〈礼拜六〉出版赘言》发表在《礼拜六》上。此外，梁启超还在《新小说》上创造性地开设了“小说丛话”栏目，使之与“诗话”“词话”“曲话”一起成为中国文学研究的重要形式之一。总之，小说期刊不仅在数量上，而且在小说质量及小说理论建设等方面都对近代小说的发展起着领导和示范性的作用，并成为左右近代小说基本走向的主要力量。

最后，对照清末与民初小说的报刊登载率还可以发现，清末小说的刊载率远不如民初高。1840—1901年60年间小说的报刊登载率平均只有30%，并且有好多年没有一部小说在报刊上登载过。1902年是清末小说的报刊登载率最高的一年，但也不过72%，以后几年平均保持在57%左右；而民初的报刊刊载率则平均达到了87%，1914—1915年更高达92%。出现这种情况的主要原因有两个。一是清末的小说杂志数量不如民初多[①]，容量一般也不如民初大（像《月月小说》这样每期登载五六万字的刊物在清末很少见，更不用说像《小说大观》这样每期20余万字的特大型刊物和《礼拜六》这样刊期密集、刊载内容相当集中的小说专刊了），特别是由于受“小说界革命”口号的影响，当时的娱乐休闲性报刊在数量上和容量上都远不如民初，而它们常常是刊载小说的重要力量。这些都成为影响清末小说刊载率的关键性因素。二是在清末，除商务印书馆、文明书局、广智书局、开明书店、有正书局等出版社致力于出版小说外，1902—1911年，海内外还先后涌现出了几十家小说专门出版机构，如日本横滨的新小说社，国内上海的小说林社、改良小说社，广东的觉群小说社、广东小说社等，其中在上海一地，仅以小说命名的专业出版社就先后出现过小说林社（1904年）、新世界小说社（1905年）、乐群小说社（1906年）、小说图画馆（1907年）、改良小说社（1908年）、小说进步社（1909年）、新新小说社（1909年）、新华小说社（1910年）、小说时报社（1911年）等40余家[②]，他们出版了数目可观的小说作

① 笔者所制《中国近代小说杂志简表》中录有清末小说杂志24种，民初小说杂志41种，详见本书第二章。

② 据笔者统计，1902—1911年，上海以小说命名的专业出版机构主要有：小说林社（1904）、新世界小说社（1905）、上海小说社（1905）、小说新书社（1905）、小说时报馆（1905）、乐群小说社（1906）、新小说社（1906）、小说图画馆（1907）、申江小说社（1907）、改良小说社（1908）、近世小说社（1908）、合众小说社（1908）、小说保存会（1908）、月月小说社（1908）、社会小说社（1908）、艺大中外小说部（1908）、小说进步社（1909）、新新小说社（1909）、公同小说社（1909）、中国小说社（1909）、艺文小说部（1909）、文明小说社（1909）、醒世小说社（1909）、最新小说社（1909）、小说改良社（1909）、维新小说社（1910）、会同小说社（1910）、新华小说社（1910）、小说时报社（1911）、改良新小说社（1911）、新小说林社（1911）、大声小说社（1911）、时事小说社（1911）、时务小说社（1911）、古今书局小说社（1911）、古今图书小说社（1911）、警世小说社（1911）、小说支卖社（1911）和振华小说社（光绪年间）、小说图书馆（光绪年间）、振圜小说社（光绪末年）、中外游戏小说社（光绪宣统年间）、中外小说社（光绪宣统年间）、醒狮小说林（宣统年间）等，总数超过了40家。

品，成为促进小说事业发展的生力军，这也是清末小说的报刊登载率相对较低的重要原因；而民初除了商务印书馆、广益书局、中华书局等几家大出版社继续刊载小说外，小说专门出版社大为减少，小说界基本成了小说杂志和其他文艺性报刊的天下，并且出现了许多著名的大型文艺性报刊和报纸副刊，如《游戏杂志》《小说月报》《礼拜六》《小说大观》，以及《民权报》副刊、《申报》“自由谈”、《时报》“余兴”、《新闻报》“快活林”、《四川公报》增刊“娱闲录”等，于是，到了民初，它们成了承载和传播小说的主力军，小说的报刊登载率随之有了根本性的提高。这一现象再一次证明，文学事业的发展从来就不是孤立、自足的行为，除了受政治、经济、思想文化诸因素的影响外，它还始终与以新闻出版事业为依托的传播媒介和方式保持着十分紧密的关系，并且随着传播条件的改善而不断演进和发展。这一规律从中国近代开始，表现得越来越明显。

清末民初是中国小说史上一个剧烈变化的时期。尽管这时并没有产生如《水浒传》《红楼梦》那样伟大的小说巨著，但是这个时期却是数量、题材、体裁、叙述模式等方面发生重大变革的时期。正如陈大康所言，尽管“在近代小说的具体作品中难以寻觅杰作，但近代小说整体却是杰出地完成了从古代小说到现代小说的过渡转换作用，它在小说史发展历程中的实际功用使其具有极高的价值，它运动形态复杂性，又使之具有极高的研究价值”①。在近代小说的演进历程中，以小说杂志为主的近代报刊成为承载和传播小说的主要媒介，绝大多数小说都在报刊上发表或先在报刊上连载然后才结集出版，而大多数知名的小说家都亲自创办或参与编辑报刊。报刊与小说事业间的关系越来越密切。与古代小说相比，近代小说的突出特点是因为新闻事业的发达，报刊特别是小说期刊成为小说的主要载体和传播媒介。近代报刊鲜明地体现了近代小说的时代特征，集中反映了其时小说创作和翻译的实绩和不足，并通过与市场的紧密联系左右着小说发展的走向。较之古代小说的手工抄写和木刻线装，以机器复制、连续刊行为主要特征的近代报刊给予小说发表和传播以极大的方便，并对作家的创作心态、作品的产出形式，以及广大受众的阅读心理产生了

① 陈大康《中国近代小说编年史》(一)，人民文学出版社 2014 年版，第 181 页。

巨大的影响。可以说，近代报刊促成了中国小说传播媒介和方式的变革，并为中国小说的现代化开了先河。没有近代报刊对小说事业的关注和支持，就没有近代小说的繁荣和发展，中国小说的现代化进程或许还要向后延迟若干年。

第二章 近代小说报刊概述

一、“近代小说报刊”的概念界定

报刊是报纸与期刊（杂志）的总称，晚清时期通常统称为“新闻纸”。中国近代小说报刊是指清末民初在海内外行世的以刊载小说为主要内容，连续出版、发行的中文期刊（杂志）和报纸。它们大都以“小说”命名，有日刊、周刊、旬刊、半月刊、月刊、季刊及不定期刊等多种形式，在社会上公开发行，下面就这个概念的有关问题略作申说。

（1）在中国新闻史上，报纸与期刊（杂志）的区别长期未能分清楚，有人称之为“报纸杂志混合型”①，或泛称为“报刊”。据说最初造成这种历史现象的是鸦片战争时期的林则徐和魏源。“自从林则徐把他所组织翻译的‘澳门新闻纸’材料交给他的友人魏源编入《海国图志》为‘澳门月报’，把‘报’这个名词与‘新闻纸’并为一体之后，特别是国人在国内自办的新闻纸，差不多把所办连续性定期出版物都称呼为‘报’。”②例如，《时务汇编》所载《新旧各报存目表》著录1872—1902年存佚的中文报刊有145种③，其中以“报”命名者即多达125种，占报刊总数的86.2%。这种情形在戊戌变法时期尤为普遍，除个别例外，那时所有的连续出版物几乎都被称为“报”。从1900年起，这一现象逐渐有一些改变：“报”的名称逐渐用来指那些散张出版的非书册型的新闻纸，特别是日报；而以书册型定期连续出版的期刊则不再笼统地称为“报”，开始尝试用“册

① 冯爱群《中国新闻史》，台湾学生书局1967年版，第42页。

② 马光仁《上海新闻史》，复旦大学出版社1996年版，第268-269页。

③ 原载《时务汇编》续集第26册，转引自“中国近代报刊史料丛书”《中国近代报刊发展概况》，新华出版社1986年版，第3-9页。

报”（见《时务汇编》1902 年所刊《新旧各报存佚表》）、“丛报”（见梁启超 1901 年底在《清议报》第 100 期上发表的《中国各报存佚表》）、“世界”（1901 年后出现）及“杂志”（1900 年在上海创刊的《亚泉杂志》是目前确知的中国第一份以“杂志”命名的期刊，1904 年商务印书馆创办的大型期刊《东方杂志》直接促成了其后以“杂志”命名期刊）等名称来命名，或者只标出刊物名称。尽管如此，由于报纸与期刊（杂志）在形式内容，以及对社会的作用方面有许多相似之处，而且一些特殊的报纸，如政治学术团体的机关报，以及普通日刊报纸的副张，往往兼有杂志的浓厚色彩，所以直到 20 世纪的前十几年，人们对报纸和期刊（杂志）的区别仍然认识得相当模糊。当时，有人企图从形式上对它们加以区分，认为报纸是散页、折叠式的，杂志是装订成册的。其实，这种区分只是皮相之见，因为早期的报纸在外观上与杂志几乎没有什么两样，都是书册式的。19 世纪 70 年代以后，大部分日报的版面由书册式改为单页式，但这种单页的报纸在一个时期里仍然保留着书册式的痕迹，即每张只印一面，分上下左右四个版，对叠起来相当于一页书，整张报纸经过折叠裁剪仍然可以订成一本书①。例如，迟至 1902 年创办的《大公报》，初刊时还是书版式的，可以折叠成册。此外，还有人主张从刊行期限的角度加以区分，认为报纸是逐日刊行的，而期刊的刊行周期则较长些，由周刊到季刊、年刊不等。但这种区分也有问题。中国早期的中文报纸多为周刊、周三刊（每周出版三份），至 19 世纪 60 年代以后才开始有了中文日报（《香港中外新报》《近事编录》），但它们在报纸中所占比重并不大。例如，1861 年创刊的《上海新报》是上海最早的一家中文报纸，它起初为周刊，后改为每周出版三份，1872 年 7 月为与《申报》竞争才改为日报。1873 年在汉口创办的《昭文新报》被认为是“中国完全自资创办报纸的第一种”②，它初为日刊，后由于销路不畅改为五日刊。大名鼎鼎的《申报》初创时也是双日刊，自第 5 号后才改为日刊。由此可见，中国近代新闻史上的“报”与我们今天所理解的“报纸”并不完全是一

① 方汉奇《中国近代报刊史》，山西人民出版社 1981 年版，第 49 页。

② 张静庐《清季重要报刊目录》，载《中国近代出版史料》初编，中华书局 1957 年版，第 86 页。

个概念，大都具有比较鲜明的期刊特征。就小说报刊而言，尽管当时有很多使用“小说报”这个名称的，但它们其实就是期刊。因此，本书所谓“小说报刊”的主体是期刊——周刊、旬刊、月刊、季刊等，当然也包括逐日刊行的报纸在内，如《小说世界日报》《扬子江小说日报》等①。

（2）在中国近代，小说报刊是文艺性报刊的重要组成部分。根据《中国近代文学大系·史料索引集》的统计，清末民初行世的文艺性报刊，目前已确切查到的有 388 种（实际上数量肯定还要多），要在数目庞大的文艺性报刊中确认其中哪一部分属于小说报刊，并不是一件容易的事情。一方面，当时的所谓小说报刊内容都相当庞杂，绝少纯粹登载小说（笔者所见的近代小说期刊中，只有 1914 年王钝根主编的《礼拜六》、1917 年包天笑主编的《小说画报》和 1918 年王润之主编的《小说月报》三种大体可算是纯粹登载小说作品的）。除小说外，戏曲、曲艺、诗文、论著，甚至灯谜笑话、游戏文章等，几乎无所不有。另一方面，受社会风气的影响，当时的绝大多数报刊都刊载过小说，特别是在文艺性报刊中，小说所占的比重往往很大——在这种情况下判断它们的归属就相当困难。一般说来，在已经查知的近 400 种文艺性报刊中，直接以“小说”命名的就有 40 多种，它们属于小说专门期刊自然没有疑问；然而对另外一些没有明确标出是小说报刊的文艺性报刊，判断其具体类属则相对困难一些，例如，当时就曾有人将《游戏杂志》《女子世界》《香艳杂志》《余兴》归入小说报刊的范围之内②。按道理说，以小说为主要刊载内容的就应该算作小说期刊，但也应当看到，当时几乎所有的文艺性报刊，甚至一些综合性和科普类杂志，都数量不等地登载过小说。较之诗歌、散文等其他题材的作品，小说的篇幅普遍要长，在刊物中所占的比重当然也很大。可见，仅从刊物所登载内

① 陶报癖《前清的小说杂志》（载《游戏世界》第 18 期，1922 年 11 月）一文中就包括了《小说世界日报》《扬子江小说日报》两种日刊。

② 如《秋星》“小说丛话”（转引自《中国近代文学大系·史料索引集》）、郑逸梅《小说杂志丛话》（载《半月》第 3 卷 21 期至第 4 卷 9 期）列出清末至 1924 年的小说杂志 66 种，其中有大约 20 种不是小说专刊。

容的分量比重来做出判断显然是不够准确严密的，我们不能因为一份报刊刊登了几篇较长的小说就断定它是小说专刊。对这种情况，本书在兼顾刊载内容的同时，除了考虑根据这些报刊的另名加以判断外[①]，主要依靠刊物的发刊词和当时人的评论来推断，即看这份报刊的创办者、编辑者是否把它当做小说专刊来办，社会上是否认为它是一份小说专门报刊。例如，根据《礼拜六》的“出版赘言”、《礼拜三》的“缘起”可知，这是两份小说周刊；根据《朔望》的发刊词和鸠奴的《朔望杂志序》，根据《七襄》的“发刊词”和胡寄尘的《与七襄社诸君书》，根据《风雅杂志》署名“秋心”的《风雅杂志序》[②]，我们也将这三本刊物收入小说报刊范畴中。当然，由于受阅读条件的限制，目前对部分报刊的判断是依据第二手资料做出的，因此在具体操作中较难做到十分精确，尚有待于在今后不断补充和完善。

（3）按照通行的说法，中国近代文学的起止年限为 1840—1919 年，因此近代小说报刊理应指这 80 年间产生的所有小说期刊和报纸。但由于近代文艺性报刊产生较晚（1872 年创刊的《瀛寰琐记》是目前所知的第一份中文文艺期刊），而第一份小说期刊《海上奇书》一直迟至 1892 年才问世，并且很快即告停刊。此后又经过大约 10 年时间的沉寂才出现小说报刊的出版热潮，自 1902 年《新小说》问世起，陆续有几十种小说报刊先后创刊。所以，准确地说，近代小说报刊的具体时间跨度应为 19 世纪末期至 20 世纪初期，主要在 1902—1919 年这 18 年间。另外，由于《新小说》在日本横滨创刊，《小说世界》《新小说丛》在香港出版，其余的小说报刊主要集中在上海、广州、汉口、宁波、无锡、北京、天津、哈尔滨等地，其出版特别是发行的范围涉及海内外的广大地域，因此，本书所指的中国近代小说报刊包括 19 世纪末至 20 世纪初在海内外出版发行的所有中文小说期刊和报纸。因此，笔者制作出 1892—1919 年中国近代小说

① 如《眉语》又名《眉语小说杂志》，《十日新》又名《十日新小说》，《摩尼》又名《最新小说期刊》，《秋星》又名《秋星小说报》。

② 详见《中国近代文学大系·史料索引集》（1）第 1267-1269 页、1275-1276 页，以及《中国近代文学大系·史料索引集》（2）第 81 页。

报刊简表（表 2-1）。

表 2-1　1892—1919 年中国近代小说报刊简表

刊名	刊期	出版年月	编辑者	印刷者	发行者	出版地点	期数
海上奇书	半月刊、月刊	1892.2—1892.11	韩子云	点石斋印书局	申报馆代售	上海	15
新小说	月刊	1902.11—1906	梁启超	新民丛报活版部、广智书局	新小说社、广智书局	横滨、上海	24
绣像小说	半月刊	1903.5—1906	李伯元	商务印书馆	商务印书馆	上海	72
新新小说	月刊	1904.9—1907.4	陈景韩 龚子英	作新社	新新小说社	上海	（10）
小说世界日报	日刊	1905.3—	刘韵琴	—	—	上海	—
小说世界（前身为《小说世界日报》）	半月刊	1905.10—1905.11	—	—	—	上海	2
新世界小说社报	月刊	1906.7 —1907.1	警僧（孙延庚）	鸿文书局	新世界小说社	上海	9
小说七日报	周刊	1906.8—	谈小莲	鸿文书局	小说七日报社	上海	（5）
粤东小说林	旬刊	1906.9—	黄伯耀 黄世仲		省城十八甫	广州	（3）
月月小说	月刊	1906.11—1909.1	庆祺 吴趼人 许伏民	小说林活版部、乐群书局、月月小说社活版部	月月小说社、乐群书局、群学社图书发行所	上海	24
小说林	月刊	1907.3—1908.10	徐念慈 黄人	小说林活版部	小说林宏文馆有限合资会社	上海	12
小说世界	旬刊	1907.2—	—	—	—	香港	（4）
中外小说林	旬刊	约 1907.6—1908.5	黄伯耀 黄世仲	—	中外小说林社、公理堂	广州	（28）
广东戒烟新小说	周刊	约 1907.9—1908.1	李哲	—	—	广州	（13）
竞立社小说月报	月刊	1907.11—	亚东破佛（彭俞）	—	竞立小说月报社	上海	（2）
新小说丛	月刊	1908.1—	林子虬等	—	新小说丛社	香港	（2）

续表

刊名	刊期	出版年月	编辑者	印刷者	发行者	出版地点	期数
白话小说	月刊	1908.10—	姥下余生	—	白话小说社	上海	（2）
扬子江小说报	月刊	1909.5—约 1909.9	胡石庵	中西日报馆	中西日报馆	汉口	（5）
宁波小说七日报	周刊	1909.6—1909.9	蛟西颠书生（倪轶池）	—	新学会社	宁波、上海	12
十日小说	旬刊	1909.9—	环球社	—	环球社	上海	（11）
小说时报	月刊	1909.10—1917.11	包天笑 陈景韩	—	有正书局	上海	33
扬子江小说日报（前身为《扬子江小说报》）	日刊	1909.11—	胡石庵	—	中西日报馆	汉口	（30）
小说画报	月刊	1910.1—1910.6		—	有正书局	上海	6
小说月报	月刊	1910.8—1931	王蕴章 恽树玉等	商务印书馆	小说月报社	上海	22 卷
中华小说界	月刊	1914.1——1916.6	沈瓶庵	—	中华书局	上海	3 卷 30 期
亚东小说新刊	旬刊	1914.4—	韩天啸	上海印刷公司	上海印刷公司	上海	（2）
消闲钟	月刊	1914.5—1915.3	李定夷	—	消闲钟社、国华书局	上海	12
小说丛报	月刊	1914.5—1919.8	徐枕亚 吴双热	文明书局	小说丛报社	上海	44
礼拜六	周刊	1914.6—1923.2	王钝根 孙剑秋 周瘦鹃	中华图书馆	中华图书馆	上海	200
礼拜三	周刊	1914.7—	无竞	—	笑林杂志社	上海	（1）
小说杂志		1914.8—	杜文馨	—	小说杂志社、扫叶山房	上海	（1）
江东杂志	半月刊	约 1914.8—1914.10	师伶 破浪等	江东书局	江东书局	上海	4
小说旬报	旬刊	1914.9.10—1914.9.30	羽白 英蕉 剪瀛	—	国华书局	上海	3
好白相	旬刊	1914.9—	陈治安 嵇铭鼎	三捷小说社	新剧小说社	上海	（5）

续表

刊名	刊期	出版年月	编辑者	印刷者	发行者	出版地点	期数
白相朋友	旬刊	1914.9—1914.12	胡寄尘	—	广益书局	上海	8
繁华杂志	月刊	1914.9—1915.2	海上漱石生（孙玉声）	—	锦章图书局	上海	6
七天	周刊	约 1914.9—	海上漱石生（孙玉声）	—	锦章图书局	上海	8
朔望	月刊	1914.11—	冯孤舟 郁拙斧	东方书局	改良新小说社	上海	（2）
上海滩	旬刊	1914.11—1914.12		—	上海夏星社	上海	5
七襄	旬刊	1914.11—1915.2	小凤 陈倦鹤	—	七襄社	上海	9
眉语	月刊	1914.11—1916.3	俪华馆主(高剑华)	—	上海新学会社	上海	18
十日新	旬刊	1914.12—1915.1	十日新社	—	改良小说社	上海	4
小说海	月刊	1915.1—1917.12	黄山民	中国图书公司和记	中国图书公司和记	上海	3 卷 36 期
空中语	旬刊	1915.1—		—	空中语社	上海	（2）
上海		1915.1—	陆澹安	—	—	上海	（1）
莺花杂志	月刊	1915.2—1916.5	胡无闷	中新书局	新中华图书馆	上海	3
小说新报	月刊	1915.3—1923.9	李定夷 许指严 包醒独等	上海国华书局	国华书局	上海	94
双星	月刊	1915.3—1915.9	黄松风 朱抱一	—	双星杂志社	上海	4
风雅杂志		1915.5—	我负此生	锡城印刷公司	风雅杂志社	无锡	（1）
摩尼	旬刊	1915.5—	陈血香 庄病骸 陆蛰民	民友社	摩尼小说社	上海	（2）
小说大观	季刊	1915.8—1921.6	包天笑	文明书局	文明书局、中华书局	上海	15 集
秋星		1915.9—	徐知希 徐惕子	—	右文社	上海	（1）
文星（前身为《双星杂志》）	月刊	1915.9—1916.6	倪羲抱	—	上海国学昌明社	上海	4

续表

刊名	刊期	出版年月	编辑者	印刷者	发行者	出版地点	期数
春声	月刊	1916.2—1916.6	姚锡均（姚鹓雏）	—	文明书局	上海	6集
小说日报	日刊	1916.6.6—1916.7.3	徐枕亚	—	小说日报社	上海	28号
小说画报	月刊	1917.1—1920.8	包天笑 钱病鹤	文明书局	文明书局	上海	22
小说革命军	不定期刊	1917.2—	胡寄尘	—	中华图书馆	上海	（3）
说丛		1917.3—	许指严	—	宣南编译社	北京	（2）
说粹		1917.6—	骆无涯	民友社	会文社	上海	（1）
汉口小说日报	日刊	1917.10—	何铺山	—	—	汉口	—
小说俱乐部	月刊	1918.1—	苦海余生（刘哲庐）	—	中华编译社	上海	（1）
新民小说报	旬刊	1918.2—	高新民	—	新民小说报社	天津	（3）
小说月报	月刊	1918.3—	王润之	东陲商务刷印公司	东陲商报馆	哈尔滨	（3）
小说季报	季刊	1918.8—1920.5	徐枕亚	—	清华书局	上海	4集
小说霸王	不定期刊	1919—	姚民哀	—	滑稽画报社	上海	—

主要资料来源为：

①《中国近代期刊篇目汇录》；

②史和、姚福申、叶翠娣编《中国近代报刊名录》；

③《中国近代文学大系·史料索引集》；

④阿英《清末小说杂志略》《晚清文艺期刊述略》；

⑤张静庐辑注《中国近代出版史料》《中国现代出版史料》《中国出版史料补编》；

⑥郑逸梅《小说杂志丛话》《民国旧派文艺期刊丛话》；

⑦鲁深《晚清以来文学期刊目录简编》（初稿）；

⑧芮和师等《鸳鸯蝴蝶派文艺期刊目录简编》；

⑨刘永文《晚清小说目录》《民国小说目录》（1912—1920）；

⑩陈大康《中国近代小说编年史》；

⑪陈伯海、袁进主编《上海近代文学史》；

⑫《上海新闻志》；

⑬《上海出版志》。

注一：“期数”栏中加（　）者为已知期数。

注二：张静庐《清季重要报刊目录》提及1906年有《日月小说》，郑逸梅《民国旧派文艺期刊丛话》提及《中华新小说界》，祝均宙等《中国近代文艺报刊概览》提及上海有《一季》、广东有《粤东新小说林》两种小说专刊，马光仁主编《上海新闻史》提及1903年春上海出现过书商办的《上海小说》十日刊，阿英《晚清文艺期刊述略》提及光绪末年上海有《小说图画报》一种，《晚清小说目》提及宣统元年（1909）济南有《新说林》一种，冯自由《广东报纸与辛亥革命》提及1916年广州有《小说晚报》日刊一种，《上海出版志》提及《中华小说界》停刊后，又曾有《中华新小说界》杂志，“不数期旋停”。另外，杨世骥《文苑谈往》提及《沪滨小说》、《小说智珠》二种，张静庐《在出版界二十年》提及他在1917年前后曾创办过《小说林》杂志，因缺乏具体资料，尚有待进一步考查。

二、近代小说报刊的兴起原因

兴起于19世纪和20世纪之交的小说报刊，是中国小说史上的新生事物。近代化小说报刊得以在古老的封建帝国里萌芽、发展、繁荣，主要并不是小说自身演进的结果，而与以中西文化交流为主要特征的中国近代社会有着非常密切的关系。换句话说，近代小说报刊的产生是中国现代化进程在文学特别是小说领域引起的强烈反应，小说报刊是时代的产物。概括地说，近代小说报刊兴起的原因主要有以下四个方面。

（一）新闻事业的发达

阿英在《晚清小说史》中把新闻和印刷事业的发达作为晚清小说繁荣的一个重要原因，是极有见地的看法。尽管“印刷事业的发达，没有前此那样刻书的困难”，只是小说大量产生的物质保证，“新闻事业的发达，在应用上需要多量产生”也不足以与小说繁荣产生必然的因果联系，但新闻事业的发达直接推动了大量刊载小说的文艺性报刊特别是小说专刊的问世，并由此促成了小说在清末民初的繁盛局面，则是有目共睹的事实。对新闻事业发达与小说繁荣的关系作孤立考查，一般不容易看出前者对后者的直接影响作用，但是如果加入对小说载体和传播媒介因素的考虑，其中的因果关系就非常明显了。新闻事业的发达正是通过对文艺性报刊特别是小说报刊的影响来推进其时小说事业的繁荣的。

中国是最早产生报纸的国家。根据目前通行的说法，唐玄宗开元年间（713—742年）出现的“开元杂报”是世界新闻史上最早的报纸，北宋末年出现的印刷报纸是世界新闻史上最早的印刷报纸。中国古代官办的邸报已有1200多年的历史，民办的小报也已有近千年历史，民间报房出版的邸抄、京报也已有近400年的历史。但是，“中国古代报纸的历史，基本上是一部封建统治阶级掌握传播媒介，控制舆论工具，限制出版自由的历史”[①]；那些旧式官报“从新闻来说，它是最不中用的新闻纸，里头只是政府认为对自己有益，应发给士绅和官吏阶级看的一些奏议和皇帝的杰作罢了”[②]。加之发展速度缓慢，内容形式变化不大，在信息量、新闻的时效性和可读性等方面，都难以与近代从西方引进的新型报纸相比。因此，中国新闻事业的真正发达，还是从近代开始的。

中国近代报刊是西学东渐的产物，“新闻纸之设，一本泰西之成法”[③]。与西方殖民主义者入侵中国的进程紧密相连，中国的近代化报刊是由外国人（主要是传教士和商人）首先创办起来的。方汉奇所著的《中国近代报刊史》称，从1815年到19世纪末，外国人在中国总共创办了近200种中外文报刊，占当时报刊总数的80%以上。中国第一份近代化中文报刊是1815年在马六甲出版的《察世俗每月统记传》，而1822年在澳门创刊的葡萄牙文《蜜蜂华报》则被认为是中国第一份外文报纸。但一直到鸦片战争之前，在中国境内出版的报刊中，外文报刊的发展要远远超过中文报刊。据统计，这时产生的中文报刊共6种，在境内出版的仅3种，而外文报刊则达到17种左右，而且一般规模都较大（特别是英文报刊），刊行时间也较长。从新闻业务角度来看，外文报刊也要比同时期的中文报刊先进得多。在这个时期，所有的报刊均由外国人创办，出版地点以南洋某些地区、澳门和广州为主。

鸦片战争后，中国的新闻事业发生了重大变化。报刊的出版地点已由原来的南洋某些地区和广州、澳门转向中国的其他沿海城市，并逐渐深入到内地，直至北京，报刊数量也急剧增加。方汉奇主编的《中国新闻事业通史》称，从鸦片战争后至中日甲午战争前，仅外国人在中国出版的中文报刊即达到70种左右（海外不计），外文报刊约有80余种[④]，而且多数能

① 方汉奇《中国新闻事业通史》（第一卷），中国人民大学出版社1992年版，第242页。

② 寿尔《天皃号航行记》，张雁深摘译，载中国史学会编《洋务运动》（八），上海人民出版社1961年版，第417页。

③ 见《本馆自叙》，载《申报》1872年8月15日。

④《中国新闻事业通史》（第一卷），第285页。另据方汉奇《中国近代报刊史》称，在19世纪40至90年代近半个世纪里，外人在我国先后创办了近170种中外文报刊，约占同时期我国报刊总数的95%，其中大部分是以教会或传教士个人的名义创办的。1860年，外国教会和外籍传教士在中国出版的报刊达32家，到1890年则增至76家。详见《中国近代报刊史》第18-19页。

够坚持刊行，有的寿命长达几十年。例如，《万国公报》从 1874—1907 年陆续出版近 40 年，累计将近 1000 期，最高发行量达到 1898 年的 38 400 份，为全国报刊之首；而 1872 年创办的《申报》更是一直到 1949 年才停刊，寿命长达 70 余年。在这个时期，上海的报刊业后来居上，在全国遥遥领先，成为中国新闻出版业的中心。与此同时，华人创办的报刊也开始陆续出现。早在鸦片战争期间，中国知识分子林则徐、魏源等就已经开始重视近代报刊的作用，并有组织地进行译报工作，编译“澳门新闻纸”和“澳门月报”。从 19 世纪 50 年代起，中国人开始尝试自己出版报刊。由于外国人创办中文报刊已有近半个世纪之久，近代化报刊的模式和有关办报的基本知识已经传入中国，再加上自 19 世纪 60 年代起，一批中国知识分子应聘到外文报刊参加编辑工作，积累了较为丰富的办报经验，特别是受 19 世纪六七十年代兴起的洋务运动和救亡图存、社会变革思潮影响，19 世纪 70 年代初期，中国人自己创办的近代化报刊终于在汉口、香港、广州、上海等地诞生（在海外要稍早一些），并出现了王韬主编的《循环日报》这样历史悠久、影响巨大的大型中文报纸①。

中日甲午战争之后，伴随着戊戌变法的迅猛发展，中国的新闻事业进入了一个华人自办报刊的新高潮。特别是 1898 年 6 月 11 日清光绪皇帝颁发“明定国是”上谕，宣布变法维新，公布了“报纸一律免税”“准许自由开设报馆”等项政令之后，官绅士民等社会各界报刊的出版受到鼓励和保护，一时间全国的报刊风起云涌，到 1898 年 9 月，国内就有 34 家报刊同时出版发行，形成近代史上中国人办报的第一个高潮。戊戌变法失败后，国人的办报活动曾一度遭受扼制，但康有为和梁启超继续在海外创办报刊，宣传保皇立宪；而以孙中山为首的资产阶级革命派也开始把出版报刊作为主要的宣传方式，先后创办了《中国日报》等一批重要报刊。此外，除清

① 据称，我国近代史上最早由华人独立负责的中文报纸是《香港华字日报》（1872 年 4 月）和《香港中外新报》（1864 年末或次年初，19 世纪 70 年代更名为《中外新报》），但由于它们分别与英文《德臣报》《孖剌报》存在一定联系，所以现在一般将 1873 年 8 月在汉口创刊的《昭文新报》作为中国人在国内所创办的第一张报纸。《循环日报》于 1874 年 2 月 4 日（清同治十二年十二月十八日）在香港创刊，由中华印务总局主办，王韬、洪干甫先后担任主笔，发行数十年，于 1941 年停刊。此外，当时中国人在境内创办的报纸还有《维新日报》、《粤报》（香港），《述报》、《广报》（广州），《汇报》、《新报》（上海）等。详参《中国新闻事业通史》（第一卷）第三章“中国人自办报刊历史的开端”。

政府的官报外，各种专业性、娱乐性的民办报刊及外国人办的报刊也在不断涌现。而且，这时出版的报刊无论在编辑、出版还是发行能力水平上，都较以往有了很大提高。这一点在当时维新派创办的机关报《新民丛报》上表现得最为明显。《新民丛报》是继《清议报》之后，梁启超在日本横滨创办的一份综合性杂志，为半月刊。它从1902年2月创刊至1907年11月停刊，陆续刊行近6年的时间，共出版了96号（期）。《新民丛报》每期篇幅120页左右，约合五六万字，32开本，白报纸西式装订。封面常用套色，卷首时有插图，印刷装帧等各方面都像一本现代型的杂志。内容分“论说”“学说”“时局”“史传”“学术”“谈丛”“小说”等，第一年共开辟24个栏目，每期经常保持10～15个栏目。发刊后，迅速风行海内外，光创刊号就加印至4次，销路之盛，虽清政府严禁也不能遏制。最初发行2000份，不到一年即增至9000份[①]，以后经常发行10 000份左右，最多时达到14 000余份[②]。在国内，有时一期再版或辗转翻印10余次之多[③]。除日本外，在国内外设立代派处90多个，以至于云南、贵州、陕西、甘肃等边僻地区也有销售，成为当时影响最大的报刊之一。

毫无疑问，新闻事业的发达在编辑、出版、发行等方面为小说报刊的创办提供了宝贵经验和物质上的便利条件。例如，中国第一份小说期刊《海上奇书》即与《申报》有着相当密切的关系，《海上奇书》是由点石斋书局石印，申报馆代售的。假如没有《申报》，假如韩子云没有与《申报》编辑钱忻伯、何桂笙等友善并曾为该报的撰稿人，他可能不会考虑创办一份私人刊物，即使创办了也无法充分利用申报馆的资源印刷、发行；而中国第一份具有近代色彩的小说期刊《新小说》与梁启超同年创办的《新民丛报》之间的密切关系更是人所尽知。

然而，值得注意的是，新闻事业的发达并没有立即促成小说报刊兴起，在其影响下首先而起的却是文艺性报刊和报纸副刊，它们成为小说专门报刊产生的中介和过渡。19世纪六七十年代，随着中文商业报纸

① 《〈新民丛报〉第二十五号以后改良告白》，《新民丛报》第22号（1902年12月4日）。

② 1906年3月1日《申报》所刊上海《新民丛报》支店广告中有“本报开办数载，久为士大夫所称许，故销售至一万四千余份”之语。

③ 梁启超《清代学术概论》，东方出版社1996年版，第77页。

的兴起，大批中国旧式文人参加了报纸的编撰工作。他们大多具有深厚的古典文学修养，但对新闻和新闻文体却很陌生，于是在工作中往往混淆文学与新闻的界限，以文学创作的手法来从事新闻写作。其结果就是，这个时期出版的报刊，无论是出于宗教宣传、政治宣传抑或其他目的，大都喜欢刊登一些文艺作品，或带有文艺色彩的文字，甚至用文学的笔法撰写新闻稿。例如，一批谈狐说鬼、志怪述异的所谓新闻纷纷登上报纸版面，报纸之间竞相转载，广为宣扬；在新闻稿中以文学描写取代事实报道，过多地考虑事件的生动有趣和文字的整饬典雅；甚至在新闻标题中也掺入了浓厚的文学倾向，优美典雅的四字式标题如“上林春色”“燕山春黛”“鸳湖渔唱”“铁瓮涛声”“峰卯云间”等一度居于统治地位，几乎成为一种固定的模式①。这种忽视新闻真实性的倾向对于新闻文体的发展来说是一个明显倒退，但对新闻事业中文学地位的加强则显然大有裨益，对文艺性报刊及报纸文艺性副刊的产生具有重要的启发和促进作用。

其实，这种情形在 19 世纪 70 年代前外国人创办的报刊中就已经初露端倪。1815 年创刊的《察世俗每月统记传》为向广大中国民众宣传基督教义，在写作手法上大量使用中国文学特别是古典章回小说的表现手法，在连载文稿结尾部分常用“欲知后事如何，且听下回分解”的字样，以至于有人误认为该刊上刊载过外国传教士写的中文小说。1833 年创刊的《东西洋考每月统记传》刊载过《诗》《李太白文》《苏东坡词》《论苏东坡词》《东都赋》等文，还载文介绍希腊诗人荷马及其名篇《伊利亚特》，它的一些新闻稿也写得很像中国古典小说。例如，有一则新闻，前面题七言诗一首，然后以“话说汉人姓王名发法”一句开头，与中国章回小说的开头几乎毫无二致。英文杂志《中国丛报》（1835 年）和《中国杂志》（1822 年）上刊载有《红楼梦》前八回的译文和评介这部小说的文章，《中国丛报》还译载了《诗经》《三字经》《千字文》等文学作品和通俗读物。1857 年创刊的《六合丛谈》也对荷马史诗、希腊几大悲剧家和希腊戏剧作家的

① 详参《中国新闻事业通史》（第一卷）第二章第七节；徐载平和徐瑞芳《清末四十年申报史料》（新华出版社 1988 年版，第 60 页）。

喜剧做过片断介绍。不过在当时，报刊上登载一些旧体诗或寓言、小说之类作品只是很偶然的行为，这类文字往往和新闻混编在一起，没有固定的版面，而且由于担任编辑的外国传教士和商人大多对中国文化了解尚少，因此，这些刊物对中国文学的介绍往往很肤浅、零乱，错漏之处在在皆是。例如，《中国丛报》第 11 期发表的普鲁士传教士郭实腊（Karl Friedrich Auqust Gutzlaff）的《红楼梦或梦在红楼》一文，就荒唐地把贾宝玉说成是“一个性情暴躁的女子”，并说这部小说全是些“琐屑无聊之谈”“毫无趣味”。这种情形到 1872 年 4 月上海《申报》创刊后有了很大改观。《申报》为了与旧式文人广泛建立联系，扩大销路，特别注意刊载文艺作品。它在创刊伊始就刊出告白，宣称“如有骚人韵士有愿以短什长篇惠教者，如天下各名区竹枝词及长歌记事之类，概不取值”[①]。此后，它将征求来的文艺稿件（起初多为竹枝词，一度连载过小说，但很快即停[②]，以后内容渐趋丰富）逐日刊登于“上谕”“论说”和普通新闻之后，虽然还没有辟出专栏，但已有了大体固定的位置，从而使文艺成为报纸必备的一项内容，为以后的报纸副刊开了先声。后来由于诗歌酬唱的稿件太多，而有些翻译小说和“海外奇谈”式的笔记作品又篇幅过长，报纸有限的版面容纳不下，加之与《上海新报》竞争的需要，于是申报馆从 1872 年 11 月 11 日起发刊文艺性月刊《瀛寰琐记》，选登诗词、骈文、散文及小说《昕夕闲谈》等文艺稿件，以及天文、地理等知识小品和时事论文。《瀛寰琐记》是中国第一份文艺期刊，在中国新闻史和文学史上都有重要的开创意义。1875 年 2 月，《瀛寰琐记》改名为《四溟琐记》，次年 2 月再改名为《寰宇琐记》，出至 1877 年 11 月停刊。在这种风气的影响下，19 世纪 80 年代之后创办的一些有影响的大报，如上海《字林沪报》《新闻报》等也都很重视刊载文艺作品。《字林沪报》从 1882 年 5 月创刊起，就在每日的新闻之后刊载“诗词杂作”，并声明凡有“诗词歌赋嘱登本报者，概不取资”。此后不久，又特辟一栏名“花团锦簇楼诗集”，专刊诗词及如王

① 《申报馆条例》，《申报》第 1 号（1872 年 4 月 30 日）。

② 《申报》1872 年 5 月 21 日至 24 日刊登了翻译小说《谈瀛小录》（即英国斯威夫特《格列佛游记》中的小人国部分），同年 5 月 28 日《申报》刊登了翻译小说《一睡七十年》（即美国华盛顿•欧文的短篇小说《瑞普•凡•温克尔》），详参郭延礼《中国近代翻译文学概论》，湖北教育出版社 1998 年版，第 23 页。

韬《老饕赘言》一类小品文字。特别是这家日报创办仅三周，就刊出“刊印奇书告白”，将清初长篇小说《野叟曝言》排成书版格式，每日随报附送，一时间盛况空前，深受读者的欢迎。并且，由于《沪报》连载《野叟曝言》成功的示范效应，以后各报刊载小说成为惯常的做法，以至于“以小说附报者，比比皆是”①。1897 年 11 月 24 日，被认为中国报纸第一个副刊的《消闲报》终于以《字林沪报》附张的名义问世②，大大促进了新闻和文艺事业的发展。特别值得注意的是，在 19 世纪和 20 世纪之交，以上海为中心，中国还出现了一大批文艺性报纸（人们常称之为“文艺小报”）。据统计，仅在 1896—1902 年创刊的文艺性报纸就超过了 30 种③。尽管它们的宗旨、趣味不尽相同，但李伯元、吴趼人等小说家曾参加过这些报纸的创办、编辑，或为其主持笔政，而李伯元于 1897 年 6 月创办的《游戏报》和 1901 年 4 月创办的《世界繁华报》又是其中影响最大的两份报纸。这些文艺报纸先后登载了梁启超的《新罗马传奇》（《游戏报》）、长篇小说《通商原委演义》（《演义白话报》），李伯元的《官场现形记》、《庚子国变弹词》，以及吴趼人的《糊涂世界》（《世界繁华报》）等著名小说戏剧作品。很明显，李伯元和吴趼人等的办报活动和小说创作实践，为他们后来主编小说报刊提供了宝贵的经验和必备的技能，并且由于他们的缘故，后来创办的小说报刊也一度借鉴过文艺报纸的编辑方法。从这种意义上说，产生于 19 世纪末期的文艺性报刊对小说报刊的启发和影响作用也是巨大的。

文艺性报刊和报纸副刊的诞生，是中国新闻事业发展史上的重大事件，

① 吕粹声《月月小说》“跋”，《月月小说》第一年第十二号（1908.1）。

② 据方汉奇《中国近代报刊史》及其主编的《中国新闻事业通史》（第一卷）。但马光仁主编《上海新闻史》则认为，称《消闲报》为“报纸文艺副刊之始”的说法并不确切，因为《字林沪报》早有纯文艺的附张随报附送，而《消闲报》则完全是按“小报”规格即“一论八消息，标题四对仗”的方式编辑，是刊载平时日报很难上版面的欢场信息为主的新闻纸，而且它也有论前告白、论后告白，所刊告白、广告的内容占了全报的相当篇幅，与《游戏报》有诸多相似之处。因此，《消闲报》还是一份首尾完全的“小报”，不能笼统地说成是“文艺副刊”。详见该书第二章第五节“商办报纸的别裁：休闲报种”，该章内容由陈镐汶先生执笔，录以备考。

③ 祝均宙《清末民初七种罕见文艺报刊钩沉》后附《清末民初文艺报刊简目表》，载《出版史料》1992 年第 4 期，总第 30 期。

它们是近代新闻事业发达的直接产物，而又对小说期刊的产生有着直接的启发和示范作用。正是在《申报》《瀛寰琐记》等报刊的影响下，韩子云于1892年在上海创办了中国第一份小说专刊《海上奇书》；正是在《时务报》《清议报》《新民丛报》的基础上，梁启超借鉴日本报刊的经验，才在1902年创办了中国第一份近代化小说期刊《新小说》，并由此掀起"小说界革命"运动；正是由于李伯元、吴趼人有创办或主持《游戏报》《世界繁华报》《消闲报》《采风报》《寓言报》的丰富经验，商务印书馆才会聘请李伯元主持《绣像小说》，乐群书局才会聘请吴趼人主持《月月小说》。因此，近代新闻事业实际上成了小说报刊孕育的温床。可以设想，如果没有几十年来新闻事业的巨大发展，没有在报刊上登载文艺作品的风气浸染，没有在此基础上相对独立于普通新闻纸的文艺性报刊和副刊的问世，作为近代小说最重要载体和传播媒介的小说报刊是不可能在19世纪和20世纪之交兴起并走向繁荣的，中国小说事业的突飞猛进也将会延迟至许多年之后。

（二）印刷技术的提高

印刷术被称为人类的"文明之母"。马克思在《机器、自然力和科学的应用》中说："火药、指南针、印刷术——这是预告资产阶级社会到来的三大文明。火药把骑士阶层炸得粉碎，指南针打开了世界市场并建立了殖民地，而印刷术则变成新教的工具，总的说来变成科学复兴的手段，变成对精神发展创造必要前提的最强大的杠杆。"[①]中国是世界上最先发明印刷术的国家，早在公元7世纪的唐代就开始有了雕版印刷[②]，在公元11世纪中叶的北宋庆历年间（1041—1048年）就发明了活字印刷术。雕版印刷和活字印刷术首先传到朝鲜、日本、越南等周边国家，然后又传到中亚、西亚，并通过波斯传入欧洲，对15世纪中叶德国人约翰·谷登堡（John

① 《机器、自然力和科学的应用》，《马克思恩格斯全集》第二版第四十七卷，人民出版社2004年版，第359页。

② 关于雕版印刷术发明的年代，自我国宋朝以来就说法纷纭，主要有：汉朝说、东晋说、六朝说、隋朝说、唐朝说、五代说、北宋说等多种。目前普遍认为雕版印刷始于唐太宗贞观十年（636年）前后，刻印技术在唐咸通年间（860—873年）已经达到了较高的水平。

Gutenberg）发明活字印刷术产生过重要影响。然而，自宋代以后数百年来，雕版印刷一直是中国封建社会印制图书的主要手段，并形成了官刻、私刻和坊刻三个系统。尽管中国的印刷术也在不断改进，但在应用上基本还处于手工刻印的水平，费时费力且效率很低，与西方近代以来印刷术发展的突飞猛进简直不可同日而语。例如，明朝洪武七年（1374 年）刊印的《宋学士文粹》，全书共十二万二千余字，十个工匠花了五十二天才刻成，即平均每个工匠每天可刻二百余字。陈大康的《明代小说史》据此推算，十个工匠刻八万字的《三国志平话》需要花一个月的时间，而要刻七十万字的《三国演义》则得花上十个月的时间。再加上雕版之前写工逐字地书写与校勘，雕版之后的刷印、折叠、装订等工序，一部《三国演义》要刊印成书，前后总须得有一年的时间。在当时，一家拥有二三十名工匠的较大规模的书坊如果决定刊印《三国演义》，那么在这一年里其他的生意就都不能承接了。完成浩大的工程必然需要高额的成本。陈大康估计，在明初，七十万字的《三国演义》仅刻字费一项就需要投入至少二百两银子，除了刻书工价的投资外，写勘、刷印、纸张与装订等费用也都不是小数目，整个投资的总额则更为可观[①]。19 世纪初，欧洲近代机械印刷术渐次传入中国，最早输入的是凸版印刷，然后是平版印刷，最后是凹版印刷，对中国的印刷出版事业发生了重要影响。而在 19 世纪末 20 世纪初，在中国印刷界占主要地位的是铅印和石印两种印刷技术。

我国最初的活版铅印，多由外国传教士经营。伦敦布道会传教士马礼逊（R. Morrison）1807 年到中国后，因刊印中文《圣经》的需要，曾秘密雇人刻字模，但未成功[②]。1815 年，马礼逊遣助手米怜（W. Milne）和刻工蔡高、梁发等同往马六甲设立印刷所，印刷出版中文《察世俗每月统记传》和英文《印度支那汇报》，并于 1823 年印成《新旧约中文圣经》（一名《神天圣书》）。当时，这个印刷所能用中文、英文和马来文三种文字印刷，但设备还相当简陋，而鸦片战争前出版的中文书刊一直沿用雕版印刷技术。

① 陈大康《明代小说史》，上海文艺出版社 2000 年版，第 166-167 页。

② 见贺圣鼐《三十五年来中国之印刷术》，原载《最近三十五年之中国教育》（商务印书馆 1931 年版），收入张静庐辑注《中国近代出版史料》“初编”（中华书局 1957 年版）。

当时，英国传教士戴尔（R. S. Dyer）曾在马六甲印刷所设计中文铅字，并已取得很大进展，但最终未能达到应用阶段。英文的印刷条件也很差，甚至连铅字都不齐全，在这里印刷的米怜的英文著作《基督教在华最初十年之回顾》，由于铅字 s 短缺，书中多处用 f 来代替，读起来十分艰难[①]。此外，在鸦片战争前后的巴达维亚（今雅加达）、新加坡、曼谷、广州等国家和地区也有一些传教士创设的印刷所。1814 年，英国的一名职业印刷工人汤姆司（P. P. Thoms）携带活字印刷机器及其他印刷设备来华，在东印度公司澳门办事处印刷马礼逊编著的《华英字典》。由于字典中的汉字需要新造，汤姆司与几个中国工人尝试在含锡的合金块上雕刻汉字活字，经过几年的努力，终于刻出第一副汉字活字，并于 1822 年利用这些活字印出《华英字典》[②]。1834 年，美国传教士将在中国找到的一套汉文木刻活字送往波士顿，复制成一整套汉文铅活字，运来中国。1838 年，在华法国传教士也找到一副木刻汉文活字，委托巴黎皇家印刷局复制了一套铅活字输入中国，当时颇称便利。鸦片战争后，英华书院于 1844 年由马六甲迁至香港，成为中国第一家拥有中文铅字设备的印刷机构。这家书院于 1853 年创办了中国第一份铅印的中文报刊《遐迩贯珍》。1843 年上海开埠不久，伦敦布道会传教士麦都思（W. H. Medhurst）便将设在巴达维亚的印刷机构迁至上海，命名为墨海书馆，这是中国早期又一家拥有中文铅印设备的印刷机构，上海第一家铅印中文报刊《六合丛谈》就是由该馆于 1857 年创刊的。墨海书馆的印刷设备由麦都思从南洋带来，据说有中文铅字两种，大的一种相当于后来的二号字，小的一种则相当于四号字。1844—1860 年，墨海书馆共出版各种书刊 171 种。1845 年，美国长老会传教士创办的印刷出版机构华花圣经书房由澳门迁至宁波，华花圣经书房的印刷机器主要从美国购进。1845—1859 年，华花圣经书房共印了五千余万页，出书 130 万册以上[③]。1860 年，华花圣经书房迁至上海，改名为美华书馆。美华书馆是当时规模最大的印刷出版机构，有工人 120 多名，其铅字及活字有大、

① 方汉奇《中国新闻事业通史》（第一卷），中国人民大学出版社 1992 年版，第 396 页。

② 熊月之《西学东渐与晚清社会》，上海人民出版社 1994 年版，第 121 页。

③ 详见熊月之《西学东渐与晚清社会》，上海人民出版社 1994 年版，第 170 页。

中、小与极小号几种，并将铅字分为常用、备用和不常用的几类，而常用字最多，足够同时排印几部书。工人一人一日可以排数千字，有边栏和行格，字体没有大小参差，版面显得整齐清楚。而且在印刷时，往往印了校，校了再印再校，几经反复，错讹较少。1858 年，长老会传教士甘布尔（W. Gamble，一译姜别利）来华主持华花圣经书房的工作。在此期间，甘布尔先后发明了电镀汉文字模和以二十四盘常用字为中心的元宝式排字架。这些铅活字和字模字架经过复制和推广，逐渐为当时的新闻出版界所采用。特别是这种电镀汉文字模很快东传到日本，不仅使日本的印刷出版业有了新的开拓，而且反过来又促进了中国近代活版印刷事业的发展。原先中国国内使用较普遍的是香港教会制作的所谓“香港字”，后经日本运用电镀铜模技术加以仿制，做成大小 7 种字型，供中国印书之用，当时称为“明朝字”，即老宋体，“易于书写，且便镌雕”[①]，使用起来比较方便。随后，中国也有许多新的活字制作技术相继问世，并对中文字模有所改革与创新。到 19 世纪 70 年代以后，大多数的中文书报已经改用铅字印刷。

与铅印技术的推广密切联系，近代化的印刷机器也在不断输入并被应用。欧洲最初传入中国的凸版印刷机是手扳架，每天的印数不过数百张。由于用手工上墨，效率甚低，不久传入自来墨架，印刷速度有所提高。19 世纪 40 年代，墨海书馆的印刷机器是用牛力牵引来旋转机轴的，曾在这里担任多年编辑工作的王韬对其机械及印刷过程有过详细的记载：

> 以铁制印书车床，长一丈数尺，广三尺许，旁置有齿重轮二，一旁以二人司理印事，用牛旋转，推送出入。悬大空轴二，以皮条为之经，用以递纸。每转一过，则两面皆印，甚简而速。一日可印四万余纸。字用活版，以铅浇制。墨用明胶、煤油合搅煎成。印床两头有墨槽，以铁轴转之，运墨于平板，旁则联以数墨轴，相间排列，又揩平板之墨，运于字板，自无浓淡之异。墨匀则字迹清楚，乃非麻沙之本。印书车床重约一牛之力。其所以用牛者，乃以代水火二气之用耳。[②]

① 贺圣鼐《三十五年来中国之印刷术》。

② 王韬《瀛壖杂志》，转引自熊月之《西学东渐与晚清社会》，上海人民出版社 1994 年版，第 186 页。

依今天的观点来看，这种“甚简而速”的印刷机器实在是笨重得很，效率太低，但当时的人们非但不如此看，反而对用牛来拉转机器之事感到十分新鲜，所以有人专门做竹枝词歌咏此事：

车翻墨海转轮圜，百种奇编宇内传。
忙煞老牛浑未解，不耕禾陇种书田。①

1872 年，上海申报馆开始设置手摇轮转机，每小时可印数百张。而最早使用煤气作动力印刷报纸的是 1879 年创办的英文《文汇报》，申报馆于 1891 年也开始使用煤气印刷机，速度较之前提高了一倍。1898 年，日本仿制欧洲的轮转机输入中国，因价格低廉，多为当时的新闻出版业所采用。尽管这时的印刷机械尚比不上后来传入的大英机、米利机，更比不上以后的滚筒印刷机，但到了 19、20 世纪之交，中国以机械印刷为主要特色的印刷业已经有了快速的发展，足以为当时新闻出版事业的发展提供必要的物质保证。

尽管活版印刷较木版雕印要便利许多倍，然而因为当时还不能解决活字印刷重印书籍必须重新排版等技术问题，所以，使用活字印刷反而不如雕版印刷方便，因此，尽管活字印刷术早在中国北宋就已经发明，但实际在此后的很长时间里始终未能得到广泛应用，而雕版印刷在出版事业中一直居于主要地位。直到 19 世纪初创刊的《察世俗每月统记传》和《东西洋考每月统记传》等还是用木版雕印的。甚至在 19 世纪 60 年代以后，尽管早就有了机器印刷，但上海江南制造局出版的翻译书仍然用的是雕版印刷，以便于重印②。为了解决这一问题，西方国家曾先后使用过泥版和纸型技术，而尤以纸型的发明对印刷界影响巨大。纸型技术是在 1829 年由法国人谢罗（C. Genoux）发明的，1871 年美国人布莱克韦尔（B. B. Blackwell）对此又做了进一步改进，从而彻底解决了活字排版的重印问题，活字印刷在技术上远远超过了雕版印刷，机器印刷的优势也就充分显示了出来。中国近代的一些新闻出版机构，如华花圣经书房、上海字林西报馆及申报馆等，

---

① 孙次公《洋泾浜杂诗》，见于王韬《瀛壖杂志》，陈伯熙《老上海》“工商・铅印发轫小志”亦述及此诗，此处自熊月之《西学东渐与晚清社会》第 187 页转引。

② 见傅兰雅《江南制造总局翻译西书事略》，该文收入张静庐辑注《中国近代出版史料》“初编”，中华书局 1957 年版，第 14 页。

一度采用过泥版印刷法，而纸型技术的运用要稍晚一些，大约在 1900 年商务印书馆买下日商的修文印刷所以后。从此，中国的印刷出版业便有了突飞猛进的发展。

在各种平版印刷术中，石印术在中国近代运用最为广泛。石印术是于 1796 年由奥地利人泽内费尔德（A. Senefelder）发明的。19 世纪 30 年代，石印术传到亚洲，当时的广州已拥有中国最早的 3 架石印机，中国石印事业也由此开端。1838 年，麦都思主持的中国第一份石印中文报刊《各国消息》就是在广州问世的。石印术于 19 世纪 70 年代传入上海，上海徐家汇天主教会所办的土山湾印书馆于 1874 年设立了石印印刷部，而最早产生广泛社会影响的石印机构当推点石斋印书局。该书局于 1879 年由申报馆主人美查（E. Major）设立，作为申报馆的附属机构。美查聘请土山湾印书馆熟悉石印技术的丘子昂担任石印技师，最初印刷的是《圣谕详解》，另外还用照相石印翻印了《佩文韵府》等古籍。1882 年以后，印刷出版过《三国演义全图》、王墀编绘的《增刻红楼梦图咏》、李汝珍撰的《镜花缘》100 回、张春帆（漱六山房）撰的《九尾龟》12 集等书。其中最值得称道的是石印本《康熙字典》，它将武英殿本《康熙字典》分为三排缩印在一页上，不仅保留了中文字体的优美，而且书小价廉，便于携带，因此很受当时读书人的欢迎。姚公鹤在《上海闲话》中说："闻点石斋石印第一获利之书为《康熙字典》，第一批印四万部，不数月而售罄；第二批印六万部，适某科举子北上会试，道出沪上，率购五六部，以作自用及赠友之用，故又不数月即罄。"[①]石印翻印古书，特别是大型的工具书，在当时确实是比较先进的方法，因为石印术的印刷可以使"文字原形不爽毫厘，书版尺寸又可随意缩小，蝇头小字，笔画清楚"[②]，所以点石斋印书局用石印办法印刷书籍，比起原来的雕版来，既成本低，又出书快，实在是一个显著的进步。此风一开，其他书商竞相效仿，石印书出版机构纷纷成立。例如，广东人徐鸿复于 1881 年开设同文书局，购置石印机 12 架，雇佣工人 500 名，专

① 姚公鹤《上海闲话》，商务印书馆 1933 年版，第 20 页。

② 贺圣鼐《三十五年来中国之印刷术》，转引自张静庐辑注《中国近代出版史料》"初编"，中华书局 1957 年版，第 257 页。

门从事翻印古籍中的善本，后来还在北京、广州等多地设立分店。宁波人开设拜石山房，与点石斋、同文书局三足鼎立，在当时盛极一时。此外尚有李盛铎创办的蜚英馆（1887 年）、凌佩卿创办的鸿文书局（1882 年）、钟寅伯创设的积石书局、何瑞堂创设的鸿宝斋书局等。到 19 世纪末期，中国的石印书业达到极盛，上海成为全国石印业的中心。清光绪十五年（1889 年）五月二十五日，上海《北华捷报》上刊登《上海石印书业之发展》一文，指出“上海石印中国书籍正在很快地成为一种重要的企业。石印中使用蒸汽机，已能使四五部印刷机同时开印，并且每部机器能够印出更多的页数”；“上海已用蒸汽机石印法印成中国著作数百千种，现有石印局四五家，其所印的书销行于全国，各地零售书店的增多，可以看出大家需要这种书籍”；“上海石印书局大量批发，供给远方省份，北京琉璃厂也设有分店，尤其是在四川商业中心地重庆，其他各城市也有分店，如广州等，但印刷中心在上海”[①]。在石印书业大量印刷出版书籍的同时，石印彩画等也不断兴起，并在 1882 年有上海中西五彩书局之设。据不完全统计，1890—1903 年，仅上海一地就有至少 14 家五彩石印书局营业[②]。1884 年，中国第一家石印画报《点石斋画报》由申报馆创办。此后，随着石印出版事业的日渐繁荣，《飞影阁画报》《训蒙画报》《孩提画报》《成童画报》等石印画报相继创刊，活跃一时。

印刷机械也在不断改进。光绪初年，上海徐家汇土山湾印书馆所用的石印架是用木料制成的，形如旧式的凹版印刷机，用人力攀转，印刷异常费力。到英国人美查开设点石斋石印书局，才开始有轮转石印机，但是也需要以人力手摇，每一架机器要八个人，分作两班轮流摇机。一人添纸，两人收纸，手续相当麻烦，每小时只能印几百张。至光绪年间中期开始使用自来火引擎代替人力，印刷速度也相应提高。“上海是最早采用铅字，也是最早采用蒸汽机印刷的地方。现在每一家印刷局都雇佣着一百或二百工人，每一架印刷机须要三个印工，一个人在上面往滚机上安放纸张，两个人在下面接取印成的纸张。整理印石，抄写书稿，摄影缩小，以及其他

---

① 转引自张静庐辑注《中国出版史料补编》，中华书局 1957 年版，第 88-89 页。

② 潘建国《晚清上海五彩石印考》，载《上海师范大学学报》（哲学社会科学版）2001 年第 1 期。

种种手续，都需要不少的人手。”[①]到光绪三十四年（1908年），商务印书馆开始使用铅版印刷机，每小时能印1500张，速度大大加快。

随着近代铅印、石印技术的输入和推行，中国书刊的用纸也由连史纸和毛边纸的单面印刷改为用洋纸的双面印刷，装订技术也由折页齐栏线钉变为大张连折的铁丝装订，开始了精装与平装并行的装订形式。由此，中国传统的装帧艺术开始向新的形式演变，经过了新旧杂陈的过程，直至20世纪初期，精装、平装遂成为最通行的两种装订技术而相沿至今。

由此可见，进入19世纪以来，由于西方机械印刷术的输入，中国近代的印刷事业有了突飞猛进的发展。19世纪末20世纪初，以活版铅印和石印为主要方式的近代化印刷体系已经开始建立。相比较古代的手工抄写和木刻线装，规模化的机器复制方式在文化传播方面具有明显的优势。“由西方输入的机器印刷和书、报、刊的资本主义商业性的营业方式，改变了传统文本的制作传播方式，大大降低了成本，加快了传播速度，促进了文化的普及。”[②]有了近代化的印刷事业作基础，发行量一天天扩大的近代化报刊和平装书的大量产生才会成为可能，尤其是那些逐日发行的报刊。自古以来，通俗小说的发展必须以印刷为前提条件，而印刷业发展的实际状况反过来又影响着小说体制的演进。就小说报刊而言，出版像《小说世界日报》《扬子江小说日报》《宁波小说七日报》这样刊期紧迫和《小说月报》《小说大观》《礼拜六》这样的大型刊物，用旧式印刷方法无疑是很难办到并且是极不划算的。例如，1901年，包天笑在苏州创办《励学译编》杂志，因为当时苏州没有铅字印刷所，又不便送到上海去，于是只好采用传统的木刻方法印刷。《励学译编》为月刊，每期30页，约两万字，交给苏州最大的毛上珍刻字店刻印，需要一个月才能刻完。尽管《励学译编》出版后曾在当地引起很大反响，包天笑本人对此也很得意：“我们异想天开，提倡用木刻的方法，来出版一种杂志。用最笨拙的木刻方法来出杂志，只怕是世界各国所未有，而我们这次在苏州，可称是破天荒了。”[③]但由于印刷

① 《上海石印书业之发展》，转引自张静庐辑注《中国出版史料补编》，中华书局1957年版，第89页。

② 袁进《中国文学观念的近代变革》，上海社会科学院出版社1996年版，第30页。

③ 包天笑《钏影楼回忆录·木刻杂志》，香港大华出版社1971年版，第176页。

成本高、销量小，最后出满一年 12 期后只得关门大吉。后来包天笑还创办过《苏州白话报》，这是一份旬刊，每十天出一册，每册只有 8 页，仍然采用木刻方法印刷，最后也只出了两年就停刊了，主要原因一是经费问题，二是缓慢的木刻常常耽误了新闻的时效性。这种“开倒车”（包天笑语）的尝试结束后，所有印刷两份杂志的木版堆满了苏州东来书庄楼上的一个房间，它们的最好出路就是被劈了当柴烧。由此可见，到清末民初，旧式印刷方法已经远不能适应近代化报刊的出版步伐，即使勉强出版，也必然是短命的。所以，近代印刷能力和水平的提高能够为新闻出版事业的繁荣提供充分的技术保证，这是近代小说报刊兴起的又一重要原因。

需要指出的是，小说报刊的兴盛与出版业发展有着相当密切的关系。事实上，中国近代的大多数小说报刊是由书局出版经营的。然而，本书在探讨小说报刊兴起的原因时并未对此问题专门展开论述，其原因有二：一是在小说报刊兴起的 19、20 世纪之交，中国的出版界还是以政府创设的官书局和外国传教士主持的出版机构为主要力量的，而他们对小说报刊基本上没有给予关注。民办的出版机构也有几家，但在当时也尚未与小说报刊发生联系。例如，1897 年创立的商务印书馆，最初是以印刷商业簿册和商业报表为主要业务的，故而暂不论及。二是当时人们对出版业和印刷业的界限长期不能区分清楚。例如，20 世纪初中国最大的出版社商务印书馆，它的出版业占 60%，印刷业占 40%，但一直挂的是“印书馆”的标牌；中华书局的印刷业在全国占第二位，彩印占第一位，但它最初只经营出版业，不从事印刷业，所以一直以书局为名，其英文译名为“Chung Hwa Book Co, Ltd”，更是以图书为专业了。还有许多招牌用××书局，但实际上或者专营出版，或者专营印刷，或兼营出版与印刷，就是同业里也分不清楚它究竟是出版业还是印刷业，于是只好统称为书业，同业公会也称书业同业公会①。也是因为这个原因，本书在描述印刷业发展的文字里实际上同时包含了部分出版业的发展状况。出版事业对小说报刊产生重要影响，已是进入 20 世纪以后的事了。

① 详见陆费逵《六十年来中国之出版业与印刷业》，原载《申报月刊》第一卷第一期，转引自《中国出版史料补编》第 272-284 页。

（三）租界特殊环境的保护与推动

租界是“19世纪中期至20世纪中期帝国主义列强在中国等国的通商口岸开辟、经营的居留、贸易区域。其特点是外人侵夺了当地的行政管理权及其他一些国家主权，并主要由外国领事或由侨民组织的工部局之类的市政机构来行使这些权力，从而使这些地区成为不受本国政府行政管理的国中之国”[①]。

租界和租界制度，是鸦片战争后外国列强利用不平等条约肆意扩大在华特权的产物。1842年8月28日，英国军队逼迫昏庸腐朽的清政府在南京签订丧权辱国的《南京条约》，规定英国人可以携带家眷等“寄居大清沿海之广州、福建、厦门、宁波、上海等五处港口，贸易通行无碍；且大英国君主派设领事、管事等官住该五处城邑，专理商贾事宜”[②]。1843年11月17日，上海正式开埠。1845年11月29日，清政府苏松太兵备道宫慕久与英国领事乔治·巴富尔（George Balfour）共同公布《上海土地章程》（又称《上海租地章程》）（The Shanghai Land Regulations），达成辟设英租界协议，这是外国在中国土地上攫取的第一个租界。此后租界在我国汉口、天津等各通商口岸相继出现。

对近代中国来说，租界既是列强入侵的据点，又是西学东渐的窗口，同时也是中国近代经济发展的促进因素。不可否认，租界是帝国主义侵略中国的产物，是近代中国遭受列强凌辱的耻辱标志，但列强在侵略中国的同时，也将西方文明带到了中国。“对于租界社会，不能简单地以绝对的善和恶加以判断，租界是非正义的，是侵略者的产物，然而上海公共租界，它有值得学习之处，它送来了资本主义及其先进事物。”[③]特别是租界内外国人创办的大量报刊，对传播科学文化知识、开阔国人眼界，起到了一定的积极作用，也推动了中国新闻出版事业的近代化进程。因此，在租界存在的百余年时间内，全国有重大影响的报刊大都栖息于租界内。例如，在

---

① 费成康《中国租界史》，上海社会科学院出版社1991年版，第384页。

② 王铁崖编《中外旧约章汇编》第一册，生活·读书·新知三联书店1957年版，第31页。

③ 陈旭麓《上海租界与中国近代社会新陈代谢》，《陈旭麓文集》第二卷，华东师范大学出版社1997年版，第604页。

上海，1861年字林洋行在英租界创办了第一家中文商业报刊《上海新报》；1872年《申报》创刊时，即租赁当时公共租界汉口路九江路西边望平街的房屋作为馆址，1872年9月搬入汉口路山东路口，1907年5月申报馆迁回望平街163号，1911年7月在汉口路落成新馆，1916—1918年申报馆将原来的房舍翻建为五层新馆，并一直在租界内；1882年创办的《字林沪报》、1893年创办的《新闻报》也都在租界内；上海其他报刊如《时报》《民国日报》《时事新报》《神州日报》《民呼日报》《民吁日报》《民立报》《中外晚报》等都集中在租界内一条不到500米的望平街上；《苏报》1900年转入陈范之手后也迁至租界。在天津，《大公报》1902年6月17日创刊时即选址于法租界内，1905年9月5日迁至日租界旭街21号，1926年复刊时选址于日租界内，1931年九一八事变后迁至法租界内，此后一直在租界内。据不完全统计，1860—1947年，天津各租界内创办的报刊多达几十种，其中不乏如《国闻报》《益世报》《庸报》等在中国近代颇具影响的报纸。据统计，民国初年，汉口有民办报刊32种，这些报馆大多设在租界内。从汉口开埠到抗日战争胜利后租界全部收回，英租界内共创办报刊44种，德租界内报刊4种，俄租界内6种，法租界内15种，日租界内16种①。

租界内报刊业的发达，很大程度上得益于其特殊的政治和舆论环境。由于外国列强把租界建成了拥有相对独立行政权、立法权、司法权、警察权和驻军权的“国中之国”，因此这里就成为当时中国政府统治的薄弱环节。尽管租界当局与清政府当局之间既有矛盾斗争的一面，又有相互妥协勾结的一面，但总体来说，租界的舆论环境相对宽松，多数租界内的居民在言论、集会、结社等方面享有稍多的自由。1919年前，上海的租界内一直没有“新闻出版法”，也不承认大清报律和民国的新闻出版规定。此外，由于租界政出多门，各租界之间及其与中国政府之间的矛盾，能给人提供便于隐蔽活动、相对安全的条件。“上海长期存在一个中国政权不能直接管辖的租界，上海地方行政又长期处于三家二方的分割状态，彼此难以控制，这种格局使上海出现许多有利于政治活动的缝隙，人们在华界活动，

① 陈冠兰《汉口租界的报刊与传播控制》，《湖南大学学报》（社会科学版）2006年第1期。

遭到镇压，可以逃到租界；在法租界出事，可以逃到公共租界。这种进可活动、退可避祸的特殊格局，是从事政治活动的人们纵横捭阖的优越场所。”①因此，各时期的不同政见者往往以租界为其存身及活动据点，利用租界进行政治活动，在租界内创办报刊。例如，1896 年创刊的维新派重要机关报《时务报》社址设在上海英租界四马路，戊戌变法失败后梁启超等创办的《新民丛报》《清议报》《新小说》等报刊，都是从日本运到上海租界来发行的，《新小说》第二年干脆搬回了上海租界出版发行，梁启超本人还不顾被清政府通缉的身份回到上海；戊戌变法失败后，唐才常创立正气会，设立“自立军”机关，蔡元培、章太炎组织“中国教育会”“爱国学社”，成立“光复会”，谭人凤、宋教仁成立“同盟会中部总会”等，这些活动无一不是在上海租界。中国同盟会自成立至武昌起义前，仅在上海就创办了 15 家报刊，地址均设在租界。当时的仁人志士对租界抱有矛盾的心情，“各国在中国有领事裁判权，于国体上是大大的妨碍，那些志士，幸得在租界，稍能言论自由，著书出报，攻击满洲政府，也算不幸中之一幸”②。当然，租界的自由也是有限度的，当清政府对租界内的反政府言论和行为提出态度强硬的交涉时，租界当局也会做出一定让步。例如，《苏报》案即是如此，当时，章太炎按大清律法是要被杀头的，但租界当局只是把他监禁了一段时间就释放了。“上海地区的革命报刊几乎都在租界内出版，租界当局虽然不会袒护革命刊物的宣传活动，但清政府想要查封租界内出版的报刊，也颇费周折。”③1903 年 8 月 7 日，《苏报》被封仅月余，宣传反清革命的《国民日日报》即在上海发刊。该报对章太炎、邹容大力声援，对清政府迫害报人的“沈荩案”也详加报道，但因社址设在上海英租界不好查封，两江总督魏光焘只能令人满街张贴禁阅命令，此外别无他法。这样的例子还有很多。1891 年，《广报》因触犯两广总督李小泉，被以“莠言乱政”“淆乱是非”的罪名查封，主办人便将馆址迁往沙面租界，改名为《中西日报》继续出版，批评时政的言论更为大胆，但官厅无可奈何，

① 张仲礼《近代上海城市研究》（1840—1949），上海文艺出版社 2008 年版，第 537 页。

② 陈天华《狮子吼》第七回，百花洲文艺出版社 1991 年版。

③ 方汉奇《中国新闻事业通史》（第一卷），中国人民大学出版社 1992 年版，第 878 页。

只好捕捉叫卖该报的报贩。天津《大公报》1902 年创刊后，连续发表文章反对封建专制、主张君主立宪，要求慈禧撤帘归政，同时还对慈禧的党羽和贪官污吏大张挞伐，甚至公开与慈禧宠信和重用的直隶总督袁世凯相对抗。为此，袁世凯曾下令查封报馆，但终因报馆设在租界内未能执行，只做到不许《大公报》在租界以外发行。

近代小说报刊同样绝大多数栖息在租界内。尽管这类刊物基本上不像那些政治色彩浓厚的报刊，并无太多直接攻讦政府从而依赖租界“治外法权”保护，但租界的特殊环境对小说报刊兴盛的推动与保护作用依然有明显体现，主要表现在以下几个方面。

其一，租界是新闻出版事业发达、印刷技术提高的策源地，为报刊与小说的联姻做了可贵的尝试。例如，中国第一家中文商业报刊《上海新报》、第一份文艺期刊《瀛寰琐记》、著名的《申报》《沪报》《新闻报》《大公报》等在全国影响重大的报刊大都在租界内编辑、出版和发行；以活版铅印和石印为主要方式的近代化印刷体系也是首先在租界内建立，并辐射到全国各地。很多报刊关注小说事业，主动运用西方先进的印刷技术刊印小说，尽管报刊经营者主要出于牟利的目的，但凭借其快捷、便利与价廉的绝对优势，在客观上促进了小说传播机制的革命，也为近代小说专刊的创立提供了借鉴。例如，《字林沪报》连载小说《野叟曝言》获得成功后，各报也纷纷刊载小说，后来就连教育类、医学类、农林类的专业刊物，也经常刊载或者连载小说以提高读者的阅读兴趣，形成了“以小说附报者，比比皆是”[①]，“现在所出的各报，中间总有小说这一门”[②]的局面。在这方面，上海申报馆的做法很有代表性，意义也最大。1872 年《申报》在上海租界创刊后，申报馆创办文艺期刊《瀛寰琐记》，出版白话新闻报纸《民报》，创办《瀛寰画报》《点石斋画报》，设立点石斋印书局、图书集成印书局、申昌书局编印出版书籍，特别是《申报》开创的公开征集发表文艺作品、报纸连载小说等做法，对当时的报刊业产生过重要影响，在中国文学史上具有典型示范意义：①它所登载的作品以新引入的西方先进印刷

① 吕粹声《月月小说》“跋”，《月月小说》第一年第十二号（1908 年）。

② 挽澜《双剑血》“识语”，《江苏白话报》第三期（1904 年）。

技术刊行，打破了数百年来传统印刷一统天下的局面；②它将作品刊载于报纸，连载于期刊，改变了中国小说传播的传统方式；③它开创了小说连载的形式；④它使翻译小说首次进入大众视野。陈大康认为，“在中国人还不知刊物为何物时，申报馆不仅创办了刊物，而且还刊载了小说，这就为作品与读者之间开通了新的渠道，后来《新小说》等小说专刊的出现，其实就是由此演变而来”[①]。

其二，租界为近代小说报刊提供了充足的编创队伍和良好的文化市场。上海是中国近代化起步最早、程度最高的城市。“他国书业之中心点多在京师，而中国则在上海，因上海尚可自由也。”[②]作为全国的新闻出版中心、教育中心和文学艺术中心，上海主要是通过租界聚集新型知识分子和培育文化市场的。

上海自开埠以来，逐渐成为一个移民城市。英美租界的居民在 1855 年为 2 万人，到 1865 年已增至 9 万人，法租界亦净增至 4 万人。据说在 1855—1865 年，上海收容难民最多高达 50 万人[③]。据统计，1852 年上海地区人口为 54 万人，1910 年增长到 128 万人，共净增长了 74 万人[④]。而如果将租界区和华界区的人口增长相比较，则租界的人口增长率又明显高于华界。在开埠初期，上海华界区人口占总人口的 99%，但到 1942 年时，占上海面积仅 6%的租界区却已集中了上海 62%的人口[⑤]。所增长的人口主要是由外地迁入上海的移民，尤以江苏、浙江、广东三省为多，还有从北方及西北、西南等地迁入的移民。上海公共租界 1885—1935 年的人口统计表明，非上海籍人口占上海总人口的 80%以上[⑥]。

上海在开埠以后的二三十年里，就已经逐渐形成一个新型知识分子群体。这些人主要分布在新闻、出版、教育等文化事业中，到戊戌变法时期，新型知识分子已经颇具规模。据统计，1895—1898 年，上海新创

① 陈大康《中国近代小说编年史》，人民文学出版社 2014 年版，第 27 页。

②《著作者日少之原因》，《民吁日报》1909 年 11 月 1 日。

③ 张仲礼《近代上海城市研究》（1840—1949），上海文艺出版社 2008 年版，第 22 页。

④ 邹依仁《旧上海人口变迁的研究》，上海人民出版社 1980 年版，第 7 页。

⑤ 邹依仁《旧上海人口变迁的研究》，上海人民出版社 1980 年版，第 15-16 页。

⑥ 张仲礼《近代上海城市研究》（1840—1949），上海文艺出版社 2008 年版，第 19 页。

设了 27 种报刊，加上此前的《万国公报》《申报》《新闻报》等报刊，约有报刊 50 种。这一时期，上海有各类新式学校约 20 所，知名出版机构近 10 家，先后成立过 8 个学会。1898 年戊戌变法后，各地新型知识分子纷纷汇聚上海。到 1903 年，上海至少汇集了 3000 名拥有一定新知识的文化人①。这一年在上海从事文化活动和政治活动的著名知识分子有：蔡元培、章太炎、邹容、章士钊、吴稚辉、张继、于右任、马相伯、黄宗仰、蒋智由、叶瀚、王季同、蒋维乔、陈范、徐敬吾、林懿均、谢健、叶澜、连梦青、马君武、龙泽厚、汪康年、张元济、夏瑞芳、鲍咸昌、高梦旦、冯镜如、汪德渊、林白水、邓实、陈潵宸、王均卿、沈知方、刘师培、马叙伦、戢翼翚、吴趼人、李伯元、龚子英、狄楚青、徐念慈、曾朴、刘鹗、罗振玉、陈独秀、苏曼殊、金天翮、高旭、高燮、陈去病、柳亚子、穆藕初、余日章、陈撷芬……这些人先后在上海出版了《苏报》《国民日日报》《大陆》《教育世界》《选报》《外交报》《政艺通报》《新世界学报》《翻译世界》《宁波白话报》《中国白话报》《智群白话报》《童子世界》《绣像小说》《新新小说》《二十世纪大舞台》《经世文潮》《俄事警闻》等形形色色的报刊，经营着商务印书馆、上海书局、广智书局、文明书局、开明书店、有正书局、小说林社等出版印刷机构，他们是中国近代报刊事业的先行者和主力军，其中很多人成为小说报刊的编辑和创作者。

与此同时，上海租界也为小说报刊的兴起培育了良好的文化市场。近代中国是在连绵不断的外侵内乱、天灾人祸中走过来的，由于存在相对安全、安定的租界，上海遂成为外地人士避难、谋生、就业的最佳选择。这些移民尤以江浙和广东人为多，有富户、商人、地主、手工业者、农民及形形色色的文化人，其中不乏具有相当文化程度者。据 19 世纪 90 年代海关的统计，当时江苏粗识文字的男子占 60%左右，学者文人占 5%～10%，有阅读能力的妇女占 10%～30%，其中会作诗的占 1%～2%②。大批具有相

① 张仲礼《近代上海城市研究》(1840—1949)，上海文艺出版社 2008 年版，第 820-821 页。

② 《上海近代经济社会发展概况》(1882—1931)，上海社会科学院出版社 1985 年版，第 96 页。转引自《上海近代文学史》，上海人民出版社 1993 年版，第 40 页。

当文化程度的移民涌入，带来的是巨大的文化需求，促进了报刊市场的急剧膨胀，而小说的趣味性和消闲性又为报刊的主办者所注意，“再也没有比小说更为适合既能满足日益增长的杂志对于填充版面的需求，又能满足杂志出版商对商业利润的追求了”[①]。小说的趣味性及其特有的反映社会人生问题的方式，加上便捷、价廉、传播速度快、范围广，很快激发了社会平民的阅读欲望，小说的需求量急剧上升，于是，小说报刊或者以刊载小说为主的报刊应运而生。与此同时，士大夫对报刊与小说态度的转变也是应该关注的现象。士大夫原先是排斥报刊的，起初的报刊订户主要是商人和市民。当时“一般报社主笔、访员均为不名誉之职业。不仅官场中人仇视之，即社会的一般人，亦以其播弄是非轻薄之”[②]。左宗棠甚至有“江浙无赖文人，以报馆为末路”的评论[③]。士大夫原先是鄙视小说的，“惜之于小说也，博弈视之，俳优视之，甚且酖毒视之，妖孽视之；言不齿于缙绅，名不列于四部。私衷酷好，而阅必背人；下笔误征，则群加嗤鄙”[④]。然而，随着报刊市场的急剧扩大，特别是受“小说界革命”的影响，士大夫开始转变观念，很多人甚至投身报刊事业，加入了小说作者与读者的队伍。士大夫本就是小说的潜在市场，他们有文化、有闲暇时间、有购买力，一旦形成关注小说的风气，必然会大大扩充小说的市场，促进小说报刊事业的繁荣。

其三，租界为刊载揭露现实黑暗的谴责类小说的报刊提供了一定保护。1900 年“庚子事变”后，社会上兴起了一股谴责小说创作热潮，《官场现形记》《二十年目睹之怪现状》《老残游记》《文明小史》《负曝闲谈》《活地狱》《最近社会龌龊史》等一批抨击时弊、公开揭露清朝统治腐败颟顸的小说，在社会上引起很大反响。对这类小说兴起的原因，有人归结于政府的腐败黑暗，有人归结于清政府推行新政的影响，说得都有道理，但是有一个问题他们没有注意到，这就是中国自古以来文字狱频发，特别是在清政府，因为写文章触怒当局掉了脑袋的人不胜枚举。吴敬梓写《儒林外史》讽刺现实还不得不假托前朝，并且这种“秉持公心，指擿时弊”的

① 谢晓霞《〈小说月报〉1910—1920：商业、文化与未完成的现代性》，上海三联书店 2006 年版，第 12 页。

② 姚公鹤《上海闲话》，上海古籍出版社 1989 年版，第 128 页。

③ 方行、汤志钧整理《王韬日记》，中华书局 1987 年版，第 92 页。

④ 摩西《〈小说林〉发刊词》，《小说林》第一期（1907 年）。

讽刺传统并没有人能继承发扬，究其原因，应该与文网严密有相当大的关系。可是到了晚清，谴责小说敢于将抨击的矛头直指朝廷，说话几乎没有任何顾忌，甚至对朝廷进行谩骂污蔑，而且还有人敢将之刊登于报端在社会上公开发行，而且这些报刊并没有遭到来自当局的镇压，尽管政府不断发布查禁小说和报刊的命令，但从未出现过报刊因此关门、主笔因此坐牢的情况，这就不能不归因于租界的保护作用了。不是清王朝不想管，而是管不了、管不过来。如果我们把当时产生于北京和上海两地小说的内容和精神风貌进行比较，其间的差异一目了然，这是因为租界造成了城市文化环境不同进而影响到了作品风貌的不同。

（四）戊戌变法的影响

尽管我国第一份小说期刊《海上奇书》早在1892年就已经问世，但因其系私人创办的刊物，刊行时间不足一年，而且发行范围较小，故而在社会上影响不大。因此，近代小说报刊的真正勃兴还是在1902年《新小说》创刊之后。较之新闻事业的发达、印刷出版水平的提高和租界特殊环境的推动与保护，在19世纪末达到极盛的戊戌变法对小说报刊的诞生具有更为直接的影响。如果说，这三者为小说报刊的兴起储备了编创人才、营造了适宜的文化氛围、提供了物质技术上的充分保证的话，那么，以康有为、梁启超为首的戊戌变法及其失败则是小说报刊得以产生的直接催化剂。鉴于目前关于戊戌变法的研究已经相当充分，本书不再重复前贤的意见，而是着重于戊戌变法对小说报刊产生的推动和影响问题略作分析。

发生在19世纪末期的戊戌变法是一场以思想启蒙、政治变革为主要内容，同时涉及经济、文化、教育、道德、军事、外交等多方面、多层次的社会革新运动。在中国古代历史上，还没有哪一场政治革新运动会对被排斥在正统文学范畴之外的“小道”——小说立即产生直接影响的先例。然而到了19世纪末，随着中西文化交流的进一步扩大和加深，以康有为、梁启超为代表的维新志士都不同程度地接受过西方文明的影响，他们的思想观念及价值判断标准已与传统意义上的革新派有了很大不同，其突出表现为，在努力取得皇帝及地方大吏的信任，希图借助朝廷之力推行改革方略的同时，特别注重对民众尤其是知识分子的思想启蒙工作，因而在整个运动期间始终把相当大的精力投入到创办报刊以开通风气、宣传变法革新主张上。他们的基本思路是：要救国，必须自强；要自强，必须变法维新；要变法维新，必须广联人才，开通风气；要广联人才，开通风气，必须创办报纸。1895年6月，康有为第四次上书光绪皇帝失败之后，在与梁启超等商量对策时提出，要“思开风气、开知识，非合大群不可”，而要合大群，又“非开会不可”[①]，他所说的“开会”是组织团体的意思。梁启超则认为，要想开会，“非有报馆不可。报馆之议论既浸渍于人心，则风气之成不远矣”[②]。当时积极支持变法的维新派官员、户部郎中陈炽也认为“办事有先后，当以报先通其耳目，而后可举会”[③]。最后他们一致认为，创办报纸是当时最为紧迫的任务。于是，从1895年8月起，康有为、梁启超等在北京、上海等地先后创办了《万国公报》（后改名为《中外纪闻》）、《强学报》、《时务报》、《知新报》等一批宣传变法维新思想的报刊，据不完全统计，1896—1898年，全国各地的维新志士共组织了40多个学会，创办报刊70余份。戊戌变法以后，流亡海外的康有为、梁启超惊魂甫定，即开始继续创办报刊，鼓吹保皇、立宪思想，《清议报》《新中国报》《新民丛报》等先后问世，在海内外产生了巨大的影响。可以说，资产阶级改良派思想能够在中国近代的历史舞台上占有重要地位，长期有效的理论宣传工作做出了不可磨灭的贡献。

当然，康有为、梁启超都是政治家，文学原本不是他们政治生涯中不可分割的组成部分。“实际上，在有可能施展雄才大略的年代，康有为、梁启超等维新志士都以政治活动为中心，而不屑于吟诗作文。”[④]而且由于受中国传统文化鄙视小说的观念影响，在戊戌变法以前的很长时间里，他们并未对小说给予充分的注意。1895年6月，英国传教士傅兰雅（J. Fryer）在《万国公报》第77册上刊登“求著时新小说启”，提倡创作时新小说以革除鸦片、时文及缠足等“中华积弊”为内容，据说这对康有为、梁启超

① 《康南海自编年谱》“光绪二十一年”，转引自中国史学会主编、神州国光社1953年版“中国近代史资料丛刊”《戊戌变法》(4)。

② 光绪二十一年五月《与穰卿足下书》，转引自丁文江、赵丰田编《梁启超年谱长编》，上海人民出版社1983年版，第40页。

③ 同②。

④ 陈平原《二十世纪中国小说史》(第一卷)，北京大学出版社1989年版，第6页。

后来把小说作为开通民智、进行启蒙宣传的利器产生过重要的启发意义。此后，康有为有感于"'书''经'不如八股，八股不如小说"，"仅识字之人，有不读'经'，无有不读小说者"的社会风气，在《日本书目志》中将小说作为"今日急务"，提倡"经义史故，亟宜译小说而讲通之"，"故六经不能教，当以小说教之；正史不能入，当以小说入之；语录不能喻，当以小说喻之；律例不能治，当以小说治之"[①]。梁启超进一步发挥康有为的观点，在《变法通义・论幼学》《译印政治小说序》等文章中极力提倡革除"诲盗诲淫"的传统小说，而代之以新编说部书，"专用俚语，广著群书"，并大量译印"外国名儒所撰述，而有关切于今日中国时局"的政治小说[②]。值得注意的是，由于受传统文学观念特别是康有为的影响，直到1898年亡命日本之际，梁启超仍然没有将小说纳入文学的范畴，《译印政治小说序》还在继续引用康有为"增七略为八、四部为五"的说法，把小说与"文学"并列，这说明他们之所以重视小说，完全是出于改良派开启民智以革新政治的考虑，而不是因为他们认识到小说具有多么高的文学价值。在他们的眼里，小说充其量不过是进行政治活动的一种有力工具罢了。"戊戌变法的失败，截断了梁启超等人直接掌握国家政权从事社会变革的道路，使其不能不把主要精力从政治斗争转为理论宣传；同时，也使其意识到启发民众觉悟，提高民德、民智、民力的重要性。既然'新民为今日中国第一急务'，而小说又有关乎世道人心，于是转而大力提倡新小说。"[③]1902年梁启超创办《新小说》杂志时，尽管已开始把小说纳入文学范畴，并且在具有发刊词意义的《论小说与群治之关系》一文中把小说提升为"文学之最上乘"，但创刊伊始的《新小说》却像是政治斗争的产物。据梁启超自己说，他创办《新小说》的目的是发表他的政治小说《新中国未来记》，所谓"《新小说》之出，其发愿专为此编也"[④]。那么，为什么要发表政治

① 《日本书目志》卷十、卷十四，上海大同译书局1897年版，转引自陈平原和夏晓虹编《二十世纪中国小说理论资料》（第一卷）北京大学出版社1997年新1版，第29页。

② 《变法通义•论幼学》原载《时务报》第16—19册（1907年），《译印政治小说序》原载《清议报》第一册（1898年），转引自《二十世纪中国小说理论资料》（第一卷）第28及第37-38页。

③ 陈平原《二十世纪中国小说史》（第一卷），北京大学出版社1989年版，第7页。

④ 《新中国未来记•绪言》，《新小说》第一号（1902年）。

小说呢？因为“彼美、英、德、法、奥、意、日本各国政界之日进，则政治小说为功最高焉”[①]。因此，为了“新民”“改良群治”，以达到政治革新的目的，提倡小说已成为十分必要而紧迫的任务，这也就是《论小说与群治之关系》里所说的“欲新一国之民，不可不先新一国之小说。故欲新道德，必新小说；欲新宗教，必新小说；欲新政治，必新小说；欲新风俗，必新小说；欲新学艺，必新小说；乃至欲新人心，欲新人格，必新小说”；“今日欲改良群治，必自小说界革命始。欲新民，必自新小说始”的真实含义[②]。为了发表政见而写小说，为了发表小说而编小说刊物，于是，无论是发动“小说界革命”，还是创办小说报刊，都是梁启超等人政治宣传、思想启蒙事业的一个组成部分。所以，日本学者中野美代子曾尖锐地指出：“其实，梁启超是一个机会主义者，他只是在亡命日本时热衷于提高小说的地位，他所说的小说与政治小说几乎是同义词，回到政界以后就连小说的‘小’字也从未提起过。”[③]最终，尽管戊戌变法作为一次政治革新运动失败了，但是梁启超从中亲眼看到也亲身感受到了报刊影响社会人心的巨大力量，而创办报刊的成功经历更使他意识到将小说事业与新闻事业相结合，借助报刊这一新型传播媒介来进行舆论宣传是一条非常便捷有效的途径。因此，政治家的激情和使命感加上舆论家、报人的才识和想象力，促成了《新小说》的诞生。可以想象，假如没有戊戌变法对思想宣传的高度重视，假如戊戌变法能够取得成功，梁启超等人未必会有心思有精力去创办小说刊物，近代化小说专刊的问世极有可能要推迟至若干年。袁进在考察晚清小说繁荣原因时指出，“在我看来，晚清小说热潮最重要的起因是大批文人出于‘救国’的政治需要，突然加入小说作者与读者的队伍，从而造成小说的急剧膨胀，促使小说突然繁荣”[④]，而小说报刊这一新型传播媒介的兴起则是其直接的结果。

综上所述，小说报刊在19、20世纪之交的中国兴起、发展是多方面因

① 《译印政治小说序》，《清议报》第一册（1898年）。

② 《论小说与群治之关系》，《新小说》第一号（1902年）。

③ 中野美代子著，若竹译《从小说看中国人的思考样式》，北京十月文艺出版社1989年版，第104页。

④ 《中国小说的近代变革》，中国社会科学出版社1992年版，第28页。这个观点在他与陈伯海主编的《上海近代文学史》中又有较详细的陈述，详见该书第72-73页。

素综合作用的结果，由于本书不把小说报刊兴起的主要原因归结于小说自身发展规律的推动，因此在讨论这个问题时更多地注意到小说外部环境的影响和作用。就一般情况而言，这种思路和操作方式所存在的误区和弊端是显而易见的，但对研究19、20世纪之交的中国文化现象来说，采用这种方式也许恰恰是非常必要的。当然，由中西文化交流引起的社会心理变化、新型知识分子队伍的出现和壮大，以及晚清的社会黑暗政府腐败甚至于清廷在“庚子事变”之后逐步推行新政实施改革等因素，都会对小说报刊的兴起产生不同程度的促进作用，但在其中起关键、直接作用的还当推上文提及的四个因素。另外，有人曾试图用近代小说繁荣的原因来解释小说报刊兴起的原因，但这是两个不同的问题，不应该混为一谈。

三、近代小说报刊的发展轨迹

从1892年《海上奇书》创刊到1919年，这28年间产生的小说报刊约有70种，就其办刊宗旨、刊物风格及所刊登作品的内容形式而言，这些刊物大致经历了以下三个发展阶段[①]。

（一）萌芽期（1892—1902年）

在中国古代，与精神文化产品的产出和传播方式相适应，小说主要是通过手工抄写或木板雕刻，以单行本和选本两种文本形式在社会上流行的。进入19世纪以后，随着西方文化影响的逐步扩大和加深，中国的新闻出版事业得以迅速发展，成为其时文化传播的主要媒介。面对新的社会形势，依托近代化的新闻出版事业，通过革新小说传播媒介来推动小说事业的发展，以适应新时代对小说的要求，遂成为当时小说界有识之士普遍关注的问题。在这方面首先做出大胆尝试的是韩子云。韩子云（1856—1894）名

① 陈伯海和袁进主编《上海近代文学史》把上海近代文学的发展划分为形成期（1843—1895年）、全盛期（1895—1911年）和转折期（1911—1919年）三个阶段，考虑到上海近代文学以报刊为主要传播媒介的特点以及小说报刊大部分在上海创办发行的事实，本书在划分近代小说报刊发展阶段时参考了这种说法。另，谢晓霞《〈小说月报〉1910—1920：商业、文化与未完成的现代性》将“戊戌前后”、“辛亥前后”作为近代报刊发展的两个高潮；谢仁敏《晚清小说低潮研究——以宣统朝小说界为中心》将近代报刊小说的发展过程分为探索期（1872—1901年）、勃兴期（1902—1908年）、调适期（1909—1913年）和复兴期（1914年以后）四个时期。

邦庆，字子云，号太仙，别署大一山人、花也怜侬，江苏娄县（今上海松江）人。诸生，屡应乡试不第，后寓居上海，以卖文为生，曾任《申报》编辑。韩子云在上海创办的《海上奇书》是中国历史上产生的第一份小说专门期刊。《海上奇书》于清光绪十八年二月一日（1892 年 2 月 28 日）创刊，前 10 期为半月刊，以后为月刊，由点石斋印书局石印，申报馆代售。内容分《太仙漫稿》（子云自撰文言小说）、《海上花列传》（子云自撰吴语章回小说）和《卧游集》（记载古今中外奇闻趣事和名胜古迹的前人笔记小说）三大部分。封面用红本纸印，每期刊图片 14 幅，文字近 7000 言，售价一角。该刊“绘图甚精，字亦工整明朗”，“惜彼时小说风气未尽开，购阅者鲜，又以出版屡屡衍期，尤不为阅者所喜”[①]，所以刊行以来，一直销路平平，终于维持了不到 10 个月，于同年 11 月出至第 15 期后停刊，韩子云在不久后也即谢世。长期以来，研究者把韩子云当作一个传统型的旧式文人，认为他创办的《海上奇书》在内容与形式上基本没有越出传统的范围，因而对《海上奇书》本身的重视程度远不如对其所登载的《海上花列传》小说，如谓“《海上奇书》在中国现代期刊史上有一定的影响，皆因它刊载了吴语长篇小说《海上花列传》”[②]。其实，这是一种偏见。《海上奇书》的出现，在中国小说史和新闻史上都有十分重要的意义。首先，《海上奇书》是中国第一份小说期刊，韩子云能够想到利用近代传播媒介去发表自己的作品，并且以个人之力创办专载小说的期刊，这就不是旧时代的知识分子所能够想到的；其次，《海上奇书》刊载了中国近代杰出的小说。《海上花列传》“代表了当时纯文学的艺术水平”[③]，它所选取的背景也是开埠以后的上海，是近代上海社会生活的缩影，其题材内容、生活场景及书中人物的思想观念等也都与传统小说有明显的区别，具有很强的时代气息。范伯群甚至夸张地将《海上花列传》尊为“现代通俗小说的开山之作”“中国现代文学的开山祖”[④]。特别是，《海上奇书》开创了中国文

① 颠公《懒窝随笔》，转引自人民文学出版社 1985 年版《海上花列传》“附录”。

② 范伯群《中国近现代通俗文学史》，江苏教育出版社 1999 年版，下卷第 525 页。

③ 陈伯海，袁进《上海近代文学史》，上海人民出版社 1993 年版，第 240 页。

④《中国现代通俗文学史》，北京大学出版社 2007 年版，第 14-24 页。

学期刊运用插图的先河。从第七期起，韩子云根据明末清初传教士南怀仁《坤舆图说》的记述，在《卧游集》里用图文结合的形式比较详细地介绍了巴比鸾城（今通称“亚洲巴比伦城空中花园”）、铜人巨像（今通称“爱琴海罗德岛太阳神巨像”）、厄日多高台（今通称“埃及库夫王金字塔”）、茅索禄王墓（今通称“亚洲哈里卡纳苏的毛索洛斯陵墓”）、供月祠庙（今通称“亚洲以弗所的阿尔特米斯庙”）、供木星人形（今通称“奥林匹亚的宙斯神像”）、法罗海岛高台（今通称“埃及亚历山大港的灯塔”），以及公乐场（今通称“罗马竞技场”）等世界古代史上的诸多建筑奇迹，其中前七项被称为“世界建筑史上七大奇迹”。这说明韩子云的观念已与传统文人有了比较明显的差别，他已经能够睁眼看世界（尽管尚不是其所处时代的域外世界），并开始有意识地利用近代化印刷出版技术从事文学事业，从而成为我国第一位兼小说家与报人于一身的近代型作家。由于没能如梁（启超）、李（伯元）、吴（趼人）、曾（朴）等人那样占有天时、地利、人和的条件，因此韩子云成了一个失败的“窃火者”。尽管目前还没有《海上奇书》对后来小说期刊发生直接启发和影响的确切资料，但我们还是可以很清楚地看到，十几年后上海滩著名的小说家（作家兼报人）实际上走的正是当年韩子云的路子，不过结果不同而已。因此，尽管《海上奇书》的近代化色彩远不及后来的《新小说》等小说期刊，但它最早为中国小说的现代化进程作出可贵尝试，“按其体裁，殆即现今各小说杂志之先河”①。此后几年里，虽然不再有小说专门期刊诞生，但在报刊特别是文艺小报上刊载小说已逐渐成为风气，并对小说报刊的兴起产生了重要推进作用，因而本书把从《海上奇书》到《新小说》创刊的这十年，作为近代小说报刊的萌芽期。

（二）繁盛期（1902—1909年）

“1902年，亡命日本的梁启超在横滨创立了小说专刊《新小说》，它

① 颠公《懒窝随笔》，“中国小说史料丛书”《海上花列传》，“附录：《海上花列传》作者作品资料”，人民文学出版社1985年版，第615页。

象征着文艺杂志时代的开始。”[①]从《新小说》创刊到1911年辛亥革命前，《绣像小说》《新新小说》《月月小说》《小说林》《小说时报》《小说月报》等小说专刊纷纷出世，目前所知的即20多种。这是近代小说报刊最为兴盛、成就也最为辉煌的时期，近代最著名的小说如《二十年目睹之怪现状》《文明小史》《老残游记》《孽海花》等都刊登在当时的小说报刊上。尽管这些报刊也发表过修正甚至批评梁启超小说救国论的文章，例如，《绣像小说》上刊登的别士的《小说原理》、《月月小说》上刊登的天僇生的《论小说与改良社会之关系》和《小说林》主编黄人、徐念慈的《小说林发刊词》《小说林缘起》等论文，但不可否认，这些刊物都是在《新小说》及“小说界革命”的影响下问世的。关于这一点，只要看看这些小说报刊的发刊词就可以十分明白了。包天笑说：“《新小说》出版了，引起了知识界的兴味，哄动一时，而且销数亦非常发达”，“似乎登高一呼，群山响应，虽然商务印书馆出版，李伯元编辑的《绣像小说》还在其先，但在文艺社会上，没有多大影响”，上海“那时就有了曾孟朴的《小说林》月刊，吴沃尧等所编的《月月小说》，龚子英等所编的《新新小说》，以及商务印书馆的《小说月报》，陆续出版的小说杂志，不下七八种”[②]。定一说：“輓近士人皆知小说为改良社会之不二法门，自《新小说》出，而复有《新新小说》踵起，今复有《小说林》之设。故沪滨所发行者，前后不下数百种。”[③]剔除其中明显夸张的成分，从中仍然可见当时小说界轰轰烈烈的情形。尽管这些小说报刊的创办者和编辑者的政治主张、文学思想，以及审美、伦理等价值观念不尽相同，甚至明显对立，但他们也具有一些共同的特点。例如，基本认同梁启超提出的小说具有改良社会、开启民智的巨大作用的观点，普遍强调小说的功利效用，视小说为改良群治、向导国民的启蒙工具，密切关注现实，小说创作以政治小说特别是在政治思潮影响下产生的社会小说为主，而其他如历史、言情、教育等类型的小说也大都具有强烈的政治或启蒙意识；几

① 樽本照雄《新编增补清末民初小说目录》，齐鲁书社2002年版，第6页。

② 包天笑《钏影楼回忆录》“编辑小说杂志之始”，香港大华出版社1971年版，第357页。

③《小说丛话》，《新小说》第十五号（1905年）。

乎所有的刊物都表现出比较强烈的开放意识，放眼世界，积极输入域外小说，“著译各半”成为这时小说杂志的共同特色，甚至出现像《小说林》这样以刊载翻译小说为主的刊物。事实上，这也正是翻译小说在中国的极度繁荣时期。就长篇而言，翻译小说（主要是侦探小说）的产量大大超过创作小说，并在1907年达到极盛；有意识地向西方小说学习，在艺术形式上大胆革新，并在小说类型、叙述角度，以及叙述方式的革新方面取得了可贵进展，新型短篇小说的崛起也为五四运动以后现代短篇小说的确立和繁荣开了先河。

（三）转折期（1909—1919年）

从1909年到1919年，中国社会发生了翻天覆地的变化，文学也不能不受其影响。就小说界的情形而言，1909年《月月小说》的停刊，标志着小说期刊第一个发展高潮的过去。随着辛亥革命的胜利，清王朝被赶下历史舞台，“革命”目标的消失，使小说界革命的号召失去了存在的基础；而民初政局的动荡黑暗，也使梁启超借几本小说就可以救国救亡的神话不再为世人所信从，因此，在清末小说界一直占主要地位的以讽刺、谴责腐败官场和世俗为题材的社会小说数量锐减。民初几年里知识分子对小说的关注和重视程度已远不及从前，其突出表现为，1911—1914年，没有一份新的小说报刊创办，小说界只有《小说时报》（图2-1）、《小说月报》（图2-2）两份刊物寂寞地支撑着。梁启超在1902年就创作过政治

图2-1　《小说时报》创刊号封面

小说《新中国未来记》，描绘中国成为“共和国”若干年之后的美好图景，但当“共和国”真正建立以后，反倒没有人再去写这类小说了。从1914年起，小说报刊的发展又出现了一个高潮，6年间先后有30余种刊物问世，其中仅1914年一年就出版了14种，加上原有的2种，到1915年，社会上有至少16种小说报刊同时刊行。据樽本照雄《新编清末民初小说目录》和《清末民初小说年表》统计，1915年是中国小说发表最多的一年，为1931种，是1840—1900年产生作品的10倍，其中，小说报刊数量的增多起了重要的推动作用。在1915年发表的1931种小说中，报刊上登载过的即有1779种，报刊登载率高达92%，其中又以小说期刊的登载为主。值得注意的是，尽管二次革命失败后，袁世凯政府对报刊施行了较清政府更甚的迫害政策，但是，随着近代工商业的快速发展，城市人口的迅猛增长，以上海为代表的近代大都市迅速膨胀和成熟。广大市民了解信息和娱乐消遣的强烈要求，促成了大批以小说专刊为主的文艺性报刊和报纸副刊的迅速发展。然而，由于小说商品化程度的提高，反映大众阅读趋向的文化市场对小说走向的巨大左右作用，这一时期刊行的大多数小说刊物，尽管也经常挂出借小说以改良社会的“金字招牌”，但实质上它们的小说观念已较清末有了明显的变化，即向传统回归，把小说作为遣情而不再是教诲的工具，强调小说的消闲性、娱乐性和趣味性。其实，视小说为供人消遣娱乐工具的看法，在辛亥革命之前就有人提出过，如“小说虽号为开智觉民之利器，终为茶余酒后之助谈”[①]。1909年包天笑主编《小说时报》时，为了引人注意，就曾专门搜集妓女的照片作为每期刊物前幅的画图。例如，“金陵

图2-2 《小说月报》创刊号封面

① 陆士谔《新上海》“自序”，上海古籍出版社1997年版，第2页。

图 2-3 《礼拜六》创刊号封面

十二钗”就是当时上海最著名的十二个妓女的相片，“八宝图”则是名妓胡四宝、洪四宝两人的合影[①]。到了民国初年，这种观念在小说界已经像当年的小说救国论一样流行。例如，《小说丛报》“发刊词”说：“原夫小说者，俳优下技，难言经世文章；茶酒余闲，只供清谈资料。”明确表示“有口不谈家国，任他鹦鹉前头；寄情只在风花，寻我蠹鱼生活”[②]；《小说旬报》“宣言”则声称要“聊遣斋房寂寞，免教岁月蹉跎”[③]；《礼拜六》（图 2-3）“出版赘言”的说法则更具代表性：“买笑耗金钱，觅醉碍卫生，顾曲苦喧嚣，不若读小说之省俭而安乐也，且买笑、觅醉、顾曲，其为乐转瞬即逝，不能继续以至明日也。读小说则以小银元一枚，换得新奇小说数十篇，游倦归斋，挑灯展卷，或与良友抵掌评论，或伴爱妻并肩互读，意兴稍阑，则以其余留于明日读之。晴曦照窗，花香入坐，一编在手，万虑都忘，劳瘁一周，安闲此日，不亦快哉！”[④]风气所至，反映在创作界，以言情为主的所谓“鸳鸯蝴蝶-礼拜六派”小说批量产出，逐渐取代政治小说、社会小说、历史小说，成为创作的主流。尽管这时的小说报刊也还没有完全忘却世事，毫不关心政治（例如，1815 年 5 月 9 日，日本乘西方国家忙于第一次世界大战，向袁世凯提出灭亡中国的“二十一条”，此事被披露后，小说界群情激愤，称 5 月 9 日为“国耻日”，《礼拜六》等刊物还专门出版了“国耻专号”，搜集当时各报的正义新闻，

① 《钏影楼回忆录》“编辑杂志之始”，香港大华出版社 1971 年版，第 359-360 页。

② 《小说丛报》第一期（1914 年），署“徐枕亚”。

③ 《小说旬报》第一期（1914 年），署“羽白”。

④ 《礼拜六》第一期（1914 年），署“钝根”。

辟为“国耻录”，表现了中国知识分子可贵的爱国热情和正义感），但就总体而言，这时的小说报刊更突出地表现出趋时、趋俗甚至媚俗的倾向，杂志大量采用时装美人作为封面和图画，大量登载“鸳鸯蝴蝶-礼拜六派”小说，一时间，言情、哀情、娼门、家庭、黑幕、滑稽、神怪、武侠、侦探小说层出不穷，成为其时小说创作的主要潮流。对于这种情形，当时即有人提出过批评：“试一究其内容，则一痴男一怨女外无他人也，一花园一香闺外无他处也，一年届破瓜，一芳龄二八外无他时代也；一携手花前，一并肩月下外无他节候也。如是者一部不已，必且二部，二部不已，必且三部四部五部以至数十部。作者沾沾自喜，读者津津有味，胥不知小说为何物。”[①]1915年，就连新小说倡导者梁启超也对这种小说创作的畸形繁荣深表忧虑和不满：“还观今之所谓小说文学者何如？呜呼！吾安忍言！吾安忍言！其什九则诲盗与诲淫而已，或则尖酸轻薄毫无取义之游戏文也。”[②]具有讽刺意味的是，梁启超当年就是因为不满于旧小说的“诲淫诲盗”才提倡小说界革命的，然而十几年后的小说界却又回到了“诲淫诲盗”的老路上，不管他的对民初小说的评判是否正确，但至少有一点是明显的，即对清末小说而言，民初小说报刊的主导精神确实发生了重大转折。不能把小说商品化武断地看作小说品格的堕落，更不能把“鸳鸯蝴蝶-礼拜六派”小说简单地视为小说创作的逆流，但是中国小说的现代化毕竟还需要在更广泛、深入的中西文化交流中融入更新的观念和内容，而五四新文化运动中提出的“人的文学”则是当时最具影响力的观念之一。同样，小说报刊要想跟紧时代的步伐，在小说界保持原先的主导地位，也必须提高品位、谋求革新。在这方面，《小说月报》的改革就是一个很有代表性的例子。

① 王钝根《小说丛刊》序。

②《告小说家》，《中华小说界》第二卷第一期。

第三章　近代小说报刊的创办与刊行

——以晚清四大小说期刊为例

一、《新小说》

《新小说》（图 3-1）是中国第一份以“小说”命名的文学期刊，也是继《海上奇书》之后第一份具有近代色彩的小说杂志。它于清光绪二十八年十月十五日（1902 年 11 月 14 日）创刊，在日本横滨出版，由新民丛报社活版部印刷，新小说社发行。第二卷起迁至上海，改由广智书局发行。编辑兼发行者署名赵毓林，实为梁启超所主持。主要作（译）者有梁启超、罗普、周桂笙、吴趼人等。初为月刊，从第四号起经常脱期，前后延续了 5 年多，约于光绪三十二年（1906 年）七月停刊，共出 2 卷 24 号。内容以刊载小说为主，兼及文艺理论、剧本、诗与歌谣、笔记等，先后登载了《新中国未来记》《二十年目睹之怪现状》等著译小说 26 篇，《黄萧养回头》《警黄钟》等戏曲 10 部，《爱国歌》《支那新乐府》等歌谣 25 首，《论小说与群治之关系》等文艺论文 4 篇，饮冰、平子、侠人、曼殊等人《小说丛话》14 期，托尔斯泰、罗马博物院等人物、风景画 55 幅，“杂记”“杂录”若干。每期洋装 180 页，约合 6 万字左右（第二卷篇幅有所缩减，每期平均约 5 万字），售价为每册日本通用银四角，中国通用银四角四分；半年 6 册，日本通用银二元二角，中国通用银二元四角；全年 12 册，日本通用银四元，中国通用银四元四角[①]。

① 《新小说》第一号。另，新小说社在刊物出版前曾登出广告，声称“本社报费定价以日本银为准，但银价涨落无常，内地不免费事。今酌中率定为每加一成即定阅全年者，实收中国通用银四元四角，半年者二元四角二分，零售者每册四角四分。”（《新民丛报》第十五号，1902 年 9 月 2 日）

图 3-1 《新小说》第一号封面

《新小说》是继《清议报》《新民丛报》之后，康有为、梁启超等维新派在日本创办的又一份重要刊物。因为新小说社同仁基本上是《新民丛报》的原班人马，因此《新小说》创刊以后，也就理所当然地利用了《新民丛报》现成的发行网络，采用寄销等方式向社会发售。《中国唯一之文学报〈新小说〉》中即有“海内外各都会市镇，凡代派《新民丛报》之处，皆有本报寄售，欲阅者请各就近挂号”之语。《新民丛报》第二十一号（1902年11月30日）所刊《新小说社广告》也声明，它在国内各地的主要代派处为“上海总发行所广智书局，北京总发行所有正书局，广东总发行所开明书局，其余各代派处一依《新民丛报》”。《新小说》创刊前，《新民丛报》一直通过上海广智书局发行，因广智书局是维新派控制的出版机构①，因此给予《新民丛报》很优惠的条件，甚至连代销应得的两成提成也不要②。《新小说》创办后不久，“因该书局事务繁冗，未暇兼顾”，所以《新民丛

① 广智书局是我国清末民初影响较大的新式出版机构，1901年创办，1915年关闭，由康、梁直接控制。所出书籍以译印为主，且多自日文本译出。据粗略估计，十几年来共出版政治、经济、哲学、历史以及文学、自然科学、应用科学等书籍不下二百余种，其中著译小说三四十种。详参张朋园《广智书局（1901—1915）——维新派文化事业机构之一》（载台湾“中央研究院”《近代史研究所集刊》第2期，1972年）及盛巽昌《广智书局和它的出版物》（载《出版史料》1991年第2期，总第24期）。

② 梁启超《与夫子大人书》（光绪二十八年四月），转引自丁文江、赵丰田编《梁启超年谱长编》，上海人民出版社1983年版，第273页。

报》又在上海四马路老巡捕房对面“特分设支店以为专售之所”，“并代理横滨《新小说》及发售广智书局书籍”[①]。《新民丛报》《新小说》在日本东京的特约总代派处是小松原书店[②]。《新小说》创刊时，《新民丛报》在海内外已有代派处75处[③]，到1903年初又增加到87处，除日本横滨外，范围包括东京、长崎，朝鲜仁川，我国上海、北京、天津、广州等44个地区[④]。因此，《新小说》借了《新民丛报》的便利条件，发行速度和范围都很可观。例如，《新小说》于光绪二十八年十月十五日在日本横滨创刊，而远在广东嘉应州老家居住的黄遵宪因得了“汕头之洋务局中每有专人飞递”的便利，在十一月初八日就已看到该刊的第一号[⑤]。从横滨到上海，再由上海到汕头，最后送到黄遵宪手里，总共只用了20多天的时间，这在当时的交通条件下简直是神速。

与《新民丛报》一样，《新小说》创刊后社会反响之热烈大大出乎梁启超们的意料。《新小说》是梁启超“感情最为激烈”之时“专欲鼓吹革命”[⑥]的产物，创刊号上刊登的《新中国未来记》《东欧女豪杰》等作品很符合当时广大民众痛恨腐败政府、要求铲除专制统治的强烈的政治感情，因此，《新小说》创刊以来，尽管有个别人提出过批评[⑦]，但总的来说是非常受社会欢迎的。第一号印出后不到半个月就已“销售殆磬”，不得不“加工急速再版”[⑧]。《新小说》上刊登的作品也屡屡被其他报刊所转载。例如，1903年《童子世界》转载了《新小说》第二号上发表的《俄皇宫中之人鬼》；1904年《萃新报》第一至第三期也转载了该作品，并标

①《新民丛报》第二十二号（1902年12月14日）“上海本报社支店广告”及“广智书局广告”。

②《新民丛报》第十九号（1902年10月31日）小松原书店广告。

③《新民丛报》第二十号（1902年11月14日）广告“《新民丛报》各代派处”。

④《新民丛报》第二十四号（1903年1月13日）广告“癸卯年本报各代派处”。

⑤ 黄遵宪《与饮冰室主人书》（光绪二十八年十一月十一日），转引自《梁启超年谱长编》，上海人民出版社1983年版，第300页。

⑥ 梁启超《鄙人对于言论界之过去及将来》，《庸言》第一卷第一号（1912年12月1日）。

⑦ 据《新民丛报》第23号（1902年12月30日）“本社编辑部告白”，东京有署名“楚北少年”者写来一信，其中有“责以本报及《新小说》之宗旨卑劣”的内容。

⑧《新民丛报》第二十一号（1902年11月30日）“新小说社广告”。又，日本学者樽本照雄《新小说の重版——小说杂志の重版问题2》（载日本清末小说研究会《清末小说から》第58期，2000年7月1日）一文认为，《新小说》第一—三号可能都曾经重版过。

明“录自《新小说报》”，第四期转载了《新小说》第二号上发表的传奇《冥闹》；陈独秀主编的《安徽俗话报》第九期转载了《新小说》第八号上发表的《团匪祸》。特别让梁启超感到欣慰的是，1902—1905 年，人境庐主人黄遵宪在生命的最后几年里，与梁启超多次书信往还，给予《新小说》充分肯定和高度赞扬。当他看到《新小说》时，不禁拍案击节，大呼：“怪哉！怪哉！快哉！快哉！雄哉！大哉！崔嵬哉！何其神通，何其狡狯哉！彼中国唯一之文学之《新小说报》从何而来哉？东游之孙行者，拔一毫毛，千变万态，吾固信之。此新小说，此新题目，遽呈于吾前，实非吾心意所能及。未见其书，既使人目摇而神骇矣。吾辈钝根，即分一派出一话，已有举鼎膑绝之态，公乃竟有千手千眼，运此广长舌于中国学海中哉！具此本领，真可以造华严界矣。”[①]他说《新小说》“果然大佳，其感人处竟越《新民报》而上之矣”，对创刊号上刊载的《论小说与群治之关系》《世界末日记》《东欧女豪杰》大加称赏，并且对刊物的内容和特色提出了中肯的意见[②]。此外，他还亲自给《新小说》写稿，将自己新作的《军歌》、《幼稚园上学歌》十首和《五禽言》五章寄给梁启超，在《新小说》“杂歌谣”栏目中刊出[③]。以黄遵宪的身份和影响，能给予《新小说》这样的关注和称赞，充分说明了《新小说》在当时社会上引起的巨大震动及其受欢迎的程度。梁启超后来也追忆道：“自是启超复专以宣传为业，为《新民丛报》《新小说》等诸杂志，畅其旨义，国人竞喜读之，清廷虽严禁不能遏。每一册出，内地翻刻本辄十数。”[④]尽管到目前为止我们还无法掌握《新小说》各期发行的具体数字和发行范围，但如下几个例子可以证明梁启超的话并非言过其实。

一是后来成为著名学者、教育家的蒋维乔。蒋维乔于光绪二十八年（1902 年）二月二十六日从常州来到上海，他在日记中把该年看作自己学术思想的“大改革之年”，在这年里读过的“四十九册又二卷”新书新报中，

① 黄遵宪《致梁启超函》（光绪二十八年十一月十一日），《黄遵宪全集》，中华书局 2005 年版，第 441 页。

② 黄遵宪《与饮冰室主人书》（光绪二十八年十一月十一日），转引自丁文江和赵丰田《梁启超年谱长编》，上海人民出版社 2009 年版，第 300 页。

③《黄遵宪致梁启超书》，转引自《中国哲学》第八辑，三联书店 1982 年版，第 398 页。

④ 梁启超《清代学术概论》，东方出版社 1996 年版，第 77 页。

就包括有《新小说》报二册；光绪二十九年（1903年）是蒋维乔自认为“所得阅历上之知识及教育学之心得十百于他岁”的一年，尽管由于工作繁忙，他在这年读书很少（中外文加起来不足20册），但其中仍然有“《新小说》三、四、五共三册”[①]。由此可见《新小说》在上海的流传之广，以及蒋维乔这样开始具有新思想的青年知识分子对《新小说》的喜爱。

二是孙宝瑄。孙宝瑄是清末民初很活跃的新式知识分子，与梁启超、章炳麟、谭嗣同、汪康年、夏曾佑、严复、张元济等均有交往。孙宝瑄看到《新小说》是在北京，其《忘山庐日记》光绪二十九年五月的记录有：

> 二十五日，微阴，自城外归，观《新小说报》。……《新小说》出报已久，余今始得观之。其种类分为五：曰历史小说，曰政治小说，曰科学小说，曰冒险小说，曰侦探小说。属历史则有《东欧女豪杰》，政治则有《新中国未来记》，科学则有《海底旅行》，冒险则有《二勇少年》，侦探则有《离魂病》”。
>
> 二十六日，观《东欧女豪杰》。
>
> 二十八日，观《新中国未来记》。
>
> 二十九日，观《海底旅行》。
>
> 六月一日，女病危……至厂肆购全年《新小说》……观《二勇少年》及《离魂病》。[②]

孙宝瑄购阅《新小说》正值北京酷夏，他却能几乎每天阅读一种小说。由于这些作品是在《新小说》连载的，所以我们猜想他二十五日拿到的刊物不会只有一期。因为喜爱《新小说》刊载的小说，所以在六月一日，孙宝瑄竟然在女儿病危的情况下，冒着酷暑出去购买了全年《新小说》，足见他对这份刊物超乎寻常的喜爱。同时，这则日记也说明了在1903年的北京城内，《新小说》到货比较及时，并且可以成套售出。

三是《警钟日报》上的一条新闻。该报1904年6月6日“地方纪闻（河南）”中有如下内容：

> 禁书之骚扰：自禁书之示一行，祥符丁役遇事生风，藉端婪

① 汪家熔选注《蒋维乔日记选》，载《出版史料》1992年第2期（总第28号）。

② 孙宝瑄《忘山庐日记》，《中华文史论丛》增刊，上海古籍出版社1983年版，第708-710页。

索。甚至署中幕友游行书肆，亦假传县谕，持一纸条向书肆搜索。然声言索书实则索费，否则携书而去，或转售或自看。……一日有县幕宋某二人，持一朱笔纸条至北书店街总派报处指名索书，并欲携去。司事者不允，且云：'此书系资本而来，不能携去。如以《新小说》为犯禁，贵东孔公曾在敝处定阅一份，何其自相矛盾耶？'彼此争辩不已。适有县署发牢委员在座，为之排解乃罢。后探知县署中实并无此二人。[①]

从这则消息中可以得到如下信息：①1904年，《新小说》的销售范围已经进入河南，并且发售到县一级乡镇；②销售的方法是预定；③《新小说》在河南被视为禁书；④尽管如此，河南祥符县令孔×竟然预定了该刊，祥符县的读书人竟然打着县衙幕僚的旗号强索包括《新小说》在内的新书刊。

四是《苏报》1903年5月30日刊载的该报一个经销点一天的销售量：《中外日报》280份、《新民丛报》250份、《新小说》40份。对专业小说期刊来说，这个数字算是相当可观的了。

五是郭沫若《我的童年》里提到，癸卯年（1903年）清政府实行废科举建学校以后，在成都入了东文学堂的大哥将许多新学书籍采集回家，其中"《启蒙画报》《经国美谈》《新小说》《浙江潮》等书报差不多是源源不绝地寄来，这是我们课外的书籍"[②]。可见，《新小说》在当时的成都已经相当流行，并且已经流入峨眉山下大渡河边一个偏僻的乡镇——沙湾。

"《新小说》出版了，引起了知识界的兴味，哄动一时，而且销数亦非常发达"[③]，然而，清政府却对其宣传自由平权、新世界新国民的思想恨之入骨，不断采取措施，企图加以封禁。1903年4月2日，天津《大公报》"时事要闻"报道："探悉外务部奉旨电驻日本横滨领事封禁小说报馆，以平息自由平权新世界新国民之谬说，并云该报流毒中国，有甚于《新民丛

① 转引自刘德隆《〈警钟日报〉上的小说资料》，载日本清末小说研究会《清末小说》1998年年刊（总第21号）。

②《少年时代》，人民文学出版社1979年版，第36-37页。

③ 包天笑《钏影楼回忆录》"编辑小说杂志之始"，香港大华出版社1971年版，第357页。

报》，《丛报》文字稍深，粗通文学者尚不易入云云”[①]；1905年1月11日，《警钟日报》“国内要闻”报道：“外部电达驻日星使云：小说报倡自由平权、新世界、新国民种种谬论，惑乱人心、流毒中国，受害匪浅。请设法查禁。不识日政府允行否也。”[②]这是清政府企图通过外交手段阻止《新小说》在日本出版所采取的手段。而在国内，政府则把《新小说》列为禁书，严加查禁。除前引《警钟日报》1904年6月6日河南“地方纪闻”报道当地将《新小说》视为禁书外，该报1905年2月14日还报道了一则四川“禁阅书报”的消息：“省城大吏近又出一示文，禁止购阅新书新报，如《最近支那革命运动》《中国魂》《黄帝魂》《瓜分惨祸》《饮冰室自由书》《新民丛报》《新小说》等类。其已购者，即将其书毁销，各书坊亦不准出售。如有不遵即行查拿不贷云云。”[③]此外，1905年5月8日，清政府军机处还发布命令，查禁以下新书刊：《支那革命运动》《革命军》《新广东》《新湖南》《浙江潮》《并吞中国策》《自由书》《中国魂》《黄帝魂》《野蛮之精神》《二十世纪之怪物——帝国主义》《瓜分残货预言》《新民丛报》《热血谭》《荡虏丛书》《浏阳二杰论》《新小说》《支那化成论》《广长舌》《最近之满洲》《新中国》《支那活历史》等[④]。事实上，在当时清政府发布的几乎每一次禁书政令中，《新小说》和《新民丛报》都榜上有名，加之《新小说》多用浅易文言甚至白话刊行小说、戏曲等宣传自由平权思想的文艺作品，因而更容易为普通民众所欢迎，因此更为政府所深恶痛绝，必欲置之死地而后快。即便如此，《新小说》风行海内的强劲势头仍然无法遏止。不仅普通知识分子对《新小说》十分欢迎，就连奉行查禁命令的河南祥符县令孔×也预定了该书，《新小说》受人关注的程度由此可见一斑。

《新小说》的刊行以第八号为界，大致经历了两个阶段。第一阶段为梁启超主持时代。比起梁启超主持的其他刊物来，《新小说》创刊的准备

---

① 转引自［日］沢本郁马《横滨·新小说社に言论弹压》，载《清末小说から》第38期（1995年7月1日）。

② 转引自刘德隆《〈警钟日报〉上的小说资料》，载日本清末小说研究会《清末小说》1998年年刊（总第21号）。

③ 转引自渔樵《近代小说资料三则》，载《清末小说から》第46期（1997年7月1日）。

④《上海出版志》“大事记（1905年）”，上海社会科学院出版社2000年版，第37-38页。

工作做得尤其充分。梁启超原计划在光绪二十八年九月十五日（1902 年 10 月 16 日）出版《新小说》的创刊号，但因“所收相片图画未能齐集”[①]，所以往后推迟了一个月，改期在十月十五日（1902 年 11 月 14 日）发行第一号。而从此前的三个月起，《新民丛报》就连续登出署名“新小说社”的广告，为《新小说》的诞生大造舆论，如刊登在第十四号上的《中国唯一之文学报〈新小说〉》，第十五号上的《新小说社广告》，第十五号、第十六号上的《征诗广告》，第十七号上的《中国唯一之文学报〈新小说〉第一号要目豫告》，第十九号上的《〈新小说〉第一号目录全告》《新小说社征文启》。从这一系列文章中可以看出，在《新小说》创刊前的几个月里，梁启超等就已经对这份刊物的宗旨、内容和形式等作了很细致周详的规划，前几期上刊发的稿件已经基本准备就绪。《新小说》创刊后很快得到社会上一班读书人的喜爱，但在新小说社，这种轰轰烈烈的局面从 1903 年 1 月第三号发刊后就有些难以为继了。光绪二十九年三月十四日（1903 年 4 月 11 日）《新民丛报》第二十九号登载了这样一则启事：

> 启者：本报从权停刊数月，其故顷已登报声明，当为购阅诸公所鉴谅。兹拟定期五月续出第四号，至十二月共出九册，合之去年三册，恰成十二册一年之数。诚恐阅报诸君盼望，特此预告，祈为鉴之。横滨新小说社谨启。

有学者推断，这里《新小说》停刊数月的原因是清政府对横滨新小说社施加了言论压力[②]，这只是一方面，笔者认为，刊物愆期的主要原因在于稿源不济。该年初，梁启超应美洲保皇会的邀请，从 2 月份起赴美洲考察，《新小说》的拳头作品《新中国未来记》迟迟不见下文，导致第四号一直拖延到五个月后的 6 月 10 日才印出。从这以后直到第七号，《新小说》基本上由罗普（披发生）支撑着（《新中国未来记》第五回在第七号上刊出，以后未见下文），直到吴趼人和周桂笙加盟。

第二阶段从第八号开始直至终刊，可算作吴趼人和周桂笙主持时代。

---

① 《中国唯一之文学报〈新小说〉第一号要目豫告》，《新民丛报》第十七号（1902 年 10 月 2 日）。

② 樽本照雄《〈新小说〉的出版日期和印刷地点》，《清末小说研究集稿》，齐鲁书社 2006 年版，第 211 页。

光绪二十九年七月出版的《新小说》第七号封底刊载了一则“新小说社紧要告白”：

> 启者：本社数月来以牵干事故，出版迟缓，深负读者诸君之盛意。顷总撰述饮冰室主人从美洲复返日本，稍料理杂事，即从事著述。今先出本册，其余尚欠五册，乃足第一年之数，当于明春三数月内赶紧出齐。

根据这则“紧要告白”，第八号仍将继续连载梁启超的《新中国未来记》，但要等他料理完杂事后才开始写作。结果这一等就是十个月。光绪二十九年十二月二十九日（1904 年 2 月 14 日），《新民丛报》刊载了一则“新小说社广告”：

> 启者：本报出版屡次愆期，实深抱歉。兹第八号准于五月中旬前后即行续出。饮冰室主人以他事蝟集，《新中国未来记》尚未暇执笔从事，当俟第九号以后以次印入。特此奉告。阅者诸君希为鉴之。

这则广告透露出两个信息：一是预告《新小说》第八号准于光绪三十年五月出版，二是间接承认了《新中国未来记》成了“烂尾工程”。

由于《新小说》“出版迟缓”“屡次愆期”，自然引起了读者的不满，新小说社也多次表达歉意，刊物几乎走到了难以为继、面临夭折的生死关头。好在柳暗花明，到第八号时来了两位“救星”，这就是“我佛山人”吴趼人和“知新室主人”周桂笙，并且这种状况一直持续到《新小说》终刊。吴趼人在第八号上发表了历史小说《痛史》、社会小说《二十年目睹之怪现状》及《新笑史》，又“衍义”了写情小说《电术奇谈》；周桂笙发表了翻译的法国侦探小说《毒蛇圈》，还对《电术奇谈》进行了评点。目前我们还不完全掌握新小说社邀请这两位“救星”的详细资料，但不可否认的是，由于他们的加盟，一时间《新小说》居然如脱胎换骨一般，大有起色。但与此同时，从第八号开始，《新小说》的办刊方向与风格较以前发生了重大变化。

按照梁启超的最初设计，《新小说》并不是一份纯文学刊物，而是带有强烈的政治目的和色彩的。“它的不少小说、论文，甚至一些戏曲、歌谣，字里行间都洋溢着政治文学的英雄主义气息。”[①]这种倾向在梁启超主持阶段表现得最为突出。《新小说》前七号贯彻梁启超“政治小说为功最高”的主张，所刊作品以政治小说居多，且着力宣传戊戌变法与君主立宪思想。这些作品为政治宣传而作，小说意味淡薄，梁启超甚至自嘲《新中国未来记》“似说部非说部，似稗史非稗史，似论著非论著，不知成何种文体”[②]。然而吴趼人和周桂笙显然不喜欢这种明目张胆、连篇累牍的政治说教，他们创作和编发的作品虽然也关注现实，但更着意描绘社会的堕落、吏治的腐败、世道的险恶，以及处于末世之际的人心叵测，而且比较注意作品的可读性。因此从第八号开始，那些宣传政治主张的作品全被截断，尽管其连载并未结束，但梁启超、罗普诸人的作品几乎不再出现，《新小说》基本上成了吴趼人和周桂笙的天下，直至《新小说》终刊。从1905年2月第十三号（第二年第一号）起，《新小说》搬回上海，由广智书局印刷发行[③]。第十三号上居然刊出“清太后那拉氏”的铜板相片，与前几年梁启超们在《清议报》上的大骂“逆后贼臣”，鼓吹破坏、宣传革命构成了鲜明对照，说明此时的《新小说》已与创刊初期的宗旨几乎大相径庭，只是刊出的作品没有如《绣像小说》所载的《文明小史》《负曝闲谈》那样对康有为、梁启超进行冷嘲热讽，总算留了几分情面。从第十三号到第二十四号，除了继续刊登《痛史》《二十年目睹之怪现状》《电术奇谈》《毒蛇圈》外，《新小说》还登出了《九命奇冤》《黄绣球》等小说，《论戏曲》《论写情小说与新社会之关系》两篇文艺专论和“小说丛话”等内容，这些在当时也都有很大的影响。可以说，从第八号开始，《新小说》实际上发生了类似今天编辑部改组的事件，此后的《新小说》实际上在两个方面对梁启超的观点纠偏。

首先，《新小说》并不认为中国的传统小说就是群治腐败的根源，其中一些优秀者蕴含了先进思想，它们甚至可以帮助改良群治；其次，从第八号

① 杨义等《中国新文学图志》，人民文学出版社1996年版，第12页。

②《新中国未来记·绪言》，《新小说》第一号（1902年11月14日）。

③ 樽本照雄《〈新小说〉的出版日期和印刷地点》一文称，《新小说》第十八号至第二十四号未标出版年月，且第二卷迁回上海出版后，仍在日本横滨印刷，再运来上海发行。

开始有意改变所刊作品政治说教意味浓厚的状况，增强小说的艺术魅力[①]。

事实上，在吴趼人和周桂笙主持时期，《新小说》也曾多次出现过“愆期”现象。第九号是1904年8月6日“补印发行”的，1904年9月4日出版的第十号、1904年10月23日出版的第十一号、1904年12月1日出版的第十二号，都标明是“补印发行”，甚至《新小说》第二年前五号的出版时间与它们在目录页上的标示也不相符。值得注意的一个现象是，《新小说》第一年的十二号都是按“年月日”标示出版时间，可是第二年的前五号却只按“年月”标示，第六号至第十二号则干脆没有标示任何出版日期——这无论如何都会使人对其出版时间产生怀疑。根据目前掌握的资料可知，光绪三十一年九月（1905年10月），《新小说》才出到第二年第四号[②]；《新小说》第二年第五号出版日期在光绪三十二年正月十九日（1906年2月12日）前，第六号出版日期在光绪三十二年二月初四日（1906年2月26日）前，第七号出版日期在光绪三十二年三月十二日（1906年4月5日）前，第十号出版日期在光绪三十二年七月十七日（1906年9月5日）前，第十二号出版日期在光绪三十二年九月二十七日（1906年11月13日）前[③]。预定的出版日期和实际出版的日期相差太远，这可能就是《新小说》从第十八号以后不再标明出版时间的原因。

《新小说》历经五年中陆续发行了2卷24号后，于1906年下半年停刊。关于停刊原因，刊物本身没有做出解释，但从1906年创办的另一本小说期刊《月月小说》中可以找到比较确切的答案。《月月小说》创刊于光绪三

---

① 陈大康《〈新小说〉出版时间辨》，《华东师范大学学报》（哲学社会科学版），2009年第2期。

② 光绪三十一年九月二十七日（1905年10月25日）上海《时报》刊载了一则出售《新小说汇编》的广告：“横滨之《新小说》久为海内欢迎矣，特其内容每篇不能连贯，阅者憾焉。今觅得原书，重加校对，刊为汇编，以便世之嗜阅新小说者。每部四厚册，大洋三元。寄售处：上海各大书房。”广告没有署名。对于这一明显侵犯版权的行为，新小说社在第二天《时报》上刊载“横滨《新小说》特别告白”予以反击：“本社之新小说风行海内外久矣，自第一年第一号至第十二号出齐后，仍接续出第二年，兹第二年已出有四号。惟本社因内中小说多未完稿，未便装成汇编，以负学界诸君。昨见《时报》登有《新小说汇编》告白一则，则实非本社所印，且并未发明行所，意近假冒；而书中之颠倒错乱非但有误于读者，则于本社声名亦大有妨碍。为此敬告海内外诸君，须知此项《汇编》乃系射利书贾鱼目混珠之伪版，并非本社所印行，而本社刻下已将第一年未完之各种小说即行编译完全，重行校印，再出汇编，廉价出售。特此声明。”说明到1905年10月，《新小说》才出版了第二年第四号。

③ 光绪三十二年《时报》刊载的新民丛报支店广告。

十二年九月十五日（1906 年 11 月 1 日），创刊号上已刊载吴趼人与周桂笙的作品。十月十五日（1906 年 11 月 30 日）出版的《月月小说》第二号刊载了一则“本社紧要广告，注意！注意！！注意！！！”：

启者：本社所聘总撰述南海吴趼人先生、总译述上海周桂笙先生皆现今小说界、翻译界中上上人物，文名藉甚，卓然巨子。曩者横滨《新小说》报中所列名著，大半皆出两君之手，阅者莫不欢迎。兹横滨《新小说》业已停刊，凡爱读佳小说者闻之，当亦为之怅怅然不乐也。继起而重振之，此其责舍本社同人其谁与归？爰商之二君，自三号以后，当逐渐增多自撰自译之稿，以餍阅者诸君之雅望，幸乞留意焉。月月小说社总经理庆祺谨告。

同时，《月月小说》第二号、第三号上又接连刊载广告：

启者：本社以辅助教育、改良社会为宗旨，故特创为此册，特聘我佛山人、知新室主人为总撰述、总译述。二君前为横滨新小说社总撰译员，久为海内所欢迎。本社敦请之时，商乞再三，始蒙二君许可，而《新小说》因此暂行停办。二君更注全力于本报，其余译述、撰述员均皆通才，分门著述，按期出版。内容之如何，请阅一、二期便知。诸君如欲预订全年者，将来并有临时增刊一册附送。如蒙定阅，报资、寄费赐下后，本社当妥为寄奉也。

这两则广告都强调吴趼人与周桂笙已脱离新小说社，而专为《月月小说》撰稿。月月小说社对此十分得意，其第六号专门刊载“本社特别广告”再提此事，并且声明此后吴趼人与周桂笙将天天在月月小说社上班：

启者：本社总撰述我佛山人吴君趼人、总译述知新室主人周君桂笙，昔皆任横滨《新小说》撰译事，二君之著作久为小说界所欢迎，毋庸赘述。自本社延聘后，《新小说》因此停刊，久已不出。刻本社商之二君，自六号以后，请二君每日到社办理报务，均注全力于本社，以期进于优美之地位。自七号起，当陆续添刊最有趣味之小说数十种。至于本报定价之廉，印刷之精，阅者久有定评。此后尤当逐期改良，以副读者诸公之雅望。幸乞注意!!

注意!!! 上海棋盘街金隆里口月月小说社启。

据此，则《新小说》之停刊主要因为月月小说社挖走了它的总撰述和总译述员，以致无法支撑而被迫关闭。考虑到《月月小说》创刊于光绪三十二年九月，吴趼人和周桂笙在该刊撰写小说需要一定时间，《新小说》第二十四号从编辑完成到付印发行的时间差，我们推测《新小说》的停刊时间大约在光绪三十二年七八月份（1906 年 9 月—10 月），比人们通常所说的 1906 年 1 月晚了大约 9 个月。陈大康曾专门著文考证《新小说》的出版时间，并列出《新小说》各号的出版时间表，如表 3-1 所示。

表 3-1 《新小说》各号出版时间表[①]

第一年	时间	第二年	时间
第一号	光绪二十八年十月	第一号	光绪三十一年二月
第二号	光绪二十八年十一月	第二号	光绪三十一年四月
第三号	光绪二十八年十二月	第三号	光绪三十一年六月
第四号	光绪二十九年五月	第四号	光绪三十一年八月
第五号	光绪二十九年闰五月	第五号	光绪三十二年正月
第六号	光绪二十九年六月	第六号	光绪三十二年二月
第七号	光绪二十九年七月	第七号	光绪三十二年三月
第八号	光绪三十年五月	第八号	光绪三十二年四月
第九号	光绪三十年六月	第九号	光绪三十二年闰四月
第十号	光绪三十年七月	第十号	光绪三十二年五月
第十一号	光绪三十年九月	第十一号	光绪三十二年六月
第十二号	光绪三十年十月	第十二号	光绪三十二年七月

《新小说》是中国第一份具有近代意义的小说期刊。它打破了旧文人鄙视小说的传统观念，将小说抬高到“文学之最上乘”，明确提出“小说界革命”的口号，直接促成了清末民初小说的繁荣局面；它第一次集中输入域外小说，客观上为中国小说的变革提供了新的参照体系，推动了中国小说走向世界的进程；它有意识地尝试新的创作方式方法，为打破传统的创作模式，建立现代意义上的小说范式开了先河。长期以来，中国小说依靠手工抄写、木刻线装的方式在社会上传播，随着时代的演进，速度慢、信息量小、准确性不强等传统传播媒介所固有的弊端越来越限制了小说事业

① 陈大康《〈新小说〉出版时间辨》，《华东师范大学学报》（哲学社会科学版），2009 年第 2 期。

的发展。因此，如何适应时代发展的要求，革新传播方式，为小说创作提供现代化的媒介支持，实际上已成为19、20世纪之交摆在小说界有识之士面前的一个重要而迫切的问题。在这方面，《海上奇书》首先进行了可贵的探索，可惜影响不大。作为中国第一份具有现代色彩的小说期刊，《新小说》开创了一个以机器复制、报刊连载为主要特征的文艺报刊时代，为中国小说的发表和传播寻找到了一条适合时代发展要求的新途径，并直接促成了20世纪初期报章小说繁盛一时的崭新局面。于是，《绣像小说》《月月小说》《小说林》《小说月报》等小说刊物如雨后春笋纷纷出世，至1919年五四运动前后达到了60余种，而报纸及综合性刊物甚至科普杂志上刊登小说也成为一时的风气。在这些方面，《新小说》首创之功实不可没。不可否认的是，《新小说》是梁启超在感情最为激昂之时“专欲鼓吹革命”的产物，强烈的政治功利意识使这份刊物从一开始就存在缺乏“小说中之神采、之趣味”[①]的不足，而在输入域外小说的过程中也存在明显的误读现象，在大胆革新的同时又伴随着对传统的依恋和认同，这些都曾对当时的小说理论和实践产生过不良的影响。然而，《新小说》鲜明的时代色彩、浓厚的开放和反传统意识，以及强烈的敢为天下先的英雄主义气息，都注定它是一份开风气的刊物，是“醒世”“觉世”之作，也是一份高品位的刊物。尽管它不那么亲切动人，却有一种类似“精神导师”的雍容高雅、领袖群伦的大家风范，与后来那些带有浓重商业色彩甚至媚俗倾向的刊物不可同日而语。因此，如果要认识新小说，认识“小说界革命”，认识中国小说如何由传统走向现代、由封闭走向世界，《新小说》是值得我们首先加以关注的对象。

二、《绣像小说》

《新小说》的问世，在小说界引起巨大反响；《新小说》的成功，也给了更多中国人创办文学刊物的勇气。因此，继《新小说》之后，一时间学步者纷纷而起，几年之间便形成小说报刊迅猛发展的繁盛局面。《绣像小说》（图3-2）是最早响应“小说界革命”口号、在国内创办的小说专门期

① 黄遵宪《与饮冰室主人书》（光绪二十八年十一月十一日）。

刊[①]。有人将它与以后创办的几种优秀期刊——《新新小说》《月月小说》《小说林》——合称为晚清小说期刊的“四大名旦”[②]。《绣像小说》于清光绪二十九年五月初一日（1903年5月27日）在上海创刊，由武进人李伯元主编，商务印书馆发行。主要作（译）者有李伯元、欧阳钜源、刘鹗、连梦青、汪笑侬、吴梼等。起初为半月刊，但自第12期后屡有愆期，因李伯元去世，大约到1906年底出满72期后停刊。《绣像小说》是清末小说报刊中寿命最长、容量最大的一种，其内容以刊载小说为主，兼及戏曲、歌谣、杂著，主要作品都配有绣像，4年来共刊登《文明小史》《活地狱》《老残游记》《泰西历史演义》《回头看》等著译小说35种，《维新梦传奇》《经国美谈新戏》《童子军传奇》等戏曲、小戏6种，《爱国歌》《戒吸烟歌》《戒缠足歌》《破国谣》等“时调唱歌”21题，弹词1种，文艺论文1种，以及日记、杂著若干。《绣像小说》为32开线装铅印本，每期正文约80页3万余字，绣像8～12幅，售价2角。

图3-2 《绣像小说》创刊号封面

① 据马光仁主编《上海新闻史》，1903年春上海曾有书贾刊发的每十日出书一册的《上海小说》，但目前提及《上海小说》的资料仅此一见，说明它在当时的知名度很低，而且极有可能属于十日刊的小说丛书，并非严格意义上的小说报刊。因此无论从式样、规模还是从影响上来看，《绣像小说》都可算作在国内出版的第一份小说专刊。

② 范伯群《中国近现代通俗文学史》，江苏教育出版社2000年4月版，第534页。

《绣像小说》于光绪二十九年五月初一日创刊，由后来成为中国重要出版机构的商务印书馆印刷发行。这一年是商务印书馆历史上发生重大转折的一年，其主要标志就是张元济正式入馆担任编译所长，以及商务印书馆与日本金港堂合资改组为股份有限公司。值得注意的是，由于与金港堂合资之事牵涉文化交流以外的问题，中日双方都不愿意做过多的渲染（目前所见的有关论著，只有日本学者樽本照雄《初期商务印书馆研究》对此事有比较详备的记述），当时的记载（包括商务印书馆老员工的回忆文章）都津津乐道于商务印书馆聘请张元济任编译所长、组织编写小学教科书，甚至1904年创办《东方杂志》等事件，但对在这年里创办的小说杂志《绣像小说》却极少涉及（在清末的小说期刊中，《绣像小说》是很为后人注意的一份，关于它的编辑者和刊行时期，以及终刊时间诸问题还曾在20世纪80年代一度引起过热烈讨论，但到目前为止未发现有关这份刊物创办情况的明确记录，这实在是一件令人费解的事）。这一看似十分奇怪的现象至少可以使我们认识到，当时及后来相当长一段时间，在商务印书馆员工的眼里，《绣像小说》是一份不被注意的刊物，比不上次年创刊的《东方杂志》，更比不上后来的《小说月报》。这也给我们考察《绣像小说》的创办情况带来了极大的困难。有的学者注意到刊物的诞生与商务印书馆改组为股份有限公司在同一年，因此试图将这两者联系起来探讨其间的影响关系。但《绣像小说》创刊于光绪二十九年的五月初一日，商务印书馆与金港堂签订合资协议成立股份公司是在该年的十月初一日（11月19日）①，比《绣像小说》创刊晚了整整半年时间（加上闰五月），而且在此期间商务印书馆与金港堂之间具体有过什么交往已不易考查，因此，就目前所掌握的资料看，《绣像小说》的创办与商务印书馆和金港堂的合资尚没有十分明确的关系。

长期以来，人们认为《绣像小说》的创办与张元济担任编译所长有关。通常的说法是，张元济于1901年底投资商务印书馆为股东，1902年开始到馆办事，1903年担任编译所长，并由他聘请李伯元编辑《绣像小说》。其中以郑逸梅先生《晚清小说的宝库——〈绣像小说〉》一文所说最为肯定：

① 据樽本照雄《金港堂·商务印书馆·绣像小说》（《清末小说研究》第3期，1979年12月，后收入《清末小说论集》，日本法律文化社1992年版）、《南亭亭长の正体——《〈绣像小说〉编者论争から始まる》（《清末小说》第14号，后收入《清末小说探索》，日本法律文化社1998年版）及邹振环《商务印书馆与金港堂——20世纪初中日的一次成功合资》（《出版史料》1992年第4期，总第30期）。

> 张元济于光绪二十九年（一九〇三）任商务印书馆编译所所长之后，看到广智书局刊行的《新小说》杂志，刊载了梁启超、吴趼人写的《侠情记传奇》、《二十年目睹之怪现状》等作品，把老学究们严禁弟子阅读的所谓不正经的小说的地位大大提高了，他对此非常赞同。恰巧这时那位南亭亭长李伯元寓居沪上，他办过许多小型报纸……很受广大读者的欢迎，因此他的声望很高，张元济便聘他编辑一种小说杂志，双方同意，取名《绣像小说》……每月出版两期，由李伯元主编且兼主撰。[①]

还有人猜测《绣像小说》创刊号上刊登的《本馆编印绣像小说缘起》一文是张元济的手笔或与他有密切关系。但是，以张元济当时的身份而能自称“商务印书馆主人”，总使人觉得有些难以理解。蒋维乔光绪二十九年十一月二十八日（1904年1月15日）的日记中有“晚，张菊生君函约谈话。晚餐后即至彼处。张君述，商务印书馆主人因明年女校复开，欲要余与庄伯俞君委身在编译所办事，不与社会交涉。余自惟今岁到沪之目的愿为社会办事及个人学问，非为谋利，且夏君之市侩乌足以月薪四十元买我之身哉！遂谢之”之语[②]，可见这里的“商务印书馆主人”并不是张元济本人。而张元济给夏曾佑的信札中亦有“适商务印书馆主人欲延聘通才，主持编译，属济举荐”[③]之语，更确定了张元济只是“商务印书馆主人”高薪请来的编译所所长，绝非“商务印书馆主人”。

那么，《绣像小说》到底是由谁最先提议创办的呢？笔者以为就是当时商务印书馆的经理夏瑞芳。夏瑞芳是一位很有眼光、有魄力的企业家，商务印书馆初创之时，只是一个小印刷作坊，“其所以叫‘商务’，是因为主要印商业用品如名片、广告、簿记、账册等；其所以叫‘印书馆’，是因为当时中国没有‘印刷厂’的名称，当时都叫‘印书馆’。印刷厂的名称还是后来从日本传来的”[④]。“庚子事变”后，清政府复开新政，广设

① 郑逸梅《书报话旧》，学林出版社1983年版，第148-149页。

②《蒋维乔日记选》，汪家熔选注，载《出版史料》1992年第2期，总第28期。

③ 栾伟平《夏曾佑、张元济与商务印书馆的小说因缘拾遗——〈绣像小说〉创办前后张元济致夏曾佑信札八封》，《中国现代文学研究丛刊》2014年第1期。

④ 胡愈之《回忆商务印书馆》（《文史资料选辑》第61期，1979年4月）。

学校，夏瑞芳“以国民教育宜先小学，而尤急需有教科书，乃于印刷所外，始设编译所焉。君规划甚远，期以出版之大公司，劝同志集巨资，营厚利。信之者无力，有力者弗深信，略无应者”①。经过几年的苦心经营，到1903年初，商务印书馆已发展成为编译、印刷、发行三者兼备的粗具规模的近代出版机构，并出版了《华英初阶》《国民读本》《通鉴辑览》等十几种书籍，“说部丛书”和“小本小说”也于这一年开始印行。这一切都应当归功于夏瑞芳的远见和不懈努力。汪家熔曾指出，张元济律人律己都很严格，他极反对有冶游、鸦片、赌博等嗜好的人，因此他不会把《绣像小说》交给有“花界领袖”之名的李伯元去办②。尽管后来曾有人对此进行解释，说李伯元并非张元济不喜欢的那种“花界提调”③，但不可否认，张元济、李伯元二人在思想观念、文化修养及生活方式上确实存在很大的差异④，而且到目前为止还没有发现二人直接交往的记载，因此说李伯元是由张元济聘请来编辑《绣像小说》，总不免使人产生疑问。但夏瑞芳则不同了，夏瑞芳不是翰林公，他“先世业农”，父亲是小摊贩，母亲在人家里做保姆，自己是排字工人，他的教养、文化水平及生活情趣等都更接近普通的上海市民⑤，以至于被初入上海的蒋维乔视为“市侩”“资本家”⑥。李伯元当时在新闻界、小说界的活跃程度和声名鹊起，应当更能为夏瑞芳所注意和

---

① 孟森《夏君粹方小传》，原载《商务印书馆三十年特刊》，转引自《商务印书馆九十五年》。

②《商务印书馆出版的半月刊——〈绣像小说〉》（《新闻研究资料》总第52辑，展望出版社1982年6月）、《〈绣像小说〉及其编辑人》（《出版史料》第2辑1983年12月）。

③ 如新西兰叶宋曼瑛《张元济、李伯元与〈绣像小说〉》（《出版史料》第5辑，1986年6月）。

④ 李伯元是当时上海文艺界、娱乐界很活跃的人物，但也为一些正统人士所不满从而遭受指责。广学会第十一次年报（1898年12月22日）“附录D”收录鲍克思牧师介绍中国报刊的文章中，这样描述李伯元主编的《游戏报》：“1897年创办，日报，售价10个铜钱。办事处在河南路。新闻很少，主要刊登一些不可信的故事。主要在本地发行。几天前这张报纸的业主在报上刊登了福州路名声最不好的几个娼妓的照片，还加上文字描写，其猥亵性是不言而喻的。从此开创了上海报业刊登色情新闻的先声。”（转引自《出版史料》1992年第1期，总第27期）。清末民初著名小说家包天笑回忆自己因欧阳钜源介绍而与李伯元结识，“但是我当时所结交的一般朋友，以及年龄、知识都比我高的人，都不值于李伯元，说他是个有文无行的人，而且举许多事例以为证”（《补述茂苑惜秋生事》，原载香港《大公报》1962年8月，署名“钏影”，转引自魏绍昌编《李伯元研究资料》第496页）。

⑤ 夏瑞芳生平经历，可参考[美]赵俊迈《典瑞流芳——民国大出版家夏瑞芳》，商务印书馆2017年版。

⑥《蒋维乔日记选》（《出版史料》1992年第2期，总第28期）“光绪二十九年十一月二十八日、十二月十四日”。

赏识，至少可以雇来一用，为商务印书馆发展事业、扩大影响服务。因为当时商务印书馆尚没有一份完全属于自己的刊物（张元济 1902 年 1 月创办的《外交报》有商务印书馆的股份，第二十九期后也是交给商务印书馆印刷和发行的，但在张元济正式入馆之前，还不能算是商务印书馆自己的刊物。有人认为《外交报》是商务印书馆创办的第一份杂志，这不是事实），而《新小说》问世后在社会上产生了巨大影响，拥有了广泛的阅读群体，这种情形夏瑞芳肯定会注意到。即使不从响应“小说界革命”的号召、借小说以改良社会的角度出发，创办一份有影响的小说期刊也会对商务印书馆的发展有利，至少以后刊登广告不用再花钱给其他刊物了，并且还能借小说的易传行远扩大商务印书馆的影响，甚至赢得一部分广告收入。夏瑞芳是很能准确把握时机发展事业的人，他有与日本金港堂合资的勇气和魄力，创办一份半月刊的小说报并不是一件难事，而且 1904 年的《东方杂志》就是由他提议，张元济等人赞同办起来的，可见他当时除了教科书外，对办期刊也是很注意的。而且，根据目前掌握的资料，《绣像小说》的创办也是出于偶然，1903 年初，梁启超应美洲保皇会的邀请赴美洲考察，导致《新小说》第一年第三号自 1903 年 1 月 13 日出版后，第四号迟迟不见下文，一直拖延到五个月之后的 6 月 10 日才出版。正是因为这五个月的延期，导致夏瑞芳误认为《新小说》已停，所以才决定自己创办一份小说期刊[①]。当然，《绣像小说》的发刊词《本馆编印〈绣像小说〉缘起》可能不完全是夏瑞芳本人的手笔，但从题署中可见，《绣像小说》是在夏瑞芳的主持和积极参与下创办的，也就是说，聘请李伯元编辑《绣像小说》的应当是夏瑞芳，而不可能是张元济。可以肯定的是，夏瑞芳创办《绣像小说》前，应该征求过张元济的同意，因为张元济说过，“商务印书馆见《新小说》已停，愿踵出一小说旬报。弟劝其专用浅文白话，慢慢开通下流社会”，并且“该馆颇能听言”[②]。因此，我们推测商务印书馆选用李伯元作编者的原因，极有可能也是因为“其笔墨亦平浅”，正好与“浅文白话”的办

① 栾伟平《夏曾佑、张元济与商务印书馆的小说因缘拾遗——〈绣像小说〉创办前后张元济致夏曾佑信札八封》，《中国现代文学研究丛刊》2014 年第 1 期。

② 同①。

刊宗旨符合。王学均曾对《绣像小说》的创办经过作过深入探考，并认为“1903年的商务印书馆及其主人夏瑞芳，在与日本金港堂书籍株式会社谋求合资，欲使作为一个印刷所的‘印书馆’向出版企业发展，着力进行了这两件事：一是创刊《绣像小说》，聘请李伯元主编，并交由李伯元负责，至1903年5月始正式创刊出版；二是组建编译所，先由蔡元培任所长，至1903年6月因蔡元培的辞职而由张元济继任所长，并由张元济聘请‘常任编辑员’，始使编译所成为事实上的实体”①，除了蔡元培在张元济之前担任商务印书馆编译所长这件事情可能不确外②，这个判断基本符合事实。

《绣像小说》本为半月刊，自创刊后，每隔半个月发行一期，并且用的是干支纪年（如第一期标“癸卯五月初一日”），这样一直延续到第十二期（癸卯九月十五日）。从第十三期起直到第七十二期终刊，则不再有出版日期可按，因此对它此后的刊行情况及终刊时间问题，实际上并无确切记载。例如，1922年发表的陶报癖《前清的小说杂志》关于《绣像小说》的介绍即仅有“每月二期，癸卯五月初一日出版，至七十二期止。发起者商务印书馆，编辑者李伯元，发行所上海棋盘街”③这样的简洁文字，而没有提及它的终刊日期。1935年发表的毕树棠《绣像小说》一文也仅说《绣像小说》“创刊于光绪二十九年（癸卯）五月，是个半月刊，共出七十二期，停刊年月不明，约在光绪三十二三年之间，只有三年的历史”④。但阿英在1936年发表的《清末小说杂志略》中则明确说《绣像小说》“刊于癸卯（一九〇三年），丙午（一九〇六年）停刊”。此后，《晚清小说史》及《晚清文学期刊述略》等著述都沿袭了这种说法，并将《绣像小说》的停刊时间进一步确认为1906年4月，停刊的直接原因是李伯元的去世。实

① 《李伯元，〈绣像小说〉编者的确认》（《明清小说研究》2001年第4期）。

② 张人凤认为，蔡元培并未担任过商务印书馆第一任编译所所长。详见《蔡元培为商务印书馆第一任编译所所长说质疑》，济南大学学报（社会科学版），2010年第1期。

③ 《游戏世界》第18期（1922年11月5日）。

④ 原载《文学》月刊第5卷第1号（总第25号，1935年7月1日），魏绍昌编辑的《李伯元研究资料》（上海古籍出版社1980年版）收录了此文，但将《绣像小说》的终刊日期改窜为“停刊于光绪三十二年（丙午）三月”，详见樽本照雄《〈绣像小说〉の重版》（载《清末小说から》第57期，2000年4月1日）。

际上，由于《绣像小说》第十三期后已无出版日期可供查考，而按照半月刊的发行速度计算，从1903年5月到李伯元1906年4月去世恰好有36个月，正好够出满72期的时间，因此《绣像小说》终刊于1906年4月的结论基本上是根据它的刊期推算出来的，并无确切的依据。但由于阿英在晚清小说研究界开先河的地位和巨大影响，因此后来有关记载和介绍几乎无一例外地重复了这种说法，甚至一直到今天。在这方面表现出可贵的独立思考精神的是张纯和樽本照雄。樽本照雄在20世纪70年代就已经注意到《绣像小说》第十三期以后不署出版日期的现象[①]。1985年，张纯发表《关于〈绣像小说〉半月刊的终刊时间》一文，首先对1906年4月停刊的成说提出质疑，此后10年来樽本照雄与张纯围绕这一问题先后发表了多篇文章进行探讨，并得出了一些有意义的结论[②]。经过认真辨析诸家的观点，笔者也认为《绣像小说》确实存在刊行延期的问题，主要根据有以下四点。

第一，《绣像小说》第十五期上发表署名“竹天侬人倚声”的“时调唱歌”《小五更・咏日俄交战也》，描述1904年日俄侵略者为争夺利益在我国东北开战的史实。史料记载，日本对俄国宣战是在1904年2月9日，按照半月发刊一期的计划，《绣像小说》第十五期应当于1903年12月9日出版，但在这一期上发表的“时调唱歌”中竟能歌咏2个月以后发生的“日俄交战”之事，岂非咄咄怪事？张纯说：“看来唯一的解释就是，《绣像小说》半月刊在第15期发表之前——也就是创刊初期——就曾经因故停刊了二个多月。我们从商务《绣像小说》自第十二期发表以后便突然取消了干支纪年这一情况看，《绣像小说》杂志第一次停刊的时间是在癸卯年

① 《〈绣像小说〉について》（原载《大阪经大论集》第93号，1973年5月15日，后收入《清末小说闲话》，日本法律文化社1983年版）。

② 张纯《关于〈绣像小说〉半月刊的终刊时间》先在日本《晚清小说研究通讯》第1号（1985年4月17日）上发表，后刊登在《徐州师范学院学报》1986年第2期上，《再谈〈绣像小说〉的终刊时间——向樽本照雄先生请教》刊载于日本《晚清小说快讯》第3期（1994年2月5日）。樽本照雄的有关论文主要有：《〈绣像小说〉の刊行时期》（《中国文艺研究会会报》第55号，1985年9月30日，后收入《清末小说论集》，日本法律文化社1992年版）、《〈绣像小说〉の刊行时期ふたたび》（《野草》第52号，1993年8月1日，后收入《清末小说探索》，日本法律文化社1998年版）、《〈绣像小说〉の刊行时期みたび——張純氏に答える》（日本《清末小说から》第34号，1994年7月1日）、《〈绣像小说〉出版延期问题简论》（《出版史研究》第2辑，1994年11月）。

九月十五日（1903 年 11 月 3 日），后来复刊时，由于已经拖期 2 个月以上，从而使《绣像小说》第十三期的发表时间无法与第十二期衔接，所以商务印书馆才不得不取消了干支纪年。”[①]这个推论是有道理的。《小五更·咏日俄交战也》的发表说明，到第十五期时，《绣像小说》已经延期出版了 2 个月以上。另外，商务印书馆 1904 年 3 月 11 日创办的《东方杂志》创刊号上有“《绣像小说》现出至第十四期”的广告文字，据此则《绣像小说》出版第十五期时延期当在 5 个月，这一点也与张纯的推论相合。

第二，《绣像小说》第二十二期、第二十三期卷末连续刊登《商务印书馆征文广告》，募集国文教科书、小说和论说等稿件，要求作者将书稿交到“上海美租界新衙门东首祥麟里间壁成字一千三百六十四号商务印书馆编译所”。商务印书馆自 1902 年设立编译所后，所址屡有变迁。起先在北京路北、贵州路西的长康里筹备建立编译所，1902 年 8 月 22 日深夜北京路工场遭遇火灾，所有机器工具尽毁于火，幸而事先保有火险，商务印书馆因此领到一笔赔偿金，于是再增设资金，在北福建路自建厂房，并在河南路新设发行所，在厂房对面唐家弄租屋三间设立编译所。1903 年 1 月，编译所由唐家弄迁移至北福建路东的蓬路，1904 年 10 月 8 日又迁至美租界新衙门东首祥麟里间壁成字一千三百六十四号（旧爱国女校新屋内）[②]。按照半月刊的发行速度，《绣像小说》第二十二期的出版时间应在 1904 年 3 月（上海图书馆所编《中国近代期刊篇目汇录》在此处即注明“1904 年 3 月 甲辰二月”），而这时商务印书馆的编译所还在北福建路东的蓬路，距迁移到美租界新衙门东首尚有半年时间，可见到第二十二期出版时，《绣像小说》已经延期了 6 个月以上。另外，这份《征文广告》还曾于光绪三十年十月三十日（1904 年 12 月 6 日）在上海《申报》上刊登，这时距 1904 年 3 月已有近 9 个月的时间，樽本照雄推断它出到第二十四期（即第一年出齐）时要比预定的时间晚 9 个月是极有可能的，甚至还要晚一些。

第三，《绣像小说》创刊后发行量不断扩大，除上海本埠外，另在我

---

① 《关于〈绣像小说〉半月刊的终刊时间》。

② 据沢本郁马《初期商务印书馆の谜》（《清末小说》第 16 号，1993 年）、《蒋维乔日记选》、高翰卿《本馆创业史》（《商务印书馆九十五年》，商务印书馆 1992 年版）、章锡琛《漫谈商务印书馆》（《文史资料选辑》第 34 辑，1963 年 7 月）、张树年主编《张元济年谱》。

国其他各地，以及日本、新加坡广泛设立寄售处，最多时达到88处。在光绪三十二年正月十八日(1906年2月11日)商务印书馆天津分馆成立之前，天津《大公报》上一直刊有《绣像小说》的售书广告，直到第五十七期。此外，在上海的《申报》《同文沪报》《消闲录》，以及商务印书馆自己的刊物《东方杂志》等报刊上也都有关于《绣像小说》的发行记载，樽本照雄曾对此作过细致的查考。如果上海至天津邮件运行的速度会对我们准确判断《绣像小说》的刊行产生一定干扰的话，那么在上海本埠出版的报刊反映《绣像小说》刊行的情况应当是比较及时和准确的，特别是像《申报》这样的大型日报。但是，《申报》上刊出的《绣像小说》出版广告与该刊预定的出版日期之间竟有极大差距，如：

光绪三十二年三月三十日（1906.4.23）　　上海商务印书馆绣像小说第五十三、五十四期已出

六月初八日（1906.7.28）　　现出至五十七期

六月十五日（1906.8.4）　　第五十七、五十八两期已出

八月初七日（1906.9.24）　　第六十、六十一两期已出

按照预定速度，《绣像小说》第五十三期的出版时间应为1905年7月，比《申报》所提示的日期要早9个月；第五十七期的出版时间应为1905年8月，比《申报》的要早11个月左右；第六十期的出版时间应为1905年10月，比《申报》的要早11个月左右。扣除《申报》从获得有关《绣像小说》的刊行信息到在报纸上登出所需的时间，考虑他们都在上海出版且都是当时著名新闻出版机构的出版物，而《申报》又是一份大型日报等因素，可以推断，到第六十期出版时，《绣像小说》至少要延期9个月时间。此外，从《东方杂志》所刊登的有关信息中也可以得出大致相同的结论。《东方杂志》是商务印书馆创办的一份大型综合性刊物，光绪三十年正月二十五日（1904年3月11日）创刊，为月刊，于每月二十五日出版。《东方杂志》创刊时，《绣像小说》已经发行了14期。此后，它为《绣像小说》连续刊登销售广告，主要有：

第二年第二期（1905.3.30）　　预定第二十五～四十八期

第三年第二期（1906.3.19）　　预定第四十九～七十二期

第三年第八期（1906.9.13）　　现出至五十期

第三年第十期（1906.11.11）	现出至六十一期
第三年第十二期（1907.1.9）	现出至七十二期
第三年第十三期（1907.2.7）	现出至七十二期，明年大改良
第四年第二期（1907.4.7）	现满三年七十二期，以后改良再行布告

按照原定的刊行速度，到《东方杂志》为《绣像小说》做“预定”第二十五期至四十八期的广告之时，《绣像小说》应当已出至第四十五期；到“预定”第四十九期至七十二期时，《绣像小说》应当已出至第六十九期；而当《东方杂志》打出“现出至五十期”的广告时，已是《绣像小说》应当全部刊完七十二期以后彻底停刊5个月以后的事了；等到《东方杂志》声明《绣像小说》“现出至七十二期”时，这份刊物应当已经停办了有10个月之久。

还有一个证据。《月月小说》创刊号上也刊登了上海商务印书馆及各地分馆关于《绣像小说》的出版广告：“商务书馆《绣像小说》第六十二、六十四期已出，每月二册，一年廿四册。大洋二角，全年大洋四元，外埠加邮费五角，其第一期至四十八期全份仍照向章。”《月月小说》创刊于清光绪三十二年九月望日，即1906年11月1日，按照原先半月发行一期的计划，这时《绣像小说》早已停刊了有半年之久。考虑到《月月小说》是一份月刊，而创刊号上刊登的内容可能也不够特别新鲜，但其与《绣像小说》同在上海出版，且总撰述吴趼人、总译述周桂笙都是李伯元的朋友，并在《绣像小说》上发表过作品等因素，可以推测，到《月月小说》创刊时，《绣像小说》还没有完全停办，而且最多也就出到第七十期（上引1906年11月11日出版的《东方杂志》第三年第十期所刊广告只说“现出至六十一期”，比11月1日出版的《月月小说》创刊号所透露的“第六十二、六十四期已出”的信息还要迟缓一些。而《东方杂志》是商务印书馆自己的刊物，所刊登有关《绣像小说》的广告应当比较及时，由此看来，《月月小说》创刊号所透露的极有可能是《绣像小说》的最新出版信息），以后大约维持到该年的旧历年底才彻底停刊。

第四，《东方杂志》第三年第十三期及第四年第二期上有《绣像小说》明年大改良的预告，说明尽管主编李伯元去世已久，但商务印书馆还有把这份刊物维持下去的想法。汪家熔选注的《蒋维乔日记选》在光绪三十二年（1906—1907 年）下有“十二月初一日，十一时谈小莲来，商议改良《绣像小说》事”一条，指的应当就是此事。到这个月的月末（十二月二十五日），《东方杂志》打出改良《绣像小说》的广告，在时间上也相符合。但不知什么原因，《绣像小说》的改良版最终没有出来，改良计划自然告吹，这样，《绣像小说》在李伯元去世后坚持出满了 72 期，大约一直拖到 1907 年初才最终停刊。

综上所述，笔者认为《绣像小说》自第十二期以后确实存在延期出版的现象。至于延期出版的具体时间，则基本倾向于樽本照雄的推论，即

第一年的一～二十四期，到光绪三十年十二月才出齐，比预定的半月刊计划延期 9 个月；

第二年的二十五～四十八期，到光绪三十一年底才出齐，也延期了 9 个月；

第三年的四十九～七十二期，到光绪三十二年（中间有闰四月）年底才出齐，并最终停刊，比原计划延期了 10 个月。

至于李伯元去世后，到底是谁作了《绣像小说》编辑的继任者，目前也是一个未知之谜。樽本照雄曾提出，接替李伯元编辑《绣像小说》的是欧阳钜源[①]，“南亭亭长”是李伯元和欧阳钜源共用的笔名，并且《官场现形记》里也有欧阳钜源的笔墨[②]。此外，还有一个人很值得注意，这就是谈小莲。前引《蒋维乔日记选》中有光绪三十二年十二月初一日（1907 年 1 月 14 日）谈小莲曾与他商议改良《绣像小说》之事，而且据《蒋维乔日记选》，在此前后，蒋维乔与谈小莲曾有过多次接触：“十月初一日，午后四时谈小莲君来”“十一月二十九日，上午访谈小莲君，不遇”“十二月二十二日，上午往访谈小莲，未遇”“十二月二十五日，午后谈小莲来谈”。尽管今天已不能知道他们在一起具体商议什么问题，但从“十二月初一日”一条日记来看，二人

① 欧阳钜源（1883—1907），又作欧阳钜元，原名欧阳淦，字钜源、巨元，别署蘧园、茂苑惜秋生、惜秋生、惜秋等，江苏苏州人（包天笑说他是湖南或安徽人，寄籍苏州）。1898 年到上海谋生，因给《游戏报》投稿而结识李伯元，后成为李编辑《游戏报》《世界繁华报》和《绣像小说》的得力助手，是一个很有才华的青年作家。惜因生活不检，染花柳病早死，享年不足 25 岁。

② 详见樽本照雄《清末小说资料在日本》《〈老残游记〉和〈文明小史〉的关系》《有关〈绣像小说〉编者问题的讨论》《〈官场现形记〉的真伪问题》《〈绣像小说〉出版延迟问题简论》等文，收录于《清末小说研究集稿》，齐鲁书社 2006 年版。

在一个多月里频繁接触，主要议题极有可能就是改良《绣像小说》。日记的选注者汪家熔在这里专门加了一个注释："《绣像小说》仅此处出现一次。谈小莲共五见。"说明他也意识到谈小莲与《绣像小说》之间或许存在某种关系。光绪十二月二十五日（1907 年 2 月 7 日）午后谈小莲曾到蒋维乔处访谈，而这一天也正是《东方杂志》第三年第十三期出版，上面正式刊出《绣像小说》"现出至七十二期，明年大改良"广告的日子，这也许不是完全的巧合。关于谈小莲的情况，我们知道的只有：谈小莲一作筱莲，名瑆熙，号澹庵，秀才，与李伯元系中表亲。其人博涉多文，诗文以外尤工词曲，擅昆曲，会绘画，著有《孝娥记传奇》①；此外，他还是上海《小说七日报》的创办者。马光仁主编的《上海新闻史》说他"曾佐李宝嘉编《绣像小说》"②，但未说明根据。《小说七日报》创刊于光绪三十二年丙午七月初一日（1906 年 8 月 20 日），每逢星期天出版，32 开本。由小说七日报社发行，鸿文书局印刷，商务印书馆经售，社址设在英租界大马路寿康里。刊物分设章回小说、短篇小说、传记、新剧、时评、杂俎、附录各栏。后曾易名为《小说礼拜报》（《上海新闻史》）、《戏曲改良报》（报癖《前清的小说杂志》），何时停刊不详，所见最后一期为第五期③。按照每周发行一期的周期粗略估算，《小说七日报》第五期的发行时间当在 1906 年 10 月。报癖《前清的小说杂志》说它只发行了三期就停刊了，《中国近代小说大系・史料索引集》中说所见最后一期为第五期，因此这个第五期极有可能就是《小说七日报》发行的最后一期。我们可以设想，谈小莲曾协助李宝嘉编辑《绣像小说》，1906 年 3 月李宝嘉去世后，《绣像小说》的编辑班子进行了调整，谈小莲离开《绣像小说》，自己创办了一份小说刊物《小说七日报》。但好景不长，《小说七日报》也于该年 10 月份停办了，而这时商务印书馆正有继续维持《绣像小说》的意思，谈小莲又是相当合适的人选，因此，蒋维乔作为商务一方的具体经办人员，从该年旧历十月初一日（1906 年 11 月 16 日）起开始与谈小莲进行接触，商议改良《绣像小说》的事情，其结果便是十二月二十五日在《东方杂志》上公开打出"明年

① 王学均《李伯元年谱》，《李伯元全集》第 5 卷，江苏古籍出版社 1997 年版，第 16 页。

②《上海新闻史》第三章第七节：二、小说期刊的兴起，复旦大学出版社 1996 年版，第 293 页。

③《中国近代文学大系•史料索引集 2》"中国近代文艺报刊概览（二）"，上海书店 1996 年版，第 12-13 页。

大改良”的广告。但不知出于什么原因，蒋、谈二人的计划没能付诸实施，《绣像小说》的改良版最终没有出版。《东方杂志》第四年第二期（1907 年 4 月 7 日）上打出的广告也变成了“现满三年七十二期，以后改良再行布告”，这意味着继续出版《绣像小说》的计划被无限期地搁置了。

《绣像小说》是继《新小说》后在国内最早创办的小说专门期刊，也是继《海上奇书》以后第一份大量使用绣像图画的文学期刊。如果说《新小说》的诞生标志着一个小说报刊春天的到来，那么《绣像小说》则代表了以文艺报刊为主要载体和传播媒介的小说事业开始由春天走向夏天，并进而达于全面繁盛的局面。在“清末文艺杂志的四大权威”中，阿英对《绣像小说》的评价最高。他说“在这几种杂志中，虽各有所长，其最纯正的莫如《绣像小说》，在侦探小说风靡一世时，能独持异议，不刊此类作品，实为难能。而所刊者，又皆以能开导社会为原则，除社会小说外，极少身边琐事，闺阁闲情之著作。若《文明小史》《活地狱》《老残游记》《邻女语》《负曝闲谈》《扫迷帚》等，均足以说明一时代之变革”[①]。《绣像小说》响应“小说界革命”的号召，通过提倡小说“以醒齐民之耳目”，“思开化夫下愚”，它把“立鉴”“破迷”作为贯穿始终的基本宗旨，把“水磨工夫”“潜移默化”作为改良社会的理想方式，在“远摭泰西之良规，近挹海东之余韵”的同时又能继承和发扬中国文明的优良传统，这些在今天看来似乎都显得有些保守。如果说《新小说》是以“振臂一呼，应者群集”的开创气魄为世人瞩目的话，那么《绣像小说》则是以老老实实的态度、坚忍不拔的精神，通过一篇篇作品亲身实践着“小说界革命”。它密切关注现实，能开导社会为原则，不登载身边琐事和闺阁闲情类的作品；它注意从民间文学中吸取营养，发表“时调唱歌”，甚至肯为识字不多的愚夫愚妇写作等都说明，强烈的社会责任感和革除数千年陋习弊俗、为普天下人破迷说法的宗旨，决定了《绣像小说》是一份品味纯正、也更能贴近社会大众的通俗性刊物，而后者是与中国古代小说的精神传统息息相通，又为当时的大多数文学期刊所忽略的一个重要特征。

① 《清末小说杂志略》，转引自张静庐辑注《中国近代出版史料》“初编”，中华书局 1957 年版，第 103 页。

三、《月月小说》

继《新小说》《绣像小说》之后，上海又有《新新小说》《小说世界日报》《小说世界》《新世界小说社报》《小说七日报》《竞立社小说月报》《白话小说》《十日小说》等小说期刊先后问世，其中影响较大的当推《月月小说》（图 3-3）和《小说林》。《月月小说》于清光绪三十二年九月望日（1906 年 11 月 1 日）在上海创刊，月刊，由汪惟父主持，庆祺（汪惟父）、吴趼人编辑，乐群书局发行。第九号后改由沈济宣主持，许伏民编辑，群学社印刷发行。光绪三十四年十二月（1909 年 1 月）停刊。两年多来共出 24 号（第二十一号前附"周年纪典大增刊"）。所刊作品以小说为主，兼及论说、戏曲、诗词、杂录等。主要作（译）者有吴趼人、周桂笙、包天笑、王钟麒、陈冷血、陶祐曾等，先后刊登哈葛德、吴趼人、李伯元、济南大明湖、西湖南屏晚钟等中外人物风景图画 123 幅，《两晋演义》《劫余灰》《海底沉珠》等著译小说 113 种，《曾芳四传奇》《孽海花》等戏曲 9 种，诗词 200 余首，以及杂录、随笔、灯谜若干种。正文每期 200 余页约 9 万字左右（自第十六号后篇幅有所缩减），售价四角五分。

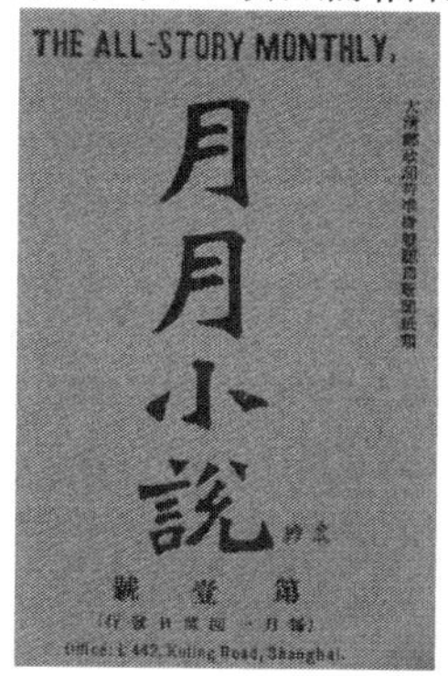

图 3-3 《月月小说》创刊号封面

《月月小说》自 1906 年 11 月创刊后，直至 1909 年 1 月停刊，先后与两家出版机构发生过关系。它的第一号至第八号是由上海乐群书局发行的，从第九号起直到二十四号终刊，改由群学社发行 。《月月小说》的创办历史也由此自然分成前后两个阶段。

《月月小说》是由乐群书局经理汪惟父创办的，聘请吴趼人、周桂笙担任总撰述和总译述，汪惟父任月月小说社的总经理。《月月小说》创刊号上还刊登了“本社总撰述吴君肖像”“本社总译述周君肖像”和“本社总经理庆琪肖像”三张照片，俨然《月月小说》三巨头。《月月小说》第一号至第三号的编辑、发行者和印刷者都由汪惟父担当，第四号至第八号的编辑人改署吴趼人，汪惟父专任印刷兼发行者。

作为《月月小说》的创办者，汪惟父对中国小说事业的贡献是当时大多数出版商人所无法企及的，值得我们给予充分关注。可惜有关他的情况我们现在了解得还很少，只知道他是安徽休宁人，原为江苏学务处职员，后任上海乐群书局经理。乐群书局创办于1905年底，据《月月小说》第一号发表的《惟父启事》得知，汪惟父每天要在乐群书局、公会（按：疑即上海书业公会）[①]和月月小说社三处办公，“身充数役，日鲜闲晷”，为便于会见亲友，不得不专门登报说明，自己“午刻以前在乐群书局，二点以前在公会，三点至五点在月月小说社”，可见是非常忙碌的。由于长期劳累，加之体质素弱，汪惟父于1907年4月因“偶受外感”，治疗不及时而一病不起，差点儿丢了性命。后在好友吴趼人、周桂笙的帮助下，请了上海名医彭伴渔悉心调治，始转危为安。汪庆祺为此专门作文《感德鸣谢》，对彭伴渔及吴趼人和周桂笙二人表示感谢[②]。此后，由于发生了“社里风潮”，汪惟父不再担任《月月小说》的印刷兼发行者，《月月小说》也因此陷于

① 据原放《记上海书业公会•附文献档案八件》（《出版史料》1987年第4期，总第10期）以及宋原放、孙颙主编《上海出版志》介绍，上海书业商会（公会）初创于1905年，“1905年，俞仲还、夏颂莱、席子佩等10余人发起组织，初借文明小学堂为会所，每星期开会一次，由龚子英拟定简章。12月正式成立，设会所于三马路望平街。会员40余家，以出版新书和教科书的书局（店）为限。商会正式成立后，由陆费逵重新修改起草章程，选举俞仲还为正会董，夏颂莱、席子佩为副会董，有评议员何澄一、陆费逵、楼卓儒、夏粹芳等，设立会计员、编辑员、干事员等职处理日常会务。1906年清商部批准立案。商会以维护书商权益，保护版权为第一宗旨，代为办理著作物注册，以及讨论决定各项书业提案。在会员与外国出版商的图书版权纷争中，维护我国书业的利益。商会附设发行所和学徒补习所。最初入会者有文明书局、开明书局、点石斋、商务印书馆、广智书局、昌明公司、中国教育器械馆、启文社、新智社、会文学社、通社、新民支店、群学会、东亚公司新书店、彪蒙书室、时中书局、有正书局、小说林、乐群书局、普及书局、鸿文书局、新世界小说社等22家。出版会刊《图书月报》，陆费逵主编。”（《上海出版志》第九篇“党政群团”第四章“出版社团”，上海社会科学院出版社2000年12月版，第1010页）。由于乐群书局是书业公会的会员之一，汪惟父在这里说的“公会”应当是指上海书业公会，并且结合有关论述，我们可以判断汪惟父在公会里担任了会计员、编辑员或干事员一类具体工作，所以才会那么忙碌。

②《月月小说》第八号（1907年5月）。

停顿。到 1907 年 10 月沈济宣、许伏民接办《月月小说》后，就再没有看到汪惟父的身影了。汪惟父 1907 年以后具体都干了些什么，如今已不能知其详情。不过吴趼人去世后，汪惟父曾编辑过《我佛山人笔记四种》。该书于 1915 年由上海瑞华书局石印出版，还收了汪惟父作于该年三月的一篇序言，可见到 1915 年时，还有汪惟父活动的记录，但此后的情况如何就不得而知了。汪惟父的文章，除了上面提到的两篇外，他还在《月月小说》上发表过 “灯谜丛录”（署“汪惟父”“社员”）。此外，当年乐群书局登载在《月月小说》上的广告文章应当也出自汪惟父之手。

创刊初期的《月月小说》与乐群书局的命运密切联系在一起。乐群书局最初只在上海英租界棋盘街金隆里口设立发行所，“兑发各种新书仪器文具等件”[①]，是一家规模较小的以销售为主的民间出版机构。后来又在六马路同春坊设立编译局，“聘请通人编辑各种教科新书”[②]。但苦于没有印刷机器，所以《月月小说》的最初几期都是由月月小说社编好后，送到位于上海新马路福海里的小说林活版部印刷的。由于自己没有能力，印刷质量无法保证，导致创刊号上的阿拉伯数字页码被排错（如把第 10 页排成 01 页，把第 268 页排成 862 页）而不能改正，只好在刊物上发广告向读者说明[③]，而它对埠外的发行工作则主要依靠了商务印书馆的发行渠道[④]。1906 年 10 月，乐群书局的事业有了巨大发展，这就是坐落在美租界内的上海官书局及其印刷设备等器物被乐群书局一揽子盘了过来。从此，汪惟父设厂造屋，“自备铅石印机器，精印各种图籍，以祈进于优美之地位。除自行印刷外，并代印书籍报章仿单零件以及五彩商标各式钱票”[⑤]；“承印各种书籍仿单等，并承印五彩月份牌、钱票钞牌以及各种图画”[⑥]。与此同时，

① 《乐群图书编译局广告》(《月月小说》第二号，1906 年)。

② 《上海乐群图书局添设印刷部并迁移广告》(《月月小说》第三号，1906 年)。

③ 《阅本报者鉴》:“本期每页之下所用西码被手民误排，由上而下，以至颠倒错乱。因急于付印，不克改正，二期以后再行排正可也。”(《月月小说》第一号，1906 年)。

④ 《月月小说告白》:“本报现与上海商务书馆订立特约，凡广州、福州、天津、北京、奉天、汉口、重庆、成都、河南等处，均托商务书馆分庄经售代派。如有欲阅本报者，请向各处商务书馆购取可也。此布。”(《月月小说》第三号，1906 年)。

⑤ 《上海乐群图书局添设印刷部并迁移广告》(《月月小说》第三号，1906 年)。

⑥ 《上海乐群书局特别广告》(《月月小说》第六号，1907 年)。

汪惟父将书局分为编译、印刷和发行三个部门，印刷部和编译所设在美租界垃圾桥北首开封路 334 号（后编译所又迁至新马路珊家园北首毓麟里卫字 442 号石库门内），发行部设在书局原址棋盘街金隆里口，俨然具有了正式出版机构的规模。所以自第五号以后，《月月小说》就改由乐群书局自己印刷了[①]。其第六号上还特别刊出“附告”一则，声明“本社第五号出版适值新年，印刷所照例停工，故改迟一星期。自第六号起当按期印刷发行，以餍读者诸公之雅望，嗣后决无愆期”。

《月月小说》创刊以来行销甚广，在社会上很受欢迎。创刊号在三个月内就加印了至少两次[②]，上海《字林西报》《时时日报》《文汇西报》等西文报纸都给予《月月小说》高度评价，《益闻汇报》更刊登了《月月小说》总撰述、总译述和总经理三位发起人的照片，并著文予以称赞。湖北大冶煤矿铁道局总办刘紫英专门致书总译述周桂笙，称赞《月月小说》第一号“体裁大备，有美皆收，允推中国小说丛报之冠”，并说“他日中国进步如何未敢逆料，若在今日，则我敢断言其为空前之作也”[③]。《月月小说》创刊之初，已在 24 个地区设立了 27 个外埠代派处[④]，到 1907 年 5 月发行第八号时，除上海外，《月月小说》已经在日本东京、奉天、陕西、广东、天津、北京、福建、浙江、江苏、湖南、湖北、四川、山西、山东、广西、河南、江西、安徽等 32 个地区设立了 42 个代派处[⑤]，可以说正处于蒸蒸日上的兴旺时期。但就在这时，《月月小说》却突然陷于停顿，这一停刊就是四个多月。到光绪三十三年九月初一日（1907 年 10 月 7 日）第九号出版时，编辑者已改署许伏民，刷印兼发行者为沈济宣，由群学社图书发行所发行了，这种情况一直维持到 1909 年 1 月《月月小说》第二十四号终刊。对 1907 年 5 月前后《月月小说》的突然停顿，以及编辑发行班子大改组的具体原因，月

① 月月小说社《特别广告》：“启者：本报出版以来，辱承海内外欢迎，销路日广。顷自第五号起，特自备活版机器自行精印，按期出版。第五号并加增图画及小说四五门，皆极有趣味之作，以符读者诸君之雅望。准正月念日出版，特此布闻。”（《月月小说》第四号，1907 年）。

② 樽本照雄《〈月月小说〉ほかの重版》，载《清末小说から》第 60 号（2001 年 1 月 1 日）。

③《月月小说》第三号（1906 年）。

④《月月小说》第三号“广告”（1906 年）。

⑤《月月小说》第八号（1907 年）。

月小说社（无论是吴趼人主持的还是许伏民主持的）都没有做出过明确解释。《月月小说》第十二号刊登的邯郸道人吕粹声的《〈月月小说〉跋》中说：“汪子惟父继横滨《新小说》后创办《月月小说》报，海内风行，有目共睹，惜未周稔而辍。沈君济宣以小说关系于改良社会，爰为赓续。冷泉伏民操选政，仍延我佛山人、知新室主综事撰译，更聘冷血、天笑、天僇诸巨手佐其纂述。皝皝大著，炳炳文章，丁未重九之前，又发现于大千世界。”这段话对《月月小说》的改组情况记述颇详，但并未涉及个中原因。对编辑部改组情况说得比较详细的是陶报癖。《月月小说》第二年第一号（总第十三号）上刊出陶报癖《论看〈月月小说〉的益处》一文，首次提出“社里风潮”一事，为后来研究《月月小说》的人们所经常引用。陶报癖文中说：

> 小子今年四月曾到上海一趟，因为是他社里的一个义务记者，所以歇息了两天，就叫部人力车，往社里去瞧瞧。谁知去得不凑巧，正碰着社里起了风潮。这风潮一闹，就把个名誉很大的、销场很广的《月月小说》出至八期，便中道而止。凡是看这报的，都同声惋惜，好像失了一样宝贝一般。幸亏又出了一位热心的沈济宣先生，偏偏和几位同志凑足了赀本，把这报接着办下去。总编辑的，是冷泉伏民；总撰述的，还是我佛山人；总译述的，是知新室主人。又添聘了冷血、天笑、天僇三位赫赫有名的大文豪，把内容改的改良，照的照旧，居然又轰轰烈烈的燃起来了。

陶报癖原名陶祐曾，曾参与编辑《扬子江小说报》，并给《月月小说》和《小说林》等文艺性报刊投稿，是清末民初很活跃的小说作家和评论家。陶报癖从第五号起开始在《月月小说》上发表作品，到第二十一号止，先后发表小说、诗歌、论说、杂录等作品十几篇，与《月月小说》的关系实在非浅，甚至可以算作月月小说社的一个中坚力量。他所披露的《月月小说》改组的内幕，应该是可信的。可惜的是陶报癖没有点明“社里风潮”具体情况，所以我们尚不能对此有进一步的了解。《月月小说》第二年第九号（总第二十一号）登出一组庆祝《月月小说》周年纪念的“祝辞”，其中有一篇署名“豫立”的《祝词》，诗中有“虞初三百久湮矣，文明输入由东瀛。饮冰创始延陵继，风行海内共欢迎。旋因经费嗟窘迫，孑然孤掌恨离鸣。赖有吴兴丁卯热忱肩钜任，同心赓续兆更生”等语，据此，则

《月月小说》的中途停刊，可能是由于经济上的困难所致，陶报癖所说的“社里风潮”很可能也与经济问题有关。

如前所述，尽管我们尚不能确知《月月小说》的具体销量，但到发行第八号时，《月月小说》在海内外已经设立了40多个代派处，说明销路还是相当不错的。如此好的刊物却办不下去，其中必有隐情，经费不支很可能是主要原因，而“社里风潮”可能与乐群书局的关闭也存在很密切的关系。乐群书局自1907年下半年以后的情况，我们目前已不得其详。不过，在1906年公布的上海书业商会22家出版机构中有乐群书局（1906年8月出版的上海书业商会《图书月报》第二册上还刊有署名“乐群书局”的《图书与教育之关系》一文），但在有关1911年5月以前上海出版业的统计资料中，已经看不见乐群书局[①]，可见此时它极有可能已经关闭了。笔者认为，乐群书局停业的时间可能还要早一些，大约在1908年之前（查樽本照雄教授编《清末民初小说年表》，1908年以后已无乐群书局出版小说的记录；陈大康《中国近代小说编年史》、韩锡等《小说书坊录》二书“乐群书局”名下记录所出版小说时间均为“光绪三十二年”），主要原因可能是经费不支。尽管我们还不知道乐群书局创办时的资本是多少，但它在开业10个月之后收买上海官书局的印刷设备等物，光定银就交了四千两[②]，汪惟父为此支付的钱款肯定数目很大。乐群书局在当时的上海算不上大出版社，以汪惟父一人之力（《月月小说》第三号所刊《上海乐群图书局添设印刷部并迁移广告》中有“本局主人独备资本”之语）办这样的大事，是需要冒险精神的。当然，也不能排除另一种可能性，即经理汪惟父由于身体原因无法继续经营书局，最后不得不将书局关闭。如前所述，汪惟父在1907年四五月间得过一场大病，后来虽有所好转，但仍需卧床休养，他的《感德鸣谢》文章还是“伏枕叩白”的。至于以后详细情形如何，我们就不得而知了。不过汪惟父在1915年还编辑过《我佛山人笔记四种》，在为该书所作序中还说“余于清光绪丙午、丁未之际创刊《月月小说》，延先生主笔政，此报颇有名，后未几先生即归道山，报亦停刊”，尽管他讲的情况不一定完全属实，但乐群书局到这时大约已停办多年了。

---

① 原放《记上海书业公会•附文献档案八件》（《出版史料》1987年第4期，总第10期）。

②《乐群图书编译局广告》（《月月小说》第二号，1906年）。

群学社是继乐群书局之后，从第九号起承担《月月小说》编印发行工作的，由沈济宣任刷印和发行者，许伏民任编辑人，一直到1909年1月该刊停办为止。群学社的位置先在上海英租界棋盘街平和里四六三号，后迁至福州路东九和里内，经理是沈济宣（又作沈季仙）。朱联保《近现代上海出版业印象记》说它“1905年设在四马路（福州路）老巡捕房对面，后来有一时期，设在福州路中段四海升平楼之下，创办人沈季仙”，“群学社亦称群学书社，何时结束未详”[①]。光绪三十二年（1906年）六月，上海书业商会出版的《图书月报》第一期刊出1906年入会的22家出版机构，商务印书馆、开明书店、点石斋书局、有正书局、文明书局、小说林、广智书局等比较著名的出版社都是它的会员，群学社不在其中（倒是有一个“群学会”）。在当时数目众多的出版机构中，群学社大概还属于规模较小的一家。报癖在《月月小说》第十三号上发表的《论看〈月月小说〉的益处》中提到，《月月小说》因发生“社里风潮”而陷于停顿后，沈济宣“偏偏和几位同志凑足了赀本，把这报接着办下去”。如果群学社的资本雄厚，沈济宣接办《月月小说》根本用不着与别人合资。群学社出版的图书，小说占了很大的比例[②]，同时也兼出教科书及其他类书籍。所出教科书数量不多，但比较偏重于女子教育，出版《女子修身教科书》、《女子教育学教科书》、初等小学《女子国文读本》、《女子体操教科书》等女学堂必用书目四种。其所出小说，原拟合为“月月小说丛书”，已出者有四编——《新封神传》《上海游骖录》《发财秘诀》《后官场现形记》，后来还出版过“说部丛书”30余种。当年群学社接办《月月小说》时，《月月小说》停刊已经有四个月之久，全国各地的读者纷纷写信催问、索取，因此主编许伏民索性将原先的积稿再加上一些新内容，赶在九月一日匆匆出了第九号。这一期上刊登的《本社广告》说：

> 《月月小说报》因停顿已久，致劳阅者注盼。本社接受以来，承海内外诸君纷纷投函索取，本社欲餍阅者之目，商诸同人，先将前期未竣之稿及新出撰译各部编辑第九期，赶于九月一日续出，

① 朱联保《近现代上海出版业印象记》，学林出版社1993年版，第381-382页。

② 陈大康《中国近代小说编年史》收录群学社自光绪三十年（1904年）至宣统三年（1911年）8年间共出版小说（集）约50种，其中包括《趼人十三种》《冷笑丛谈》《短篇小说十五种》《新庵九种》及《月月小说汇编》。

刻复聘订著名大撰译家冷血、天笑二君，为当代所欢迎，自第十期起，大加改良，庶不负诸君殷殷之期望，并增“挥麈谈”、“词林”二部，以为文人交通机关。骚坛硕彦、绮阁名媛，如有逸事诗词，尚乞源源惠寄，敬当刊登，以光简册，毋任欣祝。

在群学社时期，《月月小说》的作者队伍及内容形式均发生了一定变化，其中表现最突出的就是吴趼人和周桂笙刊物领袖地位的下降。吴趼人和周桂笙自1903年开始为《新小说》写稿，这标志着他们小说创作、翻译高潮的到来，两人一并成为《新小说》后期的主要撰述、译述作家和清末上海文坛上著名的小说家和翻译家。1906年汪惟父创办《月月小说》，“特聘我佛山人、知新室主人为总撰、译述”，并说“二君前为横滨新小说社总撰译员，久为海内所欢迎。本社敦请之时，商乞再三，始蒙二君许可，而《新小说》因此暂行停办”①。《月月小说》第六号《本社特别广告》亦云：“本社总撰述我佛山人吴君趼人、总译述知新室主人周君桂笙惜皆任横滨《新小说》撰译事，二君之著作久为小说界所欢迎，毋庸赘述。自本社延聘后，《新小说》因此停刊，久已不出。”尽管这类言辞有借《新小说》的巨大影响和吴趼人、周桂笙的大名自抬身价之嫌，但由此也看得出来汪惟父对两人的异常倚重。《月月小说》创刊号登出人物照片共11张，在“中国元代小说巨子施耐庵先生肖像”和“英国大小说家哈葛德肖像”之后的便是吴趼人和周桂笙的肖像，然后才是汪惟父。在乐群书局时期，吴趼人和周桂笙不仅是刊物的总撰（译）述人，而且积极参与了刊物的创办过程，为扩大影响、打开销路做过不少努力，他们对《月月小说》的关注和热爱程度已远非一般的作者或编者所能企及。《月月小说》第四号“评林”后刊登了一段署名月月小说社“社员谨志”的文字，可能出于汪惟父之手，其中说：“先是，本社创办之初，首承上海周桂笙先生之竭力相助，苦心擘画，无微不至。既而本报第一期出版以后，海上各日报无不异口同声，称誉有加，则皆总撰述吴趼人先生主持之功也。至于各西报报馆之揄扬备至，则周君之所致云。盖周君与海上西商相习已久，尤能不惮笔舌之劳，与彼国人士相周旋，务使其尽晓然于本报之内容而后已。”由于吴趼

① 《月月小说》第二期、第三期“广告”（1906年）。

人和周桂笙二人的努力，《月月小说》创刊后不久，1906 年 11 月 24 日的《字林西报》、27 日的《文汇报》、29 日的《时时日报》等西报馆就登载文章对它加以揄扬，1906 年 12 月 21 日出版的《益闻汇报》甚至还刊登了《月月小说》总撰述、总译述和总经理三位发起人的照片。对二人的工作，汪惟父显然相当满意，其所撰《月月小说》“第八期豫告”中即有“本社开办之始，即延吴趼人、周桂笙二君主持社务，深庆得人”之语 ，更何况他们之间的私交也不错。但这种情况到了“社里风潮”过后，《月月小说》进入群学社时期就有了比较明显的变化。尽管吕粹声、陶报癖等都说这时的《月月小说》仍然以吴趼人、周桂笙二人为总撰述和总译述，但在第十号上刊出的《月月小说社特别广告》中有“本社……延请著名小说家冷血、天笑、研人、桂笙诸君及海内名宿精心结构，增辉祖国文学之名”等语，非但不提吴趼人和周桂笙总撰述和总译述的职位，而且把他们排在了陈冷血、包天笑的后面，甚至把吴趼人的“趼”错印成了“研”。也就是在这一期里，《月月小说》登出告白，声明停止连载吴趼人所撰的《两晋演义》[①]，这等于预告吴趼人创办该刊时“遍撰译历史小说，以为教科之助”的“大誓愿”的破产（《月月小说》从第十一号起倒是也刊登过吴趼人的《云南野乘》，但一共只刊出三回便不了了之）。与此同时，包天笑等的作品开始大幅增加。第十三号干脆彻底放弃了以历史小说开篇的栏目设置惯例，而以包天笑的翻译小说《铁窗红泪记》居于篇首。在乐群书局时期，吴趼人和周桂笙从第六号起“每日到社办理报务”[②]，吴趼人甚至把通信处也迁到了编辑所里[③]，但月月小说社进行大改组后，吴趼人的通信处马上就改回了乍浦路多寿里自己的家里[④]。这说明，尽管第九号以后的《月月小说》

① 这份告白刊登在春飒所撰“立宪小说”《未来世界》目录页背面，全文为：“注意：本杂志所载《两晋演义》一书，系随撰随刊，全书计在百回以外，每期祇刊一二回，徒使阅者厌倦；若多载数回，又以限于篇幅，徒占他种小说地步。同人再三商订，于本期之后不复刊载，当由撰者聚精会神，大加修饰，从速续撰，俟全书杀青后另出单行本，就正海内。惟阅者鉴之。”《两晋演义》于 1909 年由群学社出版了单行本，但仍为《月月小说》上连载的 23 回，可见“续撰”之说不过是一种托词。

②《本社特别广告》（《月月小说》第六号，1907 年）。

③《月月小说》第七号所刊《本社迁移广告》在“本社编辑所现已移至美界新垃圾桥北长康里后首开封路之三四四号”一段文字后加括号注明“凡有关于投稿事件及吴趼人君之信函，乞寄至此处”。

④《月月小说社通信广告》：“吴君趼人仍为本社总撰员，惟现不住馆，如有往来信件，请迳寄乍浦路多寿里吴宅”（《月月小说》第九号，1907 年）。

仍然继续刊登吴趼人和周桂笙的作品，但他们特别是吴趼人已经不再如原前那样参与刊物的具体编务工作，沈济宣、许伏民对于吴趼人的熟悉和倚重程度远非汪惟父可比，他们似乎更重视后来居上的陈冷血、包天笑、天僇生和陶报癖等人。除此之外，第九号以后的《月月小说》在内容形式方面也发生了一些变化。例如，每期增加“挥麈谭”“摭报”“词林”等新栏目，内容更加庞杂；历史小说不再受到重视，翻译小说的比重也有所下降，侦探、言情、家庭、教育、滑稽类小说增加等，所有这些不难看出，《月月小说》所刊载的作品有从严肃的新民、救国、教育题材向消闲的家庭、写情、滑稽题材逐渐过渡的趋势。不过，这个时期刊物仍然标榜“本报以辅助教育改良社会为宗旨”[①]，“专在借小说家言以改良社会，激发人之爱国精神”[②]，其基本倾向与乐群书局时期似乎并无十分明显的差距。

在群学社时期，《月月小说》的发行范围继续扩展，到1908年初，共在除上海外的38个地区设立了76个代派处[③]，说明刊物办得比较受社会欢迎。除了第十五号印出后因“尽毁于火”，外埠读者未能及时看到外[④]，《月月小说》基本维持了正常的出版发行，一直到光绪三十四年十二月（1909年1月）出满二十四号后停刊。停刊原因不详。《月月小说》第二十号（1908年9月）上曾刊出许伏民《随使西域留别江左右诸友》诗，并在该期以及第二十一号上刊登了友人和诗19首。马光仁主编的《上海新闻史》说是由于编辑人许伏民随使去了欧洲，《月月小说》因无人主持而停办[⑤]，可能是实情，但具体情形如何，则尚需进一步查考。

1908年4月，《小说林》登载的一则“新书绍介”说：“总计海上月刊小说，若《新小说》，若《新新小说》，若《绣像小说》，若《新世界小说社报》，若《小说七日报》，若《竞立社小说月报》，皆成过去陈迹，仅存《月月小说》与本社所刊行《小说林》二种而已。深望互相提携，勿

① 《月月小说社征文启》（《月月小说》第九号，1907年）。

② 《月月小说报改良之特色》（《月月小说》第九号，1907年）。

③ 《月月小说》第十五号（1908年）。

④ 《月月小说》第十六号“广告”（1908年）。

⑤ 《上海新闻史》，复旦大学出版社1996年版，第373页。

致坠绪中途也。”①不料半年以后，《小说林》即因徐念慈突然病故而停刊，《月月小说》也于1909年初停办了。自1902年梁启超创办《新小说》以来，小说期刊曾盛极一时，上海、广州、香港等地先后有十几种小说专刊行世，《月月小说》的停刊标志着这一时期小说界轰轰烈烈的局面暂时消歇，“小说界整体逐步陷入低潮，进入一个调整期”②。在当时众多小说期刊中，虽然同样受到《新小说》及“小说界革命”的影响，但《月月小说》在风格上与《新小说》最为接近。在清末刊行的20多种小说期刊中，《月月小说》也是继《新小说》之后影响最大的一份，阿英称其“为《绣像小说》《新小说》停后之中心的文艺杂志”③。《月月小说》“极重视介绍异域科学文化，每期皆有摄影插页，介绍世界各国的科学、文化、人物，文字则连载周桂笙的《新庵译萃》《知新室新译丛》和《最新统计表》，述说各国的政治、军事、经济、外交、人口、地理、交通、医药、文艺、宗教、风俗、人情各个方面，从打开窗户看世界的角度而言，开智启慧之功伟焉”④。《月月小说》将所刊载的小说区分成36个类型，是对由《新小说》开始建立的具有近代色彩的小说类型观念的巨大发展。小说类型的增加，标志着小说家审美视野的扩大。尽管《月月小说》划分小说类型的标准并不完全统一，但能够将小说区分得如此细致，足以说明这份刊物的编辑者认识小说特征的目光相当宽博深邃，也可见当时小说领域题材内容的复杂和多样化。《月月小说》大力提倡短篇小说，刊登中外短篇小说70余种，并在叙事角度、叙事方式等方面进行大胆革新，这都是非常有意义的尝试，对现代短篇小说观念和创作手法的确立产生过重要作用。

四、《小说林》

《小说林》（图3-4）是继《月月小说》后问世的又一份优秀小说专刊，它于清光绪三十三年正月（1907年3月）在上海创刊，由《小说林》总编

① 《小说林》第十期“新书绍介”。

② 谢仁敏《晚清小说低潮研究——以宣统朝小说界为中心》，中国社会科学出版社2014年版，第43页。

③ 《清末小说杂志略》（原载《小说闲谭》，1936年良友版，转引自张静庐辑注《中国近代出版史料》“初编”，中华书局1957年版）。

④ 时萌《晚清小说》，上海古籍出版社1989年版，第7页。

辑所编辑，徐念慈和黄人任主编，小说林宏文馆有限合资会社发行，为月刊，延续至光绪三十四年九月（1908 年 10 月）出满 12 期（第九期附“新年大增刊”）后停刊。主要作（译）者有徐念慈、黄人、曾朴、陈鸿璧等，所刊作品以著译小说为主，兼及戏曲、诗词、随笔、文艺评论等，先后发表《小说林发刊词》《丁未年小说界发行书目调查表》等“论说”4 篇，《孽海花》《马哥王后佚史》《苏格兰独立记》等著译小说 36 种，《暖香楼传奇》《轩秋亭杂剧》等戏曲 6 种，《小说小话》《奢摩他室曲话》等小说、戏曲、诗歌评论 5 种，《印雪簃簏屑》《紫崖随笔》等“丛录”8 种，小说家施葛德、横滨邮政局、徐念慈先生遗影等中外人物风景画 47 幅，诗词 100 余首，灯谜、杂记及人物小传若干种。每期正文约 200 页，五六万字，售价四角（第九期附“新年大增刊”，售价五角）。

图 3-4 《小说林》创刊号封面

梳理《小说林》杂志的创办历史，不能不先追溯小说林社的历史。小说林社的发起人是曾朴。据曾虚白《曾孟朴先生年谱》[①]及时萌《曾朴生平

① 原载《宇宙风》半月刊 2—4 期，1935 年 10 月 1 日—11 月 1 日，署“虚白”，后收入魏绍昌编《孽海花资料》，改题《曾孟朴年谱》。该稿发表距曾朴去世不过三个月时间，但在材料方面错误不少，且作者系谱主之子，行文中也难免溢美之词。魏绍昌先生曾将原谱中每节中错误的年代加以更正，并加注纪年、干支及谱主年龄。

系年》[①]，1903年曾朴赴沪经营丝业失败，虽然“亏累颇巨”，但对上海市场有了直接接触的经验，加之此前在家抱病的三年中努力钻研法国文学，“先生真切地认识了小说在文学上的特殊地位，因此想要打破当时一般学者轻视小说的心理，纠集同志，创立一家书店，专以发行小说为目的，就命名叫小说林”[②]。当然，小说林以及后来《小说林》杂志的诞生，都与梁启超“小说界革命”的巨大影响密不可分。小说林初创时规模很小，发行所设在上海四马路（今福州路）东华里内，由曾朴担任总理，徐念慈任编辑，在社会上广泛征集创作小说及东洋、西洋小说译本，并从1904年开始发行小说[③]。据创始人之一的曾朴回忆，小说林社当年影响很大，“小说林书店开办时，翻译外国的小说还不满十种”，它应运而生，“激起了一股翻译和浏览外国小说的兴味，促进了商务印书馆小说丛书的刊行”[④]。“小说林的小说既风靡了一时，其他书局自然也望风而起，商务印书馆的刊印林译小说，实亦受了它的刺激。”[⑤]小说林大规模扩张的时间约在光绪三十年（1904年）八月[⑥]。《曾孟朴先生年谱》认为，小说林“经营了一年之后，果然提高了社会上欣赏小说的兴趣，于是重新集股，扩大组织，在棋盘街设发行所，收买派克路福海里吴斯千所创办的东亚印书馆为印刷所，并另于对门赁屋，辟为编辑部，广罗人才，作大量小说的生产”[⑦]。棋盘街是上海著名的文化街，报馆书局林立，比起东华里更有利于扩展业务。增资后的小说林依然由曾朴主持，同乡好友丁芝孙、徐念慈等“踊跃投资”，是小说林的股东。至此，小说林经营规模大大扩充，并能对外承揽业务。例

① 收入时萌《曾朴研究》中，上海古籍出版社1982年版。《系年》对曾虚白《年谱》多所纠正。

② 虚白《曾孟朴先生年谱》，《宇宙风》第三期（1935年10月16日）。

③ 据樽本照雄《清末民初小说年表》，1904年出版的《福尔摩斯再生第一案》是小说林社出版的第一部小说；陈大康《中国近代小说编年史》著录该年小说林社出版小说17种。

④ 病夫《复胡适的信》，载《真美善》第一卷第十二号（1928年4月16日），转引自栾伟平《小说林社研究》（《古典文献辑刊》十八编第十八册，台湾花木兰文化出版社2014年版，第15页）。

⑤ 虚白《曾孟朴先生年谱》，《宇宙风》第三期（1935年10月16日）。

⑥ 徐念慈《小说林缘起》中有“小说林之成立既二年有五月，同志议于春正发行小说林刊社报”之语，《小说林》创刊于1907年2月，由此向上推“二年有五月”，则小说林社当成立于光绪三十年八月；另，《小说林》第一期所刊的《谨告小说林社创设宏文馆之趣意》中有“本年（按：此处指1906年）八月纪念二周年成立”之语，也可证实小说林社开设的时间确实在光绪三十年八月。

⑦ 虚白《曾孟朴先生年谱》，《宇宙风》第三期（1935年10月16日）。

如，1906年11月《月月小说》创刊时，乐群书局自己没有印刷厂，就是由小说林活版部印刷的，并一直延续到1907年初出版《月月小说》第四号。除同人创作外，向社会广泛征求稿件也是小说林的一个突出特色。据曾担任小说林编辑的包天笑回忆，当时小说林登报征求来的稿子非常之多，长篇短篇，译本创作，文言白话，种种不一，编辑工作量非常之大。由于这个缘故，1906年初当包天笑刚到上海应了《时报》新闻版编辑的聘任后，曾朴就委托徐念慈来访他，请他到小说林编译所帮助徐念慈审稿子、改稿子[①]。当时已经流行按字数计算稿酬，上海的小说市价是每千字二元，包天笑给时报馆（有正书局）和小说林写小说，就是以千字二元计算的，这也许是小说林社付出的最高稿酬。1906年底，小说林采纳徐念慈的提议，开始筹办创设宏文馆，“编辑教师学生需用各科学参考专门各书”[②]。1907年初，小说林宏文馆有限合资会社成立，但这也为小说林社的命运埋下了危机。《曾孟朴先生年谱》说：“时商务出小说，复以教科书为营业中心，徐念慈见而起竞争之心，以为彼可以教科书为号召，我曷不以参考书为贡献，于是在股东会提议扩大编辑部增出参考书；时先生（按：此处指曾朴）尚虑此举所含冒险性太大，然股东会一致赞成徐君的提议，于是其议遂决。在一九〇七年起，小说林增设宏文馆，专任发刊学校参考书，并设美术馆，专任批售学校用具及儿童恩物。论理这种组织是近代书店应有的营业分配，不能说不合理，然而在那时候，却是赶过了时代的需要，因此大量资本所编印的《博物辞典》等巨大参考书，都无法推销，而小说林于一九〇八年亦因资金不能流转而告收歇。”宏文馆所出书籍，主要有学校“参考丛书”和“帝国最新十大辞典”两大类。“参考丛书”拟出《植物学》《教育学》《地质学》《西洋史年表》《心理学》《几何学》等24种，《小说林》创刊时已出版或正在印刷中的有6种（《植物学》《矿物学》《西洋史年表》《地文学》《物理学》《化学》），正在译述、编辑中的有18种[③]。照当时的情形，编辑、出版这类书所花的精力及所耗资金尚不至于太多，如《植

① 包天笑《钏影楼回忆录》“在小说林”，香港大华出版社1971年版，第323-328页。

②《谨告小说林社创设宏文馆之趣意》（《小说林》第二期，1907年）。

③《宏文馆广告》（《小说林》第一期，1907年）。

物学》上下两册售价为四角，《西洋史年表》售价也是四角，《矿物学》售价仅为三角，与当时一本普通杂志的售价相差无几。但出版大型工具书则不同了。宏文馆筹备出版的所谓“帝国最新辞典”包括博物、物理、法律、教育、数学、小学教材、理科、化学、植物学，以及世界历史共10种，篇幅都很长，如光绪三十三年（1907年）二月底发行的《博物大辞典》号称“最新颖、最详备、最适用”，它包括“精制铜图四十余幅，木刻图一百数十幅，全书洋装五百余页，都凡二十余万言，编辑一年有余，始得告成”[①]，售价也定到了贰元贰角以上（洋装大洋贰元二角、布制大洋贰元五角、皮制大洋贰元八角），而由雷继兴“鉴定”的《法律大辞典》售价更达到三元五角，远高出当时普通市民的消费能力（据统计，1902年上海的米价为每石八元，工人与苦力每月的平均工资为四至六元[②]，连当时租界里华捕的月薪也只有数元）。像这样大型的工具书，其销量肯定远远比不上小说或普通教科书，而一旦滞销，出版社由于资金投入过多而导致周转不灵，也就是顺理成章的事了。除此之外，总经理曾朴的不善经营也许是导致小说林陷入困境的又一个重要原因，据说“他书生气十足，不善理财，不谙出版业务，不过问财务上的事，也从未踏进排字房去看看，所以小说林亏本是当然的事。他就到常熟家里去取款垫本，但家中财产由他的母亲掌管，母亲知他不善经营，怕他办小说林把家产花光，不肯给他大批的钱”[③]。对这个问题，了解内情颇多的包天笑也有过评论：“在从前以一个文人，办点商业性质的事，终究是失败的多数。小说林也是如此。虽然所出的书，倒也不少，销路也不差，还是亏本。譬如说放出的账，收不回来；管理处不得其法等等；而且出版物是有时间性，尤其是小说。他们是自办印刷所、排字房的，后来搜出了半房间的铅字，都是拆了版子，不归原位，倾弃在那里，只好作为废铅卖了，诸如此类，都是吃了人家的亏。时报后来的失败也是如此，他们两位，狄楚青与曾孟朴，都是公子哥儿呀”[④]；“曾孟朴

① 《小说林》第一期“广告”（1907年）。

② 吴训义《清末上海租界社会》，台湾文史哲出版社民国67年版，第131页。转引自陈伯海、袁进主编《上海近代文学史》，上海人民出版社1993年版，第75页。

③ 郑逸梅《艺海一勺续编》，天津古籍出版社1996年版，第80页。

④ 包天竺《钏影楼回忆录》“在小说林”，第328页。

的小说林出版所结束，他去做官去了，将小说林所出版的书，以三千元全部抵押于有正，因此《孽海花》的再版亦是有正所印行。及至孟朴罢官，与他的法国留学回来的大公子虚白，再开‘真美善书局’，方向有正书局赎回”[①]。而曾朴后来这样解释小说林关闭的原因：“在初意原想顺应潮流，先就小说做成个有系统的译述，逐渐推广范围，所以店名定了两个。谁知后来为了各人的意见，推销的关系，自己又卷入社会活动的漩涡，无暇动笔，竟未达到目的，事业就败了。”[②]总之，到 1908 年，资本已经蚀光的小说林不得不将存书以3000元卖给狄楚青主持的有正书局，终于关门大吉。不过在以后的几年里，有正书局创办的《小说时报》上经常刊出以“上海小说林·有正书局”名义发售各种小说的广告，其中绝大部分是小说林的书。由小说林发行的“小本小说”也已出到了第三集 23 种，而由时报馆发行的《阿难小传》《环球旅行》等十余种小说，则仅题“有正书局各种小说书籍目录”，以示区别。这种情况大约一直延续到民初 。

小说林社是我国第一家以经营新小说为主的民营出版机构，1904—1908 年，先后出版了历史、地理、科学、军事、侦探、神怪、言情、国民、家庭、社会、冒险、滑稽等 12 类共 140 多种小说[③]，并发行了“小说林丛书”和“小本小说”两集[④]。毫无疑问，小说林对推动我国小说事业的发展作出过重要贡献，在当时社会上的影响也相当大。黄人《小说林发刊词》中所说的“小说林者，沪上黄车掌录之职志也”，及其“花样日新，馔箸

① 包天竺《钏影楼回忆录》“回忆狄楚青”，第 427 页。

② 东亚病夫《复胡适的信》，载《真美善》第一卷第十二号（1928 年 4 月 16 日），转引自栾伟平《小说林社研究》（《古典文献辑刊》十八编第十八册，台湾花木兰文化出版社 2014 年版，第 11 页）。

③ 对于小说林所出小说数目，目前尚无统一、确切的统计，本书据《小说林》上刊登的《谨告小说林社创设宏文馆之趣意》、《谨告最新发行（小本小说）之趣意》等广告，徐念慈《丁未年小说界发行书目调查表》，以及樽本照雄编《清末民初小说年表》统计得出，从 1904 年到 1908 年初，小说林共出版单行本小说（其中包括少量戏剧作品）123 种；栾伟平《小说林社研究》（《古典文献辑刊》十八编第十八、十九册，台湾花木兰文化出版社 2014 年版）也说是 123 种单行本小说，其中翻译小说 104 种。另据陈大康《中国近代小说编年史》，小说林在此期间共出版小说 149 种（其中《掌中血》一种为代发行），第 2815-2817 页。

④《谨告最新发行（小本小说）之趣意》：“本社编著小说，荷蒙大雅不弃，风行一时，事迹之离奇，笔墨之简洁，久为识者推许。但舟车携带时有不便，忠告本社者。爰择若干种，仿丛刊之例，都为十集，每集八种，订成洋装精本，袖珍小册大小，一律以供诸君酒后茶后、公暇课罢作一消遣法，殆亦海内社会所欢迎焉。”

满家，倾倒全国”的兴盛局面，良非虚言。小说林前期因大量翻译西方小说、开风气之先而兴旺，后期又因经营过分扩张，以及与实力远过于自己的商务竞争而衰落。小说林社虽然存在的时间较短，但其经营上的成败，也足以为走向现代化之路的出版界提供宝贵的经验与教训。

1907 年初，小说林举办了两件大事，一是增设宏文馆，出版各种学校参考书；二是创办小说林社报《小说林》。第一件事因决策失误，超越了时代发展的要求而最终导致失败；但第二件事获得了成功。《小说林》是在小说林事业蓬勃发展的时期问世的。主编徐念慈所撰《小说林缘起》说："小说林之于新小说，既已著译并刊，二十余月，成书者四五十册，购者纷至，重印至四五版。而又必择优甄录，定期刊行此月报者，殆欲神其薰、浸、刺、提说详《新小说》一号之用，而毋徒费时间，使嗜小说癖者之终不满意云尔。"这说明《小说林》是在小说林社出版的小说极受社会欢迎的形势下创刊的，其直接动因是受《新小说》及梁启超《论小说与群治之关系》的影响。与小说林一样，《小说林》也是由一些江苏常熟人创办并主持的，但因为主编者具有较高的学识水平和普遍的开放眼光，所以《小说林》并没有体现出明显的地域局限（在这方面即使连《新小说》也不能免俗，《新小说》就曾开辟过"专为广东人而设，纯用粤语"的栏目"粤讴及广东戏本"[①]），与同在上海出版的《绣像小说》《新新小说》《月月小说》等小说期刊一样，它基本是一份面向海内外的开放性刊物。关于这一点，从《小说林》创刊后连篇累牍地刊登征文广告，广泛征求外稿之事即可明显看出。在创刊号上，《小说林》首先刊出《征文广告》，征求"著译各种家庭、社会、科学、理想小说"，并承诺"无论长篇短篇，若有佳本寄交本社者，已经入选，润笔格外从丰"。从第二期开始，《小说林》不断刊登《募集小说》《募集文苑杂著》《募集写真片》等征文广告。在《募集小说》广告中，《小说林》将征求的小说扩大为"家庭、社会、教育、科学、理想、侦探、军事"七个类型，声明"篇幅不论长短，词句不论文言白话，格式不论章回笔记传奇"皆可入选，并且把入选稿件分为三个等次，按照不同等次支付每千字五元、三元和二元的稿

①《中国唯一之文学报〈新小说〉》（《新民丛报》第十四号，1902 年）。

酬。就征文广告的规范和详备程度而言，在当时的小说期刊中只有《新小说》可与其相提并论。更为值得注意的是，在《小说林》创刊之前，小说林也曾向社会广泛征稿，但所采用的稿件每千字最多也就是二元的稿酬，这也是当时上海小说的时价。以包天笑与小说林的密切关系，他在这里发表小说也只有每千字二元的稿酬，其他人的就更可想而知了。然而《小说林》开出的稿酬标准，最高者已达到千字五元，最低者也相当于时价水平。尽管我们可以推想，当时能拿到甲等稿酬的一定寥寥无几，但其整体稿酬标准远高于同时期基准的事实证明，小说林人对《小说林》给予了足够的重视，同时也寄予了相当大的希望。事实上，《小说林》创刊后，也比较受社会的欢迎。前几期在发行后不久就被再版，1980 年上海书店影印的《小说林》就是以光绪三十三年（1907 年）六月的再版本为底本的①。

《小说林》的最低和最高印数，目前还不太清楚，只知道到发行第七期时，它的销量已经达到 2000 余份②。这个数字在今天看来实在算不上大，但在当时的小说界已经算是差强人意了。包天笑在《钏影楼回忆录》“编辑小说杂志”中说：“以前上海办杂志，以能销三千份为一个本位，倘然第一版能销三千份，就可以不蚀本了，他们的支出与收入，也作三千份计算，假使销数超出了三千份，那就要算赚钱了。以后越销得多，便是越赚钱，因为他们既打好了纸版，倘使添印，所有稿费、排工，都不必计算在内了。”不过在这里，包天笑回忆的是 1915 年编辑《小说大观》季刊时的情况，十年前上海杂志销量的“本位”是多少，目前尚不得而知，估计不会超过三千份这个数字。当时的小说杂志在提及自己的销量时，多用“风行海内”“轰动一时”之类

---

① 但根据目前所掌握的材料，上海书店所据以影印的这个六月份再版本实际上已经是一个重编本，它把初印本第二期上的版权以及《募集小说》等广告内容集体移至创刊号上，而第二期的有关内容则被相应删落。特别是，它将第三期上刊出的一则《特别广告》也移至创刊号上，结果出现了创刊号上登载的广告竟然会为第二期上发表的小说争版权的怪事。这份《特别广告》原文为：本社所有小说，无论长篇短篇，皆购有版权，早经存案，不许翻印转载。乃有□□报馆将本社所出《小说林月报》第二期《地方自治》短篇改名为《二十文》，更换排登；近又见□□报馆将第一期《暖香楼传奇》直钞登载，于本社本权大有妨碍。除由本社派人直接交涉外，如有不顾体面再行转载者，定行送官照章罚办，毋得自取其辱。特此广告。

②《戊申正月第九期小说林报招登新年广告》（《小说林》第七期，1907 年）。

不乏夸张性的模糊词语，使人无所适从。倒是从它们列出的代派处数量可以知道一些情况，但仍然难说得上准确，因为有些代派处每期只能销售几份到十几份。《小说林》刊行之时，新小说市场已经不是很景气，徐念慈《丁未年小说界发行书目调查表·引言》中有“负贩之途，日形其隘。向之三月而易版者，今则迟以五月；初刊以三千者，今则减损及半”[①]之语；其《余之小说观》中也说，1907 年小说的定价与 1906 年相比，“大约若五与四之比”，销售的速度“乃若二与三之比”，而销售的总量“又若三与四之比”。[②]因此在晚清四大小说期刊中，《小说林》的销量可能是最少的。

虽然《小说林》声称“月出一册”，但这个计划实际上也并未完全实现。与当时的大多数小说期刊一样，《小说林》的出版也存在比较明显的愆期现象。它的创刊号标示日期是“光绪三十三年正月”，徐念慈《小说林缘起》的题署日期是“丁未元宵后三日”，即该年的正月十八日，那么，《小说林》的创刊应当在这个日子之后，即 1907 年 3 月 2 日之后。其第二期标示日期是“丁未年二月”，这时应当是公历 1907 年 4 月初，而非如人们通常推定的 1907 年 3 月；第三期标示为“丁未年三月”，应为公历 5 月初——但基本上是按月出版的；第四期标示为“丁未年六月”，就比预定日期延迟了 3 个月。此后，第六期延迟了 3 个月，第十期延迟了 1 个月，第十一期延迟了 2 个月，第十二期更延迟了 4 个月之久。但其中也不是没有问题，如第二期版权页上题署的日期是“丁未年二月”，但该期“丛录”中发表的《印雪簃簏屑》前有编译者陈鸿璧的一段“识语”，署“丁未三月岗州陈鸿璧识”，一份刊物上发表的文章竟然写成于刊物出版以后，岂非咄咄怪事？由此看来，就连《小说林》自己的题署有时候也不能完全相信。栾伟平女士对《小说林》的刊行问题做过专门研究，她得出的结论是，除第八期、第十期、第十二期外，《小说林》所登录的出版时间与实际出刊日期均有差别，从一个月到三个月不等。甚至从第一期起，刊物上登载的出版日期就与实际不相符[③]。其实在当时，这也是个比较普遍的现象。期

① 《小说林》第九期（1908 年）。

② 《小说林》第十期（1908 年）。

③ 栾伟平《小说林社研究》，《古典文献辑刊》十八编第十八册，台湾花木兰文化出版社 2014 年版，第 75-77 页。

刊延期出版会招致读者对刊物的失望甚至厌倦，并最终影响刊物销量，因此当这种现象不可避免地出现时，编辑有时候会在日期上做一点手脚，以维持按期出版的承诺，好在当时的信息传播条件尚不够发达，普通读者特别是外埠读者一般是能被糊弄过去的。不过在当时，《小说林》的愆期现象还不算是很严重的，与《新小说》《新新小说》等刊物相比，《小说林》基本上可以算是按期出版的。

与当时的许多期刊一样，《小说林》对各期上连载的作品多采取了另起页码、逐期相续的编排方式，以便读者在作品刊毕后拆下来另订成帙。据说这种方法还是由梁启超首倡的。梁启超在创办《时务报》时，就是将《华盛顿传》《伦敦铁路公司章程》等依照逐期相续的方法编排的，以便读者重新装订。这种方法也被后来出版的许多期刊如《东方杂志》等所仿效①。当然，《时务报》是线装书，重新装订是比较方便的，但后来隐线装帧的洋装期刊如要拆开另行装订则要困难得多。为解决这个问题，后来有许多期刊采用了线装铅印的模式，如商务印书馆的《绣像小说》即是如此。不过《绣像小说》采取这种编排方式还只用于一些笔记、日记、杂录类作品，如《英轺日记》《环瀛志险》等，比较规范的小说基本上还是采用了按期编码的方式。但在《小说林》，则干脆将连载小说的页码逐期相续在一起，如《亲鉴》10 回共登了 104 页，约 3 万字；《电冠》25 章共登了 192 页，约 5 万 7 千字；《黑蛇奇谈》上卷共登了 126 页，《魔海》共登了 151 页（未完）。不仅如此，《小说林》上刊登的几乎所有连载作品除了在第一次标明题目和作者外，以后再续刊，这些内容便都省略了。这样做最方便的就是在连载之后出版社可以马上出版抽印本，读者的便利似乎倒还在其次。

《小说林》的停刊与小说林社倒闭肯定有关系，但直接起因则出于一件突发性事件，这就是主编徐念慈的突然去世。据丁祖荫《徐念慈先生行述》（载《小说林》第十二期）称，“先生近来常患胃病，兼以劬学从公，脑力益损……六月十三日旧疾复作，误服猛剂，吐泻不止，竟以十六日卒，春

① 马光仁主编《上海新闻史》，复旦大学出版社 1996 年版，第 273 页。

秋三十有四。”[①]徐念慈的去世，对《小说林》是一个致命打击。在徐念慈去世约三个半月后，《小说林》出版了最后一期，便彻底停歇了，而这一期基本上就是一个纪念徐念慈的专号，上面发表了死者生前同志、朋友 40 多人，以及常昭教育会、上海尚公小学全体师生作的行述、祭文、挽诗和挽联多件。至于这第十二期终刊号是由谁来具体编辑的，刊物本身并未说明。陶报癖曾说该刊“发起者曾孟朴，编辑徐彦士，徐病故后，由陈鸿璧女士继任”[②]。

陈鸿璧（1884—1966），女，原名陈碧珍，广东新会人，毕业于上海圣约瑟西童女校，精通英文、法文，翻译过英国维多夫人的侦探小说《印雪簃译丛》、美国葛德耳的《薛惠霞》、白乃杰的《盗面》、英国查克的《裴乃杰奇之一》等小说[③]。陈鸿璧是《小说林》杂志的专任译员，先后在《小说林》上发表长篇翻译小说等作品 5 种：“科学小说”《电冠》，署“（英）佳汉著，女士陈鸿璧译”；“侦探小说”《第一百十三案》，署“（法）加宝耳奥，女士陈鸿璧译”；“历史小说”《苏格兰独立记》（第十一回起），署“女士陈鸿璧译，东海觉我润词”；“丛录”《印雪簃簏屑》署“陈鸿璧”；《西笑林》署“印雪簃随笔”。陶报癖说徐念慈病故后，《小说林》编辑由陈鸿璧继任，以陈鸿璧与《小说林》的关系，这也是极有可能的。此时有一个现象值得注意。“侦探小说”《第一百十三案》因《小说林》停刊而中断连载，后来陈鸿璧将此书译完，改题《一百十三案》，1909 年在广智书局出版了单行本。有署名“蛰競”者为此书撰写《弁言》

① 关于徐念慈的生平资料，目前以丁祖荫《徐念慈先生星术》与时萌所编《徐念慈年谱》介绍较为详备。另，徐念慈好友蒋维乔该年“六月十六日”日记记载，“念慈病危，渠家来托请俞凤宾君诊治。余于八时至其寓访之，见其言语模糊神识不清。迨到编译所，俞君有电话来，言已去世。”（录自汪家熔选注《蒋维乔日记选》，刊《出版史料》1992 年第 2 期，总 28 期）。据此，徐念慈病逝于六月十六日（1908 年 7 月 18 日）上午九时左右。

②《前清的小说杂志》，载《游戏世界》第 18 期（1922 年 11 月）。

③ 关于陈鸿璧的生平，最早有郭延礼《一位被遗忘的女翻译家陈鸿璧》（《中西文化碰撞与近代文学》，山东教育出版社 1999 年版，第 287-290 页）进行考证，近年来先后有阚文文《晚清报刊翻译小说研究——以八大报刊为中心》，（华东师范大学 2008 年博士学位论文，第 115 页），吴国权《陈鸿璧对近代翻译文学的影响及贡献》（《兰台纵横》2014 年 11 月上旬刊），张俊霞《陈鸿璧的“高雅翻译”及其翻译特点》（《中北大学学报》2015 年第 3 期）等文论及。详参郭延礼、郭蓁《中国女性文学研究（1900—1919）》，山东教育出版社 2016 年版，第 308-313 页。

称：“《一百十三案》，侦探小说也。译者陈女士鸿璧，尝任《小说林》月报社译员。是书之前半，昔尝载入月报中。彼时主任编辑月报者为徐君觉我，不才忝襄助之。……月报刊行至十一期，而徐君遽辞人世，不才续刊一期，以足一年之数。从此而后，遂成广陵绝响矣。”可见，徐念慈去世后，《小说林》最后一期是由署名“蛰競”的人续编的。陈鸿璧《第一百十三案》在《小说林》前十一期刊载时，都有“觉我赘语”，到第十二期则改成了“蛰競赘语”。另外，《小说林》第十二期中，蛰競还为张瑛的《黑蛇奇谈》“润词”。在以前，这些“赘语”“润词”的工作都是由主编徐念慈操刀的，徐念慈去世后，蛰競续编《小说林》的说法应当是事实。前引陶报癖说徐念慈去世后，由陈鸿璧编辑《小说林》第十二期，而“蛰競”又说徐念慈去世后，由他续编了《小说林》第十二期。栾伟平据此推测，陈鸿璧很有可能就是“蛰競”，“她化名‘蛰競’续编《小说林》，又以同一化名为自己的书做序”①，这个推测有一定道理。

《小说林》刊登的作品以翻译小说和短篇小说为主，而在小说理论方面尤见特长。阿英说，“《小说林》除《孽海花》外，如其说是以小说胜，实不如说以其他杂著胜。《小说小话》《奢摩他室曲话》可称两绝，数传奇亦不差，但无特殊建树”②；黄摩西《小说林发刊词》及东海觉我《小说林缘起》“两文说明当时中国文艺界对于小说的认识，较之十年前夏穗卿、康有为、梁启超辈，有了较深刻的进一步的理解”③。杨义说，“《小说林》的长处，一是文学理论，二是以刊载翻译小说为主。它的‘小说小话’是继《新小说》的‘小说丛话’之后，颇有见解的栏目”④；时萌说“它与众不同的特色有两点：一是刊登了一些白话短篇小说，这在同时期的小说杂志中可称创举；二是小说理论极显精辟，黄摩西的《小说林发刊词》与徐念慈的《小说林缘起》都突破了梁启超的观点，前者指出小说是‘文学之倾向于美的方面之一种’，后者更以黑格尔美学观点来估量小说的价值，

---

① 栾伟平《小说林社研究》，《古典文献辑刊》十八编第十八册，台湾花木兰文化出版社 2014 年版，第 71 页。

②《清末小说杂志略》。

③《晚清文学期刊述略》，古典文学出版社 1958 年版。

④ 杨义等《中国新文学图志》，人民文学出版社 1996 年版，第 22 页、第 26 页。

强调小说要有‘美的快感’，要有‘具体理想’，要以‘形象’感人，这在当时来说可说是最新颖的见解”[①]。

《小说林》创刊时，《新小说》《绣像小说》《小说世界》《小说七日报》《新世界小说社报》都已经先后停歇，《新新小说》时刊时辍，也接近了尾声，上海的小说界只有《月月小说》在独力支撑着，小说界开始呈现衰落的迹象。1909 年 5 月，陶报癖在《扬子江小说报》“发刊词”中对这一时期小说期刊现状作了总结，其悲凉之情溢于言表：

> 洎乎近世，才人辈出，斯业昌盛。著述如云，翻译如雾，科学更加之侦探，事迹翻新；章回而副以传奇，体裁丰富；莫不豪情泉涌，异想天开，力扶大雅之轮，价贵洛阳之纸者也。是以《新小说报》倡始于横滨，《绣像小说》发生于沪渎，创为杂志，聊作机关，追踪曼倩、淳于，媲美嚣俄、笠顿，每值一编披露，即邀四海欢迎，吐此荣光，应无憾事。畴料才华遭忌，遂令先后销声，难寿名山，莫偿宏愿。况复《新新小说》发行未满全年，《小说月报》出版仅终贰号，《新世界小说报》为词穷而匿影，《小说世界日报》因易主而停刊，《七日小说》久息蝉鸣，《小说世界》徒留鸿影，率使秋风落菜，浑如西峡残阳，盛举难恢，元音绝响，文风不竞，吾道堪悲；虽《月月小说》重张旗鼓于前秋，《小说林报》独写牢骚于此日，而势力究莫能膨胀，愚顽难遍下针砭……

毕竟时势不同了，梁启超当年提倡“政治小说”，鼓吹小说救国，理想与现实之间的距离愈来愈大，迫使小说家和出版商不得不陷入深思，寻找新的出路。因此到 1908 年前后，以《月月小说》《小说林》为代表，小说报刊界开始进入反思-转型的探索阶段。历史小说、写情小说、教育小说、短篇小说、以现实中重大政治事件为题材的时事小说等小说类型受到重视，同时在小说理论建设方面深刻反思、大胆探索等，都是明证。如果想从中寻找些影响民初小说的蛛丝马迹的话，那么刊登在《小说林》第二期上的《小说林新增月刊社报》很可以使我们窥出端倪：

> 鼓吹社会，左右风俗，现一一身，说一一法，无老无幼，无

① 《晚清小说》，上海古籍出版社 1989 年版，第 3-4 页。

智无愚，咸乐屏声静气，时手一编，以寓忧愁欢乐于小说界。同人鉴之，爰增社报。长篇短篇，有美必收，无奇不录，以快先睹。癖嗜痂者，应欢迎焉。内容分图画、论说、社会小说、历史小说、科学小说、侦探小说、军事小说、文苑、评林、劄记、杂录，约十二门。

在这里，虽然“鼓吹社会，左右风俗”的旗号照打，但已经与《新小说》的“本报宗旨专在借小说家言以发起国民政治思想，激励其爱国精神”有了明显区别。从《新小说》的“借小说家言以发起国民政治思想”到《绣像小说》的“或对人群之积弊而下砭，或为国家之危险而立鉴”，再到《月月小说》的“辅助教育改良群治”，再到《小说林》的“无老无幼，无智无愚，咸乐屏声静气，时手一编，以寓忧愁欢乐于小说界”，小说刊物原有的政治色彩在逐渐减退，遣情娱兴功能随之逐渐增强。

第四章　近代报刊视野下的小说实践（上）

一、《绣像小说》的编辑者

1903 年创刊的《绣像小说》是受“小说界革命”影响，由商务印书馆在中国本土创办的第一份小说期刊。与当时的大多数刊物有所不同，《绣像小说》每期仅标出“上海商务印书馆编辑发行”字样，没有署编辑者的名字，而所有 72 期中也没有一篇类似“编辑说明”或“编后记”的文字可供人窥测谁是主编，因此这份刊物的编辑者究竟为谁，刊物本身并没有提供确切的说明。1935 年发表的毕树棠的《绣像小说》一文指出“《绣像小说》的主编人便是《官场现形记》的作者李伯元”[①]，1936 年阿英发表的《清末小说杂志略》也说该刊主编是李伯元（图 4-1），但都没有提出任何根据。受他们的影响，后来人们在谈到这个问题时基本上都认定李伯元是《绣像小说》的主编。20 世纪 80 年代初，汪家熔撰文对这一成说从五个方面提出了质疑，并推测《绣像小说》的主编有可能是夏曾佑[②]。魏绍昌不同意夏曾佑编辑《绣像小说》的观点，但也表示自己当年编辑《李伯元研究资料》时，“承认李伯元是《绣像小说》的主编，只是依据毕树棠和阿英两位前辈的说法，自己却从来没有直接在李伯元及《绣像小说》本身或其他有关方面查考到第一手材料，因而心里很不踏实，甚至还有些疑惑”[③]。汪家熔的怀疑受到郑逸梅、樽本照雄等人的反驳，《光明日报》“文学遗产”

① 魏绍昌《李伯元研究资料》，上海古籍出版社 1980 年版，第 462 页。

② 见《关于〈绣像小说〉》（1903-1906）（《商务印书馆馆史资料》之十七，商务印书馆总编室印，1982 年 5 月 20 日）、《商务印书馆出版的半月刊——〈绣像小说〉》（《新闻研究资料》总第 12 辑，1986 年 2 月）、《〈绣像小说〉及其编辑人》（《出版史料》第 2 辑，1983 年 12 月）。

③《再谈〈绣像小说〉的编者问题》（《出版史料》第 5 辑，1986 年 6 月）。

栏目甚至在 1984—1985 年专门组织了关于《绣像小说》编辑者问题的讨论[①]，但一直到 20 世纪 80 年代末期，汪家熔仍然坚持自己的观点[②]。照理说，解决这类问题最有说服力的证据如下：一是出版社发给编辑人的聘书，二是期刊版权页上标明编者的姓名，三是编者著文明确说自己是某刊物的编辑，四是圈内朋友的证言。尽管商务印书馆并未宣布李伯元《绣像小说》编辑者的身份，但是经过几十年来的努力搜求和热烈讨论，李伯元与《绣像小说》的关系越来越明确。因此，根据目前所掌握的资料来看，可以基本判定李伯元就是《绣像小说》的编辑者，理由如下。

其一，原先人们以为最早提及《绣像小说》编辑者具体人名的是毕树棠和阿英，但早在陶报癖 1909 年所编的《中国小说报调查表》和 1922 年《前清的小说杂志》中，就已经有《绣像小说》“发起者商务印书馆，编辑者李伯元，发行所上海棋盘街”的明确记载[③]，可见，毕树棠和阿英的说法并非空穴来风。陶报癖原名陶祐曾（1886—1927），著有小说《新舞台鸿雪记》《小足捐》《警察之结果》，以及小说戏曲论文多篇，后参与编辑《扬子江小说报》，并为《月月小说》《小

图 4-1　李伯元小像

① 樽本照雄《南亭亭长の正体——《〈绣像小说〉编者论争から始まる》一文后附有《〈绣像小说〉编者问题文献目录》，收录 1994 年之前有关论文 59 篇，可供参阅。

②《〈绣像小说〉编者等问题仍须探索》（《出版史料》1990 年第 4 期，总第 22 期）。

③《中国小说报调查表》载《扬子江小说报》第 1 期，清宣统元年（1909）四月一日出版。阿英《晚清文学期刊述略》云《扬子江小说报》“访得的，只有第一、五两期，前者三十二开本，后者二十四开，第一期有发刊词七篇……杂述部分则有……《中国小说报调查表》……是研究当日小说刊物的很重要文献”。据此，则该刊的创刊号很有可能归阿英所藏。祝均宙、黄培玮辑录《中国近代文艺报刊概览》（一）于《扬子江小说报》下标明“因缺创刊号，本目仅收所见的 2—5 期（1909 年 9 月）”。可见上海图书馆没有收藏。阿英去世后，其家属将部分藏书捐献给安徽芜湖市图书馆，馆方曾开辟阿英藏书陈列室，不知其中有没有《扬子江小说报》创刊号。1987 年，陈平原曾赴该馆借阅，未得。见其《江南访书录》。本书据《前清的小说杂志》转引。《前清的小说杂志》载《游戏世界》第 18 期（1922 年 11 月 5 日），是比较易见的资料，作者陶报癖在该文后加“按语”说：“这份表是我在《扬子江小说报》执笔的时候编的，登入第一期。那后头四种（此处指《扬子江小说日报》《十日小说》《小说时报》和《小说月报》——引者按），今儿才把他补上去。”可见《前清的小说杂志》实际上是对《中国小说报调查表》的增补，其前半部分应是对《中国小说报调查表》的抄录。

说林》投稿，是清末民初比较活跃的报人、小说作家和理论家。他编写《中国小说报调查表》时距离《绣像小说》停刊仅仅 3 年时间，记录内容应当是准确的。另外，郑逸梅在 1926 年发表的《小说杂志丛谭》（载《半月》第三卷二十一期至第四卷九期）中也指明《绣像小说》是李伯元编辑的，较毕树棠、阿英的说法要早 10 年。因此，李伯元编辑《绣像小说》的说法在当时就已经有了，并不是到 20 世纪 30 年代以后才出现的。

其二，1985 年 10 月 22 日《光明日报》“文学遗产”第 692 期上发表了方山的《李伯元确曾编〈绣像小说〉》一文，该文披露，1905 年上海邮政局对上海各报刊的发行情况有一个登记记录，在《绣像小说》名下是这样记载的：

> ［报纸名目］《绣像小说》，［号数］二十号，［司事人姓名］李伯元，［出印地方］上海北河南路，［每次出印张数］每次发行三千本，［挂号日期］二月初十日。

同时又记载了《游戏报》《世界繁华报》的“司事人姓名”也是李伯元。我们都知道，李伯元既是《游戏报》和《世界繁华报》的主人，又是它们的主编，可见“司事人”一词含有主办人和主编两个意思。因此，尽管这份记录尚有不尽规范之处①，但将之作为李伯元主编《绣像小说》的一条重要证据则是可以的。

其三，2001 年，刘德隆（署名“武禧”）在《清末小说から》上著文披露了一则关于《绣像小说》的重要资料，对解决《绣像小说》的编辑人问题具有决定性的作用。上海《时报》于 1907 年 10 月 9 日刊登的一则《商务印书馆/南亭亭长/绣像小说》广告，广告全文如下：

> 本馆前刊《绣像小说》特延南亭亭长李君伯元总司编著。远摭泰西之良规，近挹海东之余韵，或手著，或译本，随时甄录，月出两期。出版以来，颇蒙欢迎，销流至广。现已出七十二期。因存书无多，特行减价零售。每册二角。全部七十二册精装六函，

① 汪家熔曾在《出版史料》1990 年第 4 期上发表《〈绣像小说〉编者等问题仍须探索》一文，对这份材料的价值表示怀疑，该文后被收入作者《商务印书馆馆史及其他——汪家熔出版史研究文集》，中国书籍出版社 1998 年 10 月版。

实洋七元二角[①]。

如前所述，解决李伯元是否为《绣像小说》编辑的最有力证据就是商务印书馆发给李伯元的聘书，其次是期刊版权页的标志、李伯元本人对此问题的说明，以及李伯元亲友的有关记录文字。由于聘书今天已不可能见到，李伯元亲友在谈及他主持的报刊时也大多不提《绣像小说》，而后来披露的资料又不能使所有人完全信服，因此有论者对此问题采取审慎态度是可以理解的。然而，《时报》上登出的这则广告就不同了，这是商务印书馆对李伯元编辑《绣像小说》的明确认同，是解决这个问题的第一手资料。所以，樽本照雄对这则广告的价值给予了高度评价，并认为这则广告的发现可以使李伯元编辑《绣像小说》的问题得以彻底解决。

其四，2014 年，栾伟平女士辑注《夏曾佑、张元济与商务印书馆的小说因缘拾遗——〈绣像小说〉创办前后张元济致夏曾佑信札八封》在《中国现代文学研究丛刊》刊出，披露了张元济关于《绣像小说》为李伯元主持的资料：

> 横滨《新小说》骤停，闻系因卓如赴美，无人接手。商务馆现求助于繁华报馆主人李伯元，其笔墨亦平浅，然此外更无人。宗旨分两端：一扫除旧习，一发明新理。门类为章回、弹词、演义、传奇、京戏、小曲（间附翻译）。……四月朔。[②]

该信内容涉及商务印书馆准备创办《绣像小说》一事，而《绣像小说》创办于 1903 年，因此栾伟平判断其应写于 1903 年 4 月 27 日。张元济于 1903 年初辞去南洋公学译书院的职务进入商务印书馆，实际主持馆内的编译事务。以张元济在商务印书馆的地位，他关于《绣像小说》主编者的说法自然可视为铁证。当然，张元济这里说《绣像小说》的创办缘由是“《新小说》已停”，于是商务印书馆有意开办一小说旬报，其实这是个误会。1903 年，梁启超应美洲保皇会的邀请，从 2 月份起赴美洲考察，导致《新小说》第

---

① 这则广告在武禧《一九〇七年小说略说（中）》（载日本《清末小说から》第 61 号，2001 年 4 月 1 日）一文被首先披露，紧接着，樽本照雄撰写了《〈绣像小说〉编者问题の结末》（载《清末小说から》第 62 号，2001 年 7 月 1 日）一文，刊登出广告的复印件，并对此作了比较详细的介绍。

② 《夏曾佑、张元济与商务印书馆的小说因缘拾遗——〈绣像小说〉创办前后张元济致夏曾佑信札八封》，《中国现代文学研究丛刊》2014 年第 1 期。

一年第三号自1903年1月13日出版后，第四号迟迟不见下文，一直拖延到五个月之后的6月10日才出版。正是因为这五个月的延期，导致商务印书馆误认为《新小说》已停，所以才决定创办一份小说期刊。《绣像小说》创办的原因之一居然是对《新小说》停刊的误解，这真是件有趣的事情。

20世纪80年代，魏绍昌在《再谈〈绣像小说〉的编者问题》一文中就说："经过我国和其他国家研究者的共同探讨，问题已经基本澄清。"现在看来，应该是说这个话的时候了。不过这里面也不是没有一点疑问。李伯元编过《游戏报》和《世界繁华报》，都有其本人和当时他人的文章可以查证，唯独对《绣像小说》，不但李伯元从来没有表明自己编者身份的文字，而且同时代的知情人如吴趼人、周桂笙等，以及商务印书馆的史料也都只字不提。特别是吴趼人，他在《月月小说》第一年第三号上刊登"中国近代小说家李君伯元"的照片，并在照片背面附录了自己撰写的《李伯元传》。在这篇文章中他只提到李伯元编过两种小报，而没有编过小说期刊。《月月小说》创刊于在1906年11月1日，此时距李伯元去世仅有半年时间，而《绣像小说》还在继续刊行，就其价值和影响而言，《绣像小说》是要超过那两种小报的。吴趼人是李伯元的朋友、同行，他也编辑小说报刊，并且还在《绣像小说》上发表作品，并可能续写过李伯元的《活地狱》，但他也不提李伯元编辑《绣像小说》之事，这实在令人费解。因此，尽管现有材料可以证明李伯元就是《绣像小说》的编辑者，但是汪家熔、魏绍昌提出的疑问还是值得注意的，或者其中尚有一段鲜为人知的内幕，直到今天还未被揭示出来。

包天笑在《钏影楼笔记·晚清四小说家》中说："后来商务印书馆办《绣像小说》，每月稿费由他（指李伯元）包办。"郑逸梅《晚清小说的宝库——〈绣像小说〉》中说李伯元是《绣像小说》的"主编且兼主撰"。尽管对《绣像小说》是否由商务印书馆交由李伯元一人承包编撰之事，现在还缺乏足够的证据（笔者倾向于包天笑的说法，即《绣像小说》是商务印书馆与李伯元协商后交由李包办的，商务中人不提《绣像小说》恐怕与此有关），但《绣像小说》所刊作品以李伯元的数量最多也最有代表性则是人所共知的事实。的确，主编《绣像小说》的几年也正是李伯元创作进入高峰期的几年，除了在《世界繁华报》上连载《官场现形记》《庚子国变弹词》外，李伯元还在《绣像小说》上发表了小说、弹词、戏曲、歌谣等至少6种作品。①“新编小说”《文明小史》，载第1～56期，60回，署“南亭亭长新著，自在山民加评”[①]。②《活地狱》，载第1～5、7、9、11～16、26、37、39、43～58、60、61、63～65、68～72期，43回，未完。第1～39回署“南亭亭长著，愿雨楼加评”；第40～42回署“茧叟著，愿雨楼加评”；第43回署“茂苑惜秋生著，愿雨楼加评”[②]。③“新编弹词”《俗耳针砭》（第二回后改题《新编弹词醒世缘》），载第1～6、25、48、52～54、59、68、69期，14回，未完，署“讴歌变俗人著”。④《新编前本经国美谈新戏》，载第1～5、8、19、20、22、24～30、33、34期，18回，未完，署“讴歌变俗人著”。⑤“时调唱歌”《爱国歌》（仿时调叹五更体），载第1期，署“讴歌变俗人著”。《送郎君》（仿时调送郎君体），载第1期，署“讴歌变俗人著”。此外，沙宝祥《〈绣像小说〉所刊民间时调述略》[③]推断“蝨穹”“蜕秋”也是李伯元的笔名，王学钧认为“天地寄庐主人”也是李伯元的笔名[④]，如果确实如此，那么李伯元在自己编辑的《绣像小说》上发表的作品就达到了14种之多，而且贯穿了这份刊物的始终。特别是，他的《文明小史》《活地狱》《醒世缘弹词》等优秀作品在刊物中具有规定方向的指导性意义，代表了《绣像小说》的主要倾向和成就，这是李伯元在主编刊物之外对中国小说的重大贡献。

二、《新新小说》的编辑者

《新新小说》（图4-2）是中国近代优秀小说期刊之一，它创刊于光绪三十八年八月（1904年9月），在上海出版，由新新小说社编辑和发行，开明书店总经销。所刊文字以小说为主，或著或译，间附戏曲、诗话。初为月

① 人们通常都认为“南亭亭长”是李伯元的笔名，但樽本照雄说这是李伯元与欧阳钜源一起使用的共同笔名，录以待考。“自在山民”是李伯元用的另一个笔名，这种自作自评的做法在小说界也是常见的现象，如吴趼人《二十年目睹之怪现状》就是自己作的评语。

② “茧叟”为吴趼人笔名，“茂苑惜秋生”为欧阳钜源的笔名。“愿雨楼”，一般认为是李伯元的又一个笔名，但吴趼人、欧阳钜源所作的4回仍署“愿雨楼加评”，而此时李伯元已经去世，不可能再去“加评”，故有可能是另外一个人。

③ 《〈绣像小说〉所刊民间时调述略》，《文史哲》1992年第6期。

④ 薛正兴《李伯元诗文集·说明》，《李伯元全集》第5卷，江苏古籍出版社1997年版。

刊，但从第二期起就开始脱期，到1907年5月，将近3年时间仅刊行10期，以后是否续出不详。尽管如此，历代研究者对这份刊物的评价还是比较高的。阿英《清末小说杂志略》说，尽管“以其对翻译最有关系，创作殊少建树，故不列入‘四大’之内”，但认为在《新小说》等“清末四大小说杂志”之外，“当以此种为主要”。[①]20世纪80年代上海书店影印出版的晚清小说期刊，除《新小说》《绣像小说》《月月小说》《小说林》外，再就是《新新小说》了。

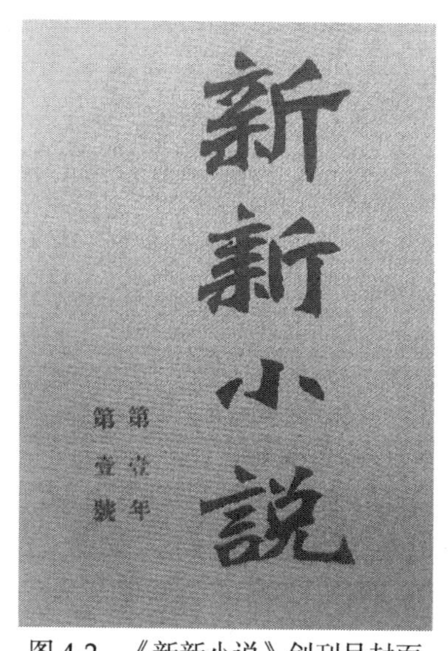

图 4-2　《新新小说》创刊号封面

《新新小说》各期版权页上均标“编辑兼发行者　上海徐家汇新新小说社；印刷所　上海四马路作新社；总经销处　上海四马路东首　开明书店”。至于主编者为谁，刊物本身没有标明。研究者通常认为《新新小说》的主编者是陈景韩（冷血），其主要根据就是刊物所载内容多有陈景韩的作品和译著，署名“冷血”。这种观点的认为者是阿英。阿英的《清末小说杂志略》开头说“冷血编《新新小说》”，而文末的“附记”又说：“又《新新小说》一种，刊于光绪三十年（1904 年），凡行一卷，十期，冷笑编”。

① 收入作者 1936 年良友版《小说闲谈》，转引自张静庐《中国近代出版史料·初编》，中华书局 1957 年版。

可见在他看来，“冷血”也就是“冷笑”，但并没有说明理由。20年后，阿英在《晚清文学期刊述略》中说：“《全国文学期刊展览会目录》（一九五六）称‘冷笑’编，不知何据。按本刊所载陈冷血译作最多，或即陈氏所编，‘笑’字可能是‘血’字之误。”①其实，以阿英在近代文学期刊研究界的地位和影响，我们可以完全肯定地说，《全国文学期刊展览会目录》关于《新新小说》的著录依据就是阿英的《清末小说杂志略》，阿英此处可能是偶然忘记了。不过，阿英说“‘笑’字可能是‘血’字之误”是不确切的，这里的“血”是陈景韩笔名“冷血”的简称，而“笑”则是陈景韩的好友、著名小说家和报人包天笑的笔名。“冷笑”是陈景韩和包天笑笔名的合署，这一点已为今天的研究界所公认②。此后，鲁深《晚清以来文学期刊目录简编（初稿）》在《新新小说》编辑者名下著录为“冷笑”③；上海图书馆编《中国近代期刊篇目汇录》（第二卷·中册）也说《新新小说》“似系陈景韩（冷血）所主编”；宋原放和孙颙主编《上海出版志》也说《新新小说》“陈景韩（署名冷血）似为主编”。因此到目前为止，尽管还没有确切的结论，但实际上陈冷血是《新新小说》主编者的说法十分流行。

其实，对这个问题，早先就有过比较明确的说法。陶报癖《前清的小说杂志》说该刊“发起者侠民，编辑者陈冷血，发行处上海徐家汇”④。陶报癖是清末民初相当活跃的报人和小说家，其刊载在《扬子江小说报》第一期上的《中国小说报调查表》是研究中国近代小说史的重要资料。《前清的小说杂志》一文后作者“按语”说：“这份表是我在《扬子江小说报》执笔的时候编的，登入第一期。那后头四种，今儿才把他补上去。因为《游戏世界》十六期里面，尘梦君做了一篇《民国以前的小说杂志》，我仔细瞧了一遍，见他遗漏不少，所以将这表补成完璧，再行披露出来，供给当代小说家的考证。”因此，尽管今天我们已很难看到《中国小说报调查表》，

① 收入《晚清文艺报刊述略》，古典文学出版社1958年版。

② 郑逸梅《清末民初文坛轶事》“琐记包天笑”中即有“天笑和陈景韩是老朋友，在《时报》时期，常撰时评，两人合作，署名‘冷笑’”之语。

③ 载《中国现代出版史料·丁编》，中华书局1959年版。

④ 载《游戏世界》第十八号（1922年11月）。

但从这里可以知道，《前清的小说杂志》其实是《中国小说报调查表》的重刊和补充，文中有关《新新小说》的记载应视为《中国小说报调查表》发表时即《扬子江小说报》创刊号出版的时间（1909 年），这时距《新新小说》停刊只有一年多的时间，而陶报癖又是当时小说界的活跃人物，因此他的这个记载应当是比较准确的。至此，《新新小说》主编者的问题似乎有一个确切说法了，但新的问题又随之而来。《前清的小说杂志》认为《新新小说》的发起者为“侠民”，包天笑《钏影楼回忆录》则在两处提到《新新小说》为龚子英所编，“其时还有龚子英编的《新新小说》，吴趼人编的《月月小说》，我都写有小说稿子”[①]；“那时就有了曾孟朴的《小说林》月刊，吴沃尧等所编的《月月小说》，龚子英等所编的《新新小说》，以及商务印书馆的《小说月报》，陆续出版的小说杂志，不下七八种”[②]。栾梅健的《通俗文学之王——包天笑》也说，《新新小说》“由龚子英任主编”[③]；马光仁主编的《上海新闻史》说：“上海报坛发刊的第三种小说期刊，是 1904 年 9 月 10 日（清光绪三十年八月初一）创刊的《新新小说》，月刊，开明书店总经销。说是《新新小说》社编辑和发行，其实就是开明书店创办，为三楚侠民（龚子英）独力主持……作者主要有冷血（陈景韩）、公奴（夏颂莱）、小造、猿、虫、兰言等。”[④]结合以上资料及《新新小说》刊载作品的情况来看，《上海新闻史》所谓“三楚侠民”就是龚子英的说法应该是可信的，而在《新新小说》上发表作品的“侠民”“侠”其实也都是龚子英的笔名。龚子英在《新新小说》上发表的作品主要有：①“政治小说”《中国兴亡梦》，载第一年第一号、第二号，第二年第五号，未完，署“侠民著，无悔批点”。②“历史小说”《菲猎滨外史》，载第一年第一号、第三号，第二年第五号、第六号（从第一年第三号起归入“侠客谈・南亚侠客谈”），未完，署“侠民著并评解”。③“侠客谈”《女侠客》，载第二年第八号、第九号，未完，署“侠”。④“音乐”《法兰西革命歌琴谱》，载第一年第二号，署“侠民译词”。

① 包天笑《钏影楼回忆录》“在小说林”，香港大华出版社 1971 年版，第 325 页。

② 包天笑《钏影楼回忆录》“编辑小说杂志之始”，香港大华出版社 1971 年版，第 357 页。

③ 栾梅健《通俗文学之王——包天笑》，上海书店出版社 1999 年版，第 84 页。

④ 《上海新闻史》，复旦大学出版社 1996 年版，第 290-291 页。

由此看来，就发表作品的数量而言，龚子英远比不上陈冷血（10 件），如果以此作为判定刊物主编者标准的话，陈冷血无疑是更合适的人选。但是《新新小说》创刊时，曾在《大陆报》第二卷第五号（1904 年 7 月）上发表过的一篇《〈新新小说〉叙例》，署名却是“侠民”。《〈新新小说〉叙例》发表的时间略早于《新新小说》创刊号出版的时间——光绪三十年八月初一日（1904 年 9 月 10 日）。《新新小说》第一年第三号开篇曾有一则《告白》说：“本报发始，不过为一二友人戏作。后为见者怂恿，因以付刊。”由此看来，侠民必为最初“友人”之一，《叙例》当作于“一二友人戏作”小说之后。笔者发现，这篇《叙例》与《中国唯一之文学报〈新小说〉》（《新民丛报》第十四号，1902 年）和《〈月月小说报〉改良之特色》（《月月小说》第一年第九号，1907 年）两篇文章的体例、语气非常相像，都是编者对刊物宗旨、内容和形式的郑重声明。一般认为，《中国唯一之文学报〈新小说〉》是梁启超的手笔，而《〈月月小说报〉改良之特色》则由许伏民所作。梁启超是《新小说》的创办人和前期主编，许伏民则是《月月小说》改组后的主编。由此类推，《〈新新小说〉叙例》的作者“侠民”也应当是《新新小说》的主编（至少是主编之一）。而《叙例》透露出的明确信息是，在创办《新新小说》前，“侠民”胸中已有了明确的规划和设想；更兼其中“本报纯用小说家言，演任侠好义、忠群爱国之旨，意在浸润兼及，以一变旧社会腐败堕落之风俗习惯”等语，这根本就是主编的口吻。即使前面的推论都站不住脚，然而像《叙例》这样的重要文章，署名“侠民”而不是“冷血”或“冷笑”，联系《新新小说》的“以侠客为主义”[①]，并将“侠客谈”作为刊物最重要的栏目，而龚子英的笔名恰恰是“侠民”“侠”，如此可以得知龚子英在《新新小说》的地位和作用非同一般，要比汪惟父之于《月月小说》，甚至曾朴之于《小说林》都重要得多，他是《新新小说》的实际主持人、最重要的作者之一，并与陈景韩一起编辑刊物。

关于龚子英的情况，我们现在了解得还非常少。《民国人物大辞典》《中国近现代人物名号大辞典》《续编》等工具书中都找不到他的资料，

① 《〈新新小说〉特白》，《新新小说》第一年第三号（1904 年）。

目前所能见到的回忆文章里也很少有涉及他的。包天笑在《钏影楼回忆录》中说，大约在 1906 年，时报馆楼上设有一个供报界中人憩坐、闲谈的小俱乐部——“息楼”，龚子英是常客，龚子英“单名一个杰字，苏州吴县人，也久居上海了，他是前清的秀才，精于算学。他们世代经营金业，在上海金业界中，亦推巨擘。那时候，他正在上海办一个金业小学堂。他们兄弟四人，他是最小，排行第四。他的长兄龚子瑜是上海汇丰银行的买办，辛亥革命初期，曾一度任江苏财政总长”①；《钏影楼回忆录》又说，龚子英继雷继兴、林康侯、沈叔逵之后，曾作过上海《时报》“本埠新闻”版的编辑，“龚为苏州人，久居上海，为金业学校校长”②。此外，包天笑《钏影楼回忆录续编》中也有辛亥革命以后“本来执业于《时报》的，如雷继兴、林康侯、龚子英等，都纷纷离去”之语③。《上海出版志》第九篇“党政群团”第四章“出版社团”部分关于上海书业商会的介绍文字中有“1905 年，俞仲还、夏颂莱、席子佩等 10 余人发起组织，初借文明小学堂为会所，每星期开会一次，由龚子英拟定简章”之语④。翟春荣硕士学位论文专门研究“息楼”和“息楼中人”，该文认为，“龚杰，字子英，江苏吴县人，秀才。1902 年，与王培孙等创办开明书店。曾任育才学塾教习，创立金业学堂，任《时报》编辑。1905 年加入江苏学务总会，调处纠纷、调查学务。立宪运动中，参与发起宪政研究会。民国初年，担任江苏财政厅厅长”⑤。根据以上材料，我们得知，龚子英名杰，苏州吴县人，出身于金业巨商家庭，为清朝秀才，精于算学，久居上海，曾担任金业小学堂校长，是当时出版界和教育界比较活跃的人物，并曾秘密参与革命。1904 年创办小说期刊《新新小说》，并担任主编。1905 年参与发起组织上海书业商会，并为该会拟定简章。辛亥革命前曾做过上海《时报》的新闻编辑，辛亥革命以

① 包天笑《钏影楼回忆录》“息楼”，香港大华出版社 1971 年版，第 330 页。

② 包天笑《钏影楼回忆录》“《时报》怀旧记上”，香港大华出版社 1971 年版，第 408 页。

③ 包天笑《钏影楼回忆录续编》“回忆毕倚虹 · 一”，香港大华出版社 1973 年版，第 45 页。

④《上海出版志》上海社会科学院出版社 2000 年版，第 1010 页。

⑤ 翟春荣《“息楼”与“息楼中人”——清末上海知识人活动空间与知识人群体的个案考察》，华东师范大学 2010 年硕士学位论文。不过他说龚子英“民国初年，担任江苏财政厅厅长”不确，担任江苏财政厅厅长的是龚子英长兄龚子瑜。

后离开《时报》。以后情况不详。

在中国近代，有很多像龚子英这样的人。他们是当时文化界比较活跃的人物，并且做过一些有成效、有影响的工作，但由于一直未能引起研究界的重视，加之资料缺乏，令人在研究中涉及他们的情况时，往往不知所云，或者以讹传讹，莫衷一是，这实在是一个很大的缺憾。我们既然认为《新新小说》是清末一份影响较大的小说期刊，那么对它的编者及作者问题进行深入探讨和细致分析就应该是极有意义的。基于这种考虑，笔者在此把有关龚子英的零星情况披露出来，希望能抛砖引玉，促进对龚子英及其与《新新小说》关系问题的进一步研究。

三、近代小说家张毅汉生平创作考

清末民初是中国小说的繁盛时期。作品、流派众多，作家辈出。据樽本照雄所编《新编增补清末民初小说目录》和《清末民初小说年表》，1840—1919 年出版的中国小说约有 11 000 种，其中创作小说 8000 余种，翻译小说约 3000 种；小说作者、译者约有 4600 人，除去 1 人使用多个笔名的情况，清末民初的小说作者和翻译者估计在 3000 人以上——这在中国小说史上是从未有过的。近年来，近代小说研究逐渐走向规范和深入，但其中的问题甚至研究空白还相当多，即以作家研究而言，我们目前经常提及的小说家甚至不到总数的 5%，有许多当年相当活跃的小说创作和翻译者至今还没有被纳入研究范围，而张毅汉就是其中有代表性的一位。

张毅汉是清末民初一位非常活跃的小说家，20 世纪前 20 年，他先后翻译和创作小说 130 多种，发表小说理论文章多篇，在作品数量上堪称大家。然而令人遗憾的是，到目前为止，有关张毅汉的资料非常少见，对他的研究基本还处于空白阶段。不仅大部分权威性辞典和专业工具书上看不到张毅汉的名字，而且在中国近现代文学史及有关论著中提及张毅汉的也寥寥无几，即使有也大多语焉不详，甚至以讹传讹。笔者认为，有关张毅汉的记载主要见于包天笑、郑逸梅诸人的回忆文字，而以郑逸梅的记录较为集中。郑逸梅《清末民初文坛轶事·张毅汉提倡语体文》一文中说：

民初的小说家，张毅汉也算得是一员大将。那时，他和包天笑常常合译东西洋小说，出版了好多种单行本。他单独所写的长篇说部，如《藏珠记》、《劫海鸳盟记》等，也受到社会的欢迎。此后天笑辑《小说大观》、辑《星期》，都有毅汉的作品。

毅汉，广东新会人。他的署名，除毅汉外，经常以亦庵作为笔名。前清末年，他由粤东来到上海，就读于工部局西人所设的华童公学，为高材生，中英文考试，都名列前茅。奈公学学费甚昂，他家境窘困，只得半途辍学。为了维持生活，托人在江南制造局谋到一个职位，被派到绘图间学习绘图，可是他觉得整天坐在绘画间里，死气沉沉，太没意味，于是要求调到铁工场去，挥锤锻炼，乐此不疲。他力气很大，工人都推他为能手。局中颇多介绍西方政学哲理方面的书籍，他业余读了，大有启发。这时大家留着发辫，他具有种族革命思想，毅然把发辫剪去。且联络机器间较进步的工人，组织机器业工会，表面上是交流技术，暗地里宣传民族主义，以推翻清廷的封建统治为职责。过了一年，武昌起义，这时他意气奋发，潜邀工友前赴武昌，投充学生军。旋奉部队命令，夜袭清军营垒，夺取机关枪，他奋不顾身，当场击毙守卒数名，缴获枪械很多。辛亥革命后，他仍回上海，在制造局做他的老本行。一方面加入保卫团，荷枪巡逻，维持革命秩序。

二次革命失败，凡武装团体，均被袁世凯勒令解散，他才改变行径，从事写作。他结识了包天笑、周瘦鹃等，以著述及翻译为生涯。一方面又掌教粤东中学，为乡梓培植人才。他教国文（即语文），竭力提倡语体文，他曾提出三个理由：“第一，有许多人读了十年八年书，写出来的东西，仍然不通，因为他们所学艰深的文言文，枉抛了心力，虽然也有能写得声调铿锵的文章，但那是百人中的三四，其余百分之九十以上是白读了。第二，看得懂语体文的人，无论如何总比看得懂文言文的人多，文章写出来，是给人看的，当然看得懂的越多越起作用。第三，语体文接近国语，我国方言复杂，以致地方与地方之间发生隔膜，如果用了语体文，可以帮助口头语的逐渐统一。”

张毅汉虽生长于广东，但能说普通话，又能操沪语及苏白，且说得很流利自然。他善摄影，能通过视觉艺术，掌握物体的纹理、质地等等，是很有讲究的。且能自冲自洗，放大缩小，得心应手。又擅音乐，能撰词作曲，更弹得一手好钢琴，在广座间独奏，博得掌声。还能画油画、水彩画及国画，真是个多面手。

抗战（按：抗日战争）期间，上海沦为孤岛，奴颜婢膝之流很多，他抱着决心，宁可过着极艰苦的生活，也不向敌伪低头。他教人弹钢琴，藉博升斗。及胜利来临，他认为可以有所作为，岂知物价飞腾，米珠薪桂，加之他所赁居的屋子，被屋主仗势逼迁，弄得他无家可归。不得已，便在新闸路某旅馆辟一小室，劝迁妻孥，促地局天，饔飧难继，在山穷水尽之际，乃全家赴港，但他劳瘁多年，已有痼疾，至一九五〇年十一月，一病不起，年五十六岁。[①]

在有关张毅汉生平介绍的材料中，以这篇文章最为详备。然而尽管作者郑逸梅声称当年与张毅汉“颇多交往”，但因该文章系个人回忆性文章，其中难免不够准确、翔实之处，而且对张毅汉的小说翻译和创作情况也涉猎较少。笔者拟以此为基础，对有关张毅汉的问题作一些考证和辨析。

（一）张毅汉就是张其讱

据前引郑逸梅文所言，张毅汉是在1913年二次革命失败后才改变行径，结识了包天笑、周瘦鹃等，以著述及翻译为生涯的。但事实上，张毅汉投身小说事业的时间要远早于这个时候。1908年11月，清末小说期刊《月月小说》第二十二号刊载了一部“短篇小说”《两头蛇》（一名《印度蛇》），署名“张其讱”。对这位“张其讱”，今人多不得其详，如《中国近代文学大系·小说集七》收录《两头蛇》小说，就在作者“张其讱”下注明“作者生平不详”。其实，这里的张其讱就是后来的张毅汉，根据有以下几点。

第一，《两头蛇》小说有“作者前记”曰：“余为一最穷之小学生也。幼而失怙，赖母抚育，教以读书。近年复兼习西学。膳学之资，悉赖寡母著书供给。兹因暑假暇晷，乃作此小说，以预备补下学期所费之不足。是书大旨，为一印度友人所述，其中曲折，间有为小子所点缀，以增广之。

① 《清末民初文坛轶事》，《郑逸梅选集》（第二卷），黑龙江人民出版社1991年版，第227-228页。

知虽对于社会无所裨益，聊资茶前酒后之谈剧，未为不可。广东新会十三龄童子张其讱自记。”据此可知，张其讱为广东新会人，幼而失怙，生活贫困，赖寡母著书供给学费，发表小说时年仅 13 岁，大约是《月月小说》年龄最小的作者。

第二，《两头蛇》小说后又有署名“原”的“编者后记”曰：“长风扇暑，茂树连阴。余方启北窗，手一编，消此永昼。阍者入告有童子请谒。出名刺为张其讱，即令延入。骨相端凝，语言纯谨，一望而知为曾受家庭教育者。询之悉为黄翠凝女史之公子也。幼失父，赖女士十指供学费。得暑假间晷，自撰小说，求鬻于社，言预备下学期之需。余嘉其志而悯其苦，出五星贻之，就原稿修润刊于月报，并志其美以勖其讱。”这段文字中，其讱“幼失父”，赖其母“十指供学费”，以及撰小说为下学期预备学费等都与作者自述相同。值得注意的是，张其讱“为黄翠凝女史之公子也”这一句话，即张其讱的寡母名为黄翠凝。

黄翠凝是广东番禺人，确切生卒年不详，通英文，能创作和翻译小说，活跃于小说界的时间是 1908—1917 年。她以寡妇的身份独力抚养儿子，并以写作为生，是我国最早的职业女性小说家①。黄翠凝先后发表的小说至少有以下 5 种：①“奇情小说”《地狱村》，载《小说林》第九至第十二期，署“［日］雨乃舍主人原译，黄翠凝、陈信芳重译”；②《姊妹花》，上海改良小说社 1908 年版，1909 年再版，列入“说部丛书”；③“侦探小说”《猴刺客》，载《月月小说》第二十一号后“周年纪念大增刊”，署“番禺女士黄翠凝”，该篇后收入上海群学社 1910 年出版的《短篇小说十五种》，列入“说部丛书”；④“言情小说”《牧羊少年》，署“却而斯士著，黄翠凝译”，上海中国图书公司和记 1915 年版；⑤短篇小说《离雏记》，载《小说画报》第七号。

现在的问题是，黄翠凝与张毅汉究竟有没有关系。

第三，包天笑《钏影楼回忆录》《编辑杂志之始》一文中有这样的话：“还有几位女作家，记得一位是张毅汉的母亲黄女士，还有一位黄女士闺友，好像也是姓黄的，她们都是广东人，都能译英文小说，或是孀居，或是未

① 详见黄锦珠《职业女小说家：黄翠凝》，《清末民初女作家小说研究》，台湾里仁书局 2014 年版。

嫁。其时张毅汉（今更名为亦庵）年不过十二三岁，他母亲的译稿常由他送来。”[①]据此可知，张毅汉的母亲姓黄，广东人，孀居，能翻译英文小说，这与张其讱母亲黄翠凝的情况十分相似。当然仅据此还不能确认她就是黄翠凝，而真正能说明问题的是另一条资料。1917 年 7 月，黄翠凝在包天笑主编的《小说画报》第七号上发表短篇小说《离雏记》，包天笑所作“编者前记”曰：“黄翠凝女士者，余友毅汉之母夫人也。余之识夫人在十年前，苦志抚孤，以卖文自给。善作家庭小说，情文并茂。今自粤邮我《离雏记》一篇，不及卒读，泪浪浪下矣。”在这里，包天笑不仅明确指出了黄翠凝是张毅汉的母亲，而且“苦志抚孤，以卖文自给”之语也与前面所说张其讱的家庭情况完全一致。据此，我们可以得出以下两个结论。

（1）张其讱与张毅汉是同一个人，“张其讱”是他童年时的名字，后更名为“毅汉”“亦庵”，不过“其讱”这个名字后来还偶尔用过。例如，发表在包天笑主编《小说大观》第八集上的“侦探小说”《贼习惯》，署名“其讱”；第十一至第十四集上与包天笑合译的“医学小说”《红灯谈屑》，署名“其讱、天笑译”；第十四集上的《吻缘》，署名“其讱”；第十四至第十五集上的《美使驻德笔记》，署名“张其讱译”。

（2）张毅汉开始小说创作和翻译不是在二次革命后，而在清末的 1908 年，这一年他只有 13 岁，处女作是据印度友人所讲故事演述的《两头蛇》。张毅汉写小说是家境贫寒的无奈之举，但这也使他早早踏上小说创作和翻译之路，并极有可能是当时年龄最小的小说作者。

（二）张毅汉与包天笑的合作

提到张毅汉的小说创作和翻译，包天笑是一个至为关键的人物。包天笑是小说家张毅汉的提携者和合作者，对张毅汉的小说生涯产生过重要影响。张毅汉的绝大部分小说发表在包天笑编辑的刊物上，他的 130 余种翻译和创作小说中，有将近一半是与包天笑合作的，署的是两个人的名字。然而，对张毅汉与包天笑当年合作的具体情况，目前已经不得其详。而从仅见的材料看，人们的说法也并不完全一致。

---

① 包天笑《钏影楼回忆录》，香港大华出版社 1971 年版，第 359 页。

照理说，两位当事人对此问题的记述当是最有说服力的，但出于张毅汉的有关文字今天已不易见到，包天笑本人的记述主要有如下几点。

（1）《我与鸳鸯蝴蝶派》一文中说：“毅汉是广东人，少孤，但他的母亲黄女士谙西文，能译小说，卖文抚孤，常托我介绍出版。毅汉后承母业，亦托我介绍，然每退稿，不得已予以润色，并列我名，始获售。我念其穷困苦学，所得悉归彼，而毅汉必欲以所得十分之三归我，至今思之，犹不胜黄垆之痛也。”[①]在这里，包天笑回忆了当年帮助张毅汉的情况，这也是他们最早的“合作”。该文发表于1960年，其时距张毅汉去世已经10年，故言语之中流露出很深的哀痛之情。

（2）《钏影楼回忆录》“编辑杂志之始”中说：“还有几位女作家，记得一位是张毅汉的母亲黄女士，还有一位黄女士闺友，好像也是姓黄的，她们都是广东人，都能译英文小说，或是孀居，或是未嫁。其时张毅汉（今更名为亦庵）年不过十二三岁，他母亲的译稿常由他送来。到后来我屡次办杂志，张毅汉中英文精进，帮助我的译作，实在很多。”据此，张毅汉后来经常“帮助我的译作”，这种方式大约与林译小说的操作工序相似。

（3）《钏影楼回忆录》“编辑小说杂志”中说，“出版《小说大观》（1915年8月——引者注）的时候，已经在辛亥革命以后了。也举办了三年，整整的出了十二巨册。每一册上，我自写一个短篇，一种长篇，此外则求助于友人。如叶楚伧、姚鹓雏、陈蝶仙（天虚我生）、范烟桥、周瘦鹃、张毅汉诸君，都是我部下的大将……而且那时候，创作的小说渐渐增多，不似以前的专靠翻译……惟周瘦鹃及张毅汉两君，都是译作。”[②]在这里，包天笑与张毅汉的合作不再是张毅汉的稿子由包天笑润色后并列署名，而变成了一般意义上的编者与作者的关系，张毅汉成为《小说大观》的主要投稿人之一。

郑逸梅的《张毅汉提倡语体文》中说张毅汉“和包天笑常常合译东西洋小说，出版了好多种单行本”，提到了他们的合作，但只是泛泛而谈。

---

① 《我与鸳鸯蝴蝶派》，转引自魏绍昌编《鸳鸯蝴蝶派研究资料》上卷•史料部分，上海文艺出版社1984年版，第178-179页。

② 包天笑《钏影楼回忆录》，香港大华出版社1971年版，第377页。

而在《琐记包天笑》一文中则说得比较具体："天笑所提携的后进，还有一位张毅汉。毅汉家境困难，颇想卖稿为生，奈其名不见经传，写稿没人采用，天笑爱才成性，毅汉的作品，加上天笑的名字，算是两人合作。又有一单行本《血印枪声记》，两人一同署名，毅汉也就一登龙门，声价十倍，所有稿酬悉数归给毅汉，毅汉对于天笑非常感戴。"[①]这段话可能是根据包天笑《我与鸳鸯蝴蝶派》一文转述过来的，主要讲了三点内容：①包天笑在张毅汉困难时期有意"提携"了这位有才的"后进"；②方式是"毅汉的作品，加上天笑的名字，算是两人合作"；③包天笑把所有稿酬悉数给了毅汉，毅汉对天笑也非常感戴。

相比较而言，栾梅健的记述最为详尽。栾梅健所著《通俗文学之王——包天笑》第七章"通俗盟主"中说：包天笑主编《小说时报》时，张毅汉"还只是一个十二三岁的少年，但经常有翻译的稿件送到《小说时报》来。包天笑见了不觉奇怪，开头询问并不说出实情，到后来张毅汉才说出这些稿件都是他的母亲和另一位女友译作的。他的母亲姓黄，原为广东人，现孀居在上海，而另一女友也姓黄，两人的英文水平都不错，只是中文表达有所欠缺。于是，包天笑加以润色、修改，共同署名为'毅汉、天笑'，在《小说时报》上发表出来。计有长篇《血印枪声记》，短篇《狗之日记》《忏悔》等多种。后来，张毅汉年岁渐大，自己也喜爱创作，竟也成为现代通俗作家中的重要成员"[②]。很明显，这段话是在包天笑《钏影楼回忆录》有关记述的基础上加以敷衍而成的。然而，详尽则详尽矣，问题却也由此而来。

第一，张毅汉往《小说时报》送稿件时，"包天笑见了不觉奇怪，开头询问并不说出实情，到后来张毅汉才说出这些稿件都是他的母亲和另一位女友译作的"，黄翠凝与其女友"两人的英文水平都不错，只是中文表达有所欠缺"，都是揣测想象之词。

第二，黄翠凝"另一女友也姓黄"一句，系根据《钏影楼回忆录》中"还有一位黄女士闺友，好像也是姓黄的，她们都是广东人，都能译英文小

① 郑逸梅《清末民初文坛轶事》，《郑逸梅选集》（第二卷），黑龙江人民出版社 1991 年版，第 169 页。

② 栾梅健《通俗文学之王——包天笑》，上海书店出版社 1999 年版，第 98-99 页。

说”而来，但包天笑只是说“好像”姓黄，栾梅健却坐实为“也姓黄”，其实不准确。包天笑于1906年自山东青州重回上海后，在为《时报》做编辑和写稿的同时还接受曾朴的邀请，到小说林去看稿子，并参与后来《小说林》杂志的编辑工作。包天笑说他在编辑《小说时报》的时候，黄翠凝的译稿常由张毅汉送来，可是我们却发现，《小说时报》上没有登载过黄翠凝一篇作品，这岂不奇怪？根据目前已掌握的资料，黄翠凝的作品最早却是发表在《小说林》上的，这就是根据日译本翻译的“奇情小说”《地狱村》，载《小说林》第九至第十二期，署“［日］雨乃舍主人原译，黄翠凝、陈信芳重译”。《小说林》创办于1907年2月，登载《地狱村》的第九期于1908年2月发行，这正是张毅汉在《月月小说》上发表处女作《两头蛇》的一年，他当时正好13岁。黄翠凝的《地狱村》从第九期到第十二期连载了4次还没有登完，那么译稿至少要有4次送到《小说林》来（实际上可能还要多，由于《小说林》主编徐念慈的突然病逝导致刊物停办，以后的稿子就无法再发出来了）。以当时的情况而言，黄翠凝的《地狱村》译稿应该是由十二三岁的儿子张毅汉分几次送给编辑包天笑，然后在《小说林》上刊出来的。而包天笑所说黄翠凝的那位闺友其实并不姓黄，而应该姓陈，就是与黄翠凝一起翻译《地狱村》的陈信芳。那么，会不会如栾梅健所言，是黄翠凝及其闺友的稿子用张毅汉和包天笑的名字在《小说时报》上发表呢？这种可能性极小。署名“毅汉”的作品最早在《小说时报》上刊出的是《血印枪声记》，载该刊第十三至第十五期（1911年10月6日—1912年4月5日），署“毅汉、天笑译”。可以设想，如果是一个十二三岁孩子的作品，包天笑替他润色、修改，然后共同署名发表，这是可以理解的，但把孩子母亲黄翠凝及其闺友的作品拿来添上自己的名字发表，实在于理不合，何况包天笑既这样做了，为什么后来还要专门提黄女士和她的闺友，并说“他母亲的译稿常由他送来”这些话呢？特别是，1911—1912年的张毅汉不是“十二三岁”，而是十六七岁，据郑逸梅回忆，张毅汉力气很大，是铁工场的做工能手。武昌起义时，他投充学生军，夜袭清军营垒，夺取机关枪，“当场击毙守卒数名，缴获枪械很多”，这不是一个十二三岁孩子能力所及的。因此《钏影楼回忆录》中张毅汉替母亲送稿件之事大约在1908年，不会在1911年以后。至于栾梅健提到的另外两篇小说《狗之日记》和《忏悔》，它们都登载在《小说时报》第二十四期上，这时是1914年，张毅汉已经是一个20岁左右的青年了。所以，1911—1912年在《小说时报》上发表的《血印枪声记》不可能是黄翠凝及其闺友的作品，而应是张毅汉和包天笑第一次合作的成果。以上信息结合起来，使我们有理由认为，包天笑最早结识张毅汉不在《小说时报》，而是在《小说林》，《钏影楼回忆录》的说法属于记忆误差所致，文中所说的黄翠凝那位“大约也姓黄”的闺友实际上是陈信芳。

包天笑生于1876年，大张毅汉20岁。关于他的外文水平，论者多谓“包天笑通日文，在晚清就翻译了许多小说……协助他翻译的常是张毅汉。和林琴南（林纾）同样是意译，竭力避免外国文字的特殊句法，以合中国人胃口；而人情风俗，也要中国化”[①]；“包天笑于英文、法文，开始不懂，后来学习过一段时间，程度也不高，日语较好”，但“水平并不高（特别是其翻译初期）”[②]；“包天笑是自学日文，只有短期访日的经历。他的外文并不好，主要是采用林纾式的翻译操作工序”，“包天笑的译风是与林纾相同的”[③]。这大概是当时的实情。结合包天笑的英文水平和张毅汉的中文水平来看，除了早期包天笑“提携”张毅汉，“毅汉的作品，加上天笑的名字，算是两人合作”外，张毅汉“帮助”包天笑的“译作”，极有可能是张毅汉的英文加上包天笑的中文。但无论怎样，1911—1918年，张毅汉与包天笑合译的小说不断在报刊上登出，数量将近60种，这在中国小说史上是极其罕见的。当然，如果再加探究还可以发现，他们的合作似乎经历了如下三个阶段。

（1）从1911年发表《血印枪声记》到1915年，属于包天笑“提携”张毅汉的阶段。

（2）从1915年8月《小说大观》创刊到1917年底，属于“张毅汉的英文加包天笑的中文”阶段，张毅汉的独立性逐渐显露，并与叶楚伧、姚

① 范烟桥《民国旧派小说史略》，转引自魏绍昌编《鸳鸯蝴蝶派研究资料》上卷•史料部分，上海文艺出版社1984年版，第322-323页。

② 郭延礼《中国近代翻译文学概论》，湖北教育出版社1998年版，第428-429页。

③ 范伯群《包天笑、周瘦鹃、徐卓呆的文学翻译对小说创作之促进》，转引自王宏志《翻译与创作——中国近代翻译小说论》，北京大学出版社2000年版，第225页。

鹓雏、陈蝶仙（天虚我生）、范烟桥、周瘦鹃等人一起成为包天笑“部下的大将”。

（3）从1918年起，张毅汉不再与包天笑合作翻译小说，他的作品几乎全部独立署名。这说明他已基本脱离包天笑的影响，在小说界获得了立足之地，因而与包天笑也就成了一般意义上的朋友和作者与编者的关系。事实上，1918年是张毅汉独立发表作品最多的一年。从1918年起，除包天笑编辑的《小说大观》和《小说画报》外，张毅汉更多的作品刊登在商务印书馆的《小说月报》上，并且地位日见重要。先是参加《小说月报》举办的“小说俱乐部”征文入选（《不可思议》，载《小说月报》第九卷第六号，1918年6月25日），然后是结合名家作品向读者介绍小说的“意义、结构”（“名家短篇小说范作”《化石》，载《小说月报》第十卷第一号，1919年1月25日）、“主意、人物”（“小说范作”《怯》，载《小说月报》第十卷第二号，1919年2月25日）及“设境”（“小说范作”《魔潭》，载《小说月报》第十卷第五号，1919年5月25日）等写作知识，1920年更在“编辑余谈”栏目中发表了《短篇小说是什么》一文（《小说月报》第十一卷第九号，1920年9月25日）。我们知道，1920年是沈雁冰开始主持“小说新潮”栏目、《小说月报》“半改革”（沈雁冰语——引者注）的时候。当时在“编辑余谈”栏目发表文章的只有沈雁冰、谢六逸等5个人，张毅汉即是其中之一。可见在1918—1920年，张毅汉已经成为《小说月报》的重要作者。不过一直到这时，他仍然与包天笑保持了良好的关系，继续在《小说大观》《小说画报》上发表作品。1920年，《小说画报》出版过4册名为“短篇小说”的抽印本，其中收录包天笑小说20篇、叶楚伧1篇、周瘦鹃9篇、姚鹓雏6篇、朱鸳雏2篇、张毅汉12篇、刘半农2篇、徐卓呆8篇、范烟桥1篇、毕倚虹1篇、张碧梧2篇，张毅汉作品的数量仅次于包天笑，他在《小说画报》中的重要地位由此可见一斑。

（三）张毅汉与鸳鸯蝴蝶派的关系

如前所述，包天笑是小说家张毅汉的提携者和合作者，对张毅汉的小说生涯产生过重要影响，张毅汉的大部分作品又主要发表在包天笑主编的《小说时报》《小说大观》《小说画报》等刊物上。包天笑被公认为是鸳鸯蝴蝶派的主将、通俗文学盟主，这几种刊物也被认为是鸳鸯蝴蝶派发表作品的重要阵地。据此，将张毅汉列入鸳鸯蝴蝶派中应该不成问题，然而，令人感到奇怪的是，除包天笑外，张毅汉与鸳鸯蝴蝶派的其他作家几乎没有发生过任何关系。鸳鸯蝴蝶派的金牌刊物《礼拜六》前 100 期上没有刊登过张毅汉的作品，徐枕亚的《小说丛报》、李定夷的《小说新报》上也没有张毅汉的作品发表[①]。“五四”新文化运动之前是这样，之后的情况同样如此。1921 年 3 月 19 日《礼拜六》复刊时，版权页上开列的“撰述者”有天虚我生（陈蝶仙）、王西神、王钝根、朱鸳雏、朱瘦菊、李涵秋、李常宽、陈小蝶、徐半梅、许指严、张碧梧、张舍我、张枕绿、程瞻庐、程小青、叶小凤、刘麟生、刘凤生、刘云舫、刘豁公、严独鹤，绘画者丁悚、张光宇、杨清盘、谢之光，海外通信记者王一之（奥国）、江小鹣（法国）、滕若渠（日本）、傅彦长（美国）共 29 人，其中没有张毅汉。8 月 6 日，《礼拜六》第 121 期封底又开列出《小说周刊〈礼拜六〉撰述者》名单，除朱鸳雏于该年 6 月去世，日本通信记者滕若渠缺席外，其余诸人都名列在上，并且还增加了主编周瘦鹃，以及泣红蕉、吕伯攸、吴灵图、沈禹钟、余空我、范君博、陈范我、赵君豪等 8 人，总人数达到了 36 人。“可以说，当时稍会舞文弄墨的人都在《礼拜六》上留下了痕迹”[②]，但张毅汉也不在其中。

1922 年 7～8 月，鸳鸯蝴蝶派作家曾分别在上海和苏州成立过自己的团体——青社和星社。参加青社的有包天笑、王钝根、周瘦鹃、李涵秋、毕倚虹、何海鸣、胡寄尘、王蕴章等 20 人，其中没有张毅汉。最初参加星社的有赵眠云、郑逸梅、顾明道、范烟桥等 9 人，其中没有张毅汉。1932 年星社举办十周年纪念时，社员增加到 34 人；1937 年星社最后一次聚会时，社员增加到 100 人，张毅汉都不在其中[③]。1927 年 5 月，上海大东书局集中

---

① 这一点可能与包天笑的影响有关。包天笑曾说过，他从未给《礼拜六》投过稿，“徐枕亚直至到他死，未识其人”。详见《我与鸳鸯蝴蝶派》，魏绍昌编《鸳鸯蝴蝶派研究资料》上卷 • 史料部分，上海文艺出版社 1984 年版，第 178 页。

② 范伯群《中国近现代通俗文学史》（下卷），江苏教育出版社 2000 年版，第 576 页。

③ 范烟桥《民国旧派小说史略》，转引自魏绍昌编《鸳鸯蝴蝶派研究资料》上卷•史料部分，上海文艺出版社 1984 年版，第 354-356 页。

出版了严芙孙、何海鸣、张枕绿、张舍我、张碧梧、胡寄尘、赵苕狂、袁寒云、徐卓呆、周瘦鹃、范烟桥、许指严诸人的《说集》，当时鸳鸯蝴蝶派的主要作家几乎全被囊括其中，但其中也没有张毅汉名字。魏绍昌所编《鸳鸯蝴蝶派研究资料》（上卷）收录的史料中，范烟桥《民国旧派小说史略》介绍过张毅汉的短篇小说《金钱就是职业吗》（载《星期》第 2 期），但后来严芙孙等所撰《民国旧派小说名家小史》列出了 66 位作家，其中没有张毅汉；附录“鸳鸯蝴蝶派小说分类书目”中也看不到张毅汉的影子。直到今天，鸳鸯蝴蝶派的研究者同样没有把张毅汉放在眼里。例如，1993 年出版的《鸳鸯蝴蝶派言情小说集萃》“附录二”列出该派主要作家 60 名[①]，袁进所编《鸳鸯蝴蝶派散文大系》附录了鸳鸯蝴蝶派 57 名主要作家的简介，其中也没有张毅汉[②]。由此可见，尽管张毅汉与包天笑保持了长期、良好的合作关系，但却与当时以鸳鸯蝴蝶-礼拜六派为代表的通俗文学阵营没有建立明确联系。其中具体情形如何，尚有待于进一步研究。

（四）从小说家张毅汉到老师张亦庵

张毅汉又名张亦庵，见于郑逸梅《清末民初文坛轶事》中《张毅汉提倡语体文》一文：“他的署名，除毅汉外，经常以亦庵作为笔名”。此外，包天笑《钏影楼回忆录》“编辑杂志之始”中也有“其时张毅汉（今更名为亦庵）年不过十二三岁，他母亲的译稿常由他送来”之语。但张毅汉的作品署名多为“毅汉”“毅”，或者“其切”。清末民初小说中，很少有署名“亦庵”或者“张亦庵”的作品，这是因为 20 世纪 20 年代以后，张毅汉更名亦庵，把主要心思和精力从小说转到了教育事业上，自然也就很难看到张亦庵这个名字了。

据郑逸梅记述，二次革命失败后，张毅汉一方面从事著述及翻译，另一方面又掌教粤东中学，为乡梓培植人才。粤东中学是一所旅沪粤人创办的子弟学校，其前身是广东珠海人卢颂虔于 1913 年创办的培德小学，地点在上海北四川路清云里。1922 年，广肇公所（粤人旅沪团体）接办培德小

① 向燕南和匡长福《鸳鸯蝴蝶派言情小说集萃》，中央民族学院出版社 1993 年版，第 1415-1417 页。

② 袁进《鸳鸯蝴蝶派散文大系（1909—1949）》“闲者的盛宴”，东方出版中心 1997 年版，第 267-278 页。

学，改名上海广肇公学，由卢颂虔续任校长。1933 年，广肇公所拨 4 万元和募捐 36.7 万元，在水电路建造新校舍，改名为粤东中学，1936 年新校舍落成。据说学校规模之庞大，设备之齐全，为当时上海中学中罕见。上海市教育局为此还专门传令嘉奖："该校校舍新建，宽敞合用，设备良好，行政有条不紊，教学合法，训导有方，学生活泼守秩序，成绩斐然。成绩列入甲等。"①

20 世纪 20 年代以后，张毅汉开始投身于教育事业，先后在广肇公学和粤东中学担任教师，成了深受学生喜爱甚至崇拜的张亦庵老师。他主教国文，同时利用自己多才多艺的特点，组织、引导学生学习音乐、美术等课程，多年来为国家培育了不少有用的人才。音乐家黄飞立就是张亦庵在广肇公学时期培养的学生。据说，20 年代的上海广肇公学实行了一种较科学、全面的教育方案，除一般学校课程外，音乐、外语、美术、手工技能等都成了学校教授的对象。"黄飞立是在学校的童子军乐队里逐渐爱上音乐的，张亦庵老师是个乐器的多面手，多才多能的他，凭着对音乐的一腔热忱，成为学校童子军们崇拜的偶像，也成为小黄飞立效仿的榜样。就这样，黄飞立开始了自己的音乐之旅"，"就音乐而言，广肇公学的张亦庵老师才是真正领他走上音乐之路的人"。②

复旦大学陈思和的父亲也是张亦庵的学生。陈思和在给柳珊专著《在历史缝隙间挣扎——1910—1920 年间的〈小说月报〉研究》写的书评中提到，他的父亲因在中学里受到一位教师影响而走上从文道路，那位教师名叫张亦庵。据陈思和父亲回忆，张老师多才多艺，能弹琴作曲，又能绘画，他组织学生办刊物《蓓蕾》，第一期的封面是他亲自画的，图为一个孩子手擎一支花朵。他教学生们如何木刻、如何印刷、如何编辑。他患了很严重的哮喘，但一骑上摩托车，照样生龙活虎地带领学生参加童子军的军事演习。父亲受张老师的影响，毕业后编过刊物和报纸，张老师替他约稿，

① 虹口区志编纂委员会编《上海地方志•区县志•虹口区志》第三十四编"人物"，http://www.shtong.gov.cn/node2/node4/node2249/node4418/node20229/node62973/node63632/userobject1ai52537.html[2017.12.23]。

② 韩辉丽《挥舞一个无悔人生——指挥家、教育家黄飞立》，《音乐生活》2003 年第 9 期。

撰稿者有包天笑、严独鹤、周瘦鹃等①。

汪曾祺曾在《金岳霖先生》一文中说过这样的话：一个人一生哪怕只教出一个好学生，也值得了。张亦庵是一个好老师，在广肇公学和粤东中学任教期间，不知教出了多少好学生，可惜由于资料缺乏，今天已经无从统计了，不过我们真的应该对这位身患痼疾却对教育事业充满热忱的好老师致以深深的敬意。陈思和说，他自从听了父亲关于张亦庵老师的讲述后，"读书时总在留意张亦庵其人，好像也无甚收获。这次读柳珊的论文，她明白无误地查证，在《小说月报》上发表了许多小说理论、翻译和创作的张毅汉，就是我苦苦寻找的张亦庵。而且她从郑逸梅老人的回忆里搜集的关于张亦庵的描述，与父亲的回忆留在我印象里的张亦庵完全相同，解决了我心头的一大悬案。其实张毅汉的文章我早读过，郑老先生也拜访多次，竟没有想到把张亦庵联系起来，真是惭愧煞也"②。

（五）张毅汉20世纪20年代以后的活动

从1918年开始，张毅汉的大部分作品发表在商务印书馆的《小说月报》上。在此后的两年间，他逐渐成为《小说月报》的重要作者，当时几乎每期刊物上都有张毅汉的名字出现。但自1921年沈雁冰（茅盾）担任主编起，《小说月报》上就再也没有张毅汉的影子了。对当时的情况，茅盾后来在《革新〈小说月报〉的前后》一文中介绍说，1920年底，商务印书馆接受《小说月报》主编王蕴章（莼农）的辞呈，决定由沈雁冰主持革新《小说月报》。沈雁冰提出要先了解刊物的存稿情况，然后再提办法，结果"我和王莼农一谈，才知道他那里已经买下而尚未刊出的稿子足够一年之用，全是'礼拜六派'的稿子。此外，已经买下的林译小说也有数十万字之多。于是我向高梦旦（时为商务印书馆编译所所长——引者注）提出，一是现存稿子（包括林译）都不能用，二是全部改用五号字（原来的《小说月报》全是四

① 陈思和《一份填补空白的研究报告——评柳珊〈1910—1920年间的《小说月报》研究〉，《文学报》2005年3月3日。

② 同①。

号字），三是馆方应当给我全权办事，不能干涉我的编辑方针”[①]。商务印书馆全部接受了这三条意见。于是，从1921年第十二卷起，《小说月报》彻底改天换地，文学研究会成员成为刊物的核心力量，包括张毅汉在内的“旧面孔”一下子销声匿迹了。《小说月报》改革在中国文学史上具有的里程碑意义自不待言，但随着《小说月报》的全面改革，张毅汉结束了其小说事业的黄金时代。一个显著的证明是，《小说月报》改革以后，商务印书馆应鸳鸯蝴蝶派作家的要求，于1923年1月创办了《小说世界》周刊，该刊由叶劲风、胡寄尘编辑，《小说月报》的老作者几乎都在这里发表过作品，但张毅汉只有一个短篇《黄金偶像》登出。此后，张毅汉将主要时间和精力投入到教育事业中，尽管还有文学作品陆续问世，但数量已大不如前。20世纪20年代以后张毅汉的创作和翻译情况究竟如何，由于资料所限，如今还无法列出比较详细的目录，目前所能查阅到的主要有：①在张光宇、严谔声编辑的《滑稽画报》（1919年10月创刊）发表论文《审美》；②在包天笑编辑的《星期》周刊（1922年2月—1923年3月）上发表《男女同学》《讣闻》《敌》《金钱就是职业吗》《箫》《生儿的报偿》等作品；③在叶劲风、胡寄尘编辑的《小说世界》周刊（1923年1月5日—1929年12月）上发表短篇小说《黄金偶像》；④在周瘦鹃编辑的《良友》月刊（1926年2月25日创刊）上发表小说《红色的豆腐》；⑤在《艺术界》（1926年1月15日—1927年11月）上发表论文《木刻图画》；⑥出版画册《略画范本》，1936年版，署“张亦庵绘，上海中央书店印行”，32开，162页；⑦在1942年11月1日创刊的《大众》月刊上发表过小说作品。

除此之外，张毅汉是中国早期的摄影家，被称为“摄影艺术的先驱者”，还是中国早期的木刻家，在1942年11月25日成立的中国木刻作者协会中，他是7位常务理事中的一员[②]。20世纪20年代末30年代初，张毅汉还做过《文华画报》和《文华艺术月刊》的文艺编辑。《文华画报》（1929年8月－1933年10月），月刊，上海好友艺术社出版，总编辑为梁鼎铭，

① 茅盾《回忆录——三》，《新文学史料》（第三辑），1979年第5期，第71页。

② 《上海美术志》编纂委员会编《上海美术志·美术机构与美术社团·民国时期创设者》http://www.shtong.gov.cn/node2/node2245/node73148/node73154/node73182/node73816/userobject1ai86901.html[2017.12.23]。

图画编辑为梁雪清，文艺编辑则是张亦庵。《文华艺术月刊》（1929 年 8 月—1935 年 6 月）也由上海好友艺术社出版，上海文华美术图书印刷有限公司发行，绘图编辑为梁鼎铭、梁雪清，文艺编辑为赵苕狂，后改张亦庵。张毅汉做过刊物编辑，在学校里组织学生办刊物，并且替编刊物的学生向包天笑、严独鹤、周瘦鹃等名家约稿，直到 30 年代，他与当时文艺界的关系还是比较密切的。

关于张毅汉的其他情况，郑逸梅《清末民初文坛轶事·张毅汉提倡语体文》一文中谈得较为详细，并且基本可信。例如，关于在武昌起义时投充学生军之事，张毅汉本人就有过明确的记述。《小说画报》第 11 号（1917 年 11 月）刊载“天笑、毅汉同述”的短篇小说《指环》，由张毅汉讲述他的战友徐良弼杀清兵之事，其中就有“辛亥年的冬天，我在湖北充当学生军”“那时我不过十六岁”等语。除此之外，还有以下两点值得注意。

一是多才多艺，张毅汉“虽生长于广东，但能说普通话，又能操沪语及苏白，且说得很流利自然”；“善摄影”，“又擅音乐，能撰词作曲，更弹得一手好钢琴”；“还能画油画、水彩画及国画”。关于这一点，王锦南所作《小说家别传·张毅汉先生》一节文字也可以提供佐证：

> 张毅汉先生 君粤人而能吴侬软语。好学不懈，为小说家中最肯用功之一人。精横行文字，擅图画，工八法，多才多艺，洵难得之材也。平时不轻言笑，惟侪辈之以学问相切磋者，则罄其所知以陈，未尝有所隐讳。体格极强健，遇不平事，辄勇赴不少馁。某夕散步于黄埔滩，瞥见一碧眼儿拳击一苦力，君操英语诘之，声色俱厉，彼夷卒辞穷逸去云。①

而好学不懈、体格强健及为人刚勇正直等特征也与郑逸梅的记述相合。

二是张毅汉“劳瘁多年，已有痼疾，至一九五〇年十一月，一病不起，年五十六岁”，至于他得的“痼疾”到底是什么，郑逸梅文没有指明，但看陈思和父亲的回忆，张毅汉得的“痼疾”应该是哮喘，后来极有可能也是死于哮喘。

有关张毅汉的情况大致如上。其中有些问题，如毅汉在广肇公学和

① 王锦南《小说家别传·张毅汉先生》，《游戏世界》1922 年第十四期。

粤东中学期间的具体情况，抗日战争及战后的生活情况等，由于资料缺乏，目前尚难以说得很清楚。不过，张毅汉一生的大致轮廓已基本可见，这就是：

张毅汉（1895—1950），原名其讱，又名亦庵，广东新会人，幼年失怙，赖寡母黄翠凝抚育长大。先入上海工部局所办华童公学求学，13岁在《月月小说》上发表短篇小说《两头蛇》（一名《印度蛇》），署名“张其讱”。后因家庭贫困，辍学到江南制造局谋生，16岁参加武昌起义。辛亥革命后仍回上海，在制造局做工，同时从事文学活动。自1908年至20世纪20年代，先后发表翻译和创作文学作品130余种（前期多与包天笑合作），多数为翻译小说。张毅汉多才多艺，善摄影、音乐、绘画，民初曾在广肇公学和粤东中学执教。抗战后因生活所迫迁居香港，1950年11月在香港病逝，终年56岁。

尽管有关张毅汉的问题还不能完全考证清楚，但可以确定的是，张毅汉不仅是清末民初的小说大家，而且是一位好老师，中国早期的摄影家、音乐家和木刻家。这样一位多才多艺的文学家，却在中国近现代文学史上被埋没了，这确是一件遗憾的事情。

四、《读红楼梦诗》作者朱瓣香生平创作小考

在中国古代小说中，《红楼梦》无疑是最引人关注的。自其诞生之日起，历代文人对它的吟咏评点就层出不穷。近人柴萼说：“红楼词，予所见者，都十六种，俱皆藻思轶群，绮芬溢楮，其他如王雪香之评赞，卢半溪之竹枝词，绿君女史之七律，冯庚堂之律赋，杨梅村之时文，封吉士之南曲，愿为明镜室主人之杂记，无不借题发挥，情文交至。”[①]据一粟《古典文学研究资料汇编·红楼梦卷》，自清朝乾隆年间至民国初年，至少产生过3000首题咏《红楼梦》的诗词[②]，形成了蔚为壮观的题红、咏红、评红诗系列，在红学史上颇为引人注目。朱瓣香《读红楼梦诗》即是一组产生于清

① 一粟《古典文学研究资料汇编•红楼梦卷》，中华书局2004年版，第411页。

② 一粟《古典文学研究资料汇编•红楼梦卷》，中华书局2004年版，第2页。

朝道光年间的评红之作，但无论对组诗还是作者，一直都很少有人提及。

《读红楼梦诗》刊载于上海清华书局发行的《小说季报》第一集“报余丛载”栏目，题《四悔草堂诗草别存》，署“漱芳朱瓣香遗著”。《小说季报》是民初文人徐枕亚于1918年创办的一份文学季刊，16开大铅印本，徐枕亚担任主编兼发行人，何其愚任校订，上海清华书局发行，主要作家有吴双热、许厪父、俞天愤、贡少芹、徐卓呆等。内容以登载小说特别是短篇小说为主，兼及诗词、杂记、稗史等，先后刊载《孤岛哀鹣记》《何物老妪》《逸乎劳乎》《文妒》《禅花梦影》等著译短篇小说30篇，《还娇记》《让婿记》等长篇小说 7 部，《读红楼梦诗》《史绎》《无双谱》《近史野获》等“报余丛载”4 题，此外还有《枕亚诗钟》《枕亚文虎》，蕉心的《譬轩琐录》，郑逸梅的《梅庐闲拾》《梅庐剩墨》，蒋箸超的《箸庐随笔》等杂记若干。共发行四集，至1920年停刊。

关于朱瓣香的生平事迹，目前可见的资料很少。陈玉堂《中国近现代人物名号大辞典》云：

> 朱光照（1854—1918，一作1924）江苏或浙江人（？）。字漱芳，号佛光，别号瓣香，室名四悔草堂（有《四悔草堂诗草别存·读红楼梦诗》），载1918年8月上海《小说季报》，署作“漱芳朱瓣香遗著”，一作四悔堂，自号四悔草堂主人、四悔堂主人。[①]

但此说法并不准确。清人陆以湉著有记述清及清以前文人学者行状的笔记《冷庐杂识》。《冷庐杂识》中有两处关于朱瓣香的记载，其卷四“朱瓣香词”云：

> 山阴朱瓣香同年守方，才藻绝俗，登第后遽下世。尝于秋夜枕上戏咏“声”字，用独木桥体作《醉太平调》词十二解，殊有别情，漫录于此。[②]（下略）

卷八“竹夫人”云：

> “保抱携持，朕不忘五夜之宠；辗转反侧，尔尚形四方之风。”宋李公甫所作《竹夫人封词》也，工妙鲜匹。朱瓣香同年又仿《毛

① 陈玉堂《中国近现代人物名号大辞典》（全编增订本），浙江古籍出版社2005年版，第213页。

② 陆以湉《冷庐杂识》，中华书局1984年版，第220页。

颖》、《革华》之例，作《倚玉山房夫人鲍玲珑传》，有云：[①]（下略）

据此，朱瓣香名守方，浙江山阴（今绍兴）人，与陆以湉是同年。陆以湉（1801—1865），字敬安，号定圃、冷庐，浙江桐乡人[②]，道光丙申年（1836年）进士，曾任台州府教授、杭州府教授，后矢志向医，著有《冷庐杂识》《甦庐偶笔》《冷庐医话》等[③]。查《明清进士题名碑录索引》知，陆以湉是道光丙申年恩科二甲赐进士出身，朱守方是三甲赐同进士出身，确为同科进士，当时同科中知名者还有何绍基、胡林翼等[④]。由此可见，《冷庐杂识》的记载应该属实。又据江庆柏《清代人物生卒年表》，朱守方字漱芳，号瓣香，浙江山阴人，生于嘉庆四年（1799 年），卒于道光十六年（1836年）[⑤]，这与《冷庐杂识》中"登第后遽下世"的说法也正好吻合。此外，朱瓣香《读红楼梦诗》第五卷末有"门人傅元凯"和"红杏村人王衍梅"、"雪舫邬鹤徵"及"悔山"的题诗若干首。其中，王衍梅（1776—1830），字律芳，号笠舫，浙江会稽人，嘉庆十六年（1811 年）进士，有《绿雪堂遗稿》[⑥]；邬鹤徵（1781—1849），字雪舫，浙江山阴人，诸生，有《吟秋楼诗钞》十二卷[⑦]。王衍梅和邬鹤徵二人均生于乾隆后期，主要活动在嘉庆道光年间。既然他们能给《读红楼梦诗》题诗，那么应为朱瓣香同时代人或为瓣香后人，因此朱瓣香《读红楼梦诗》的问世绝不会晚于嘉庆道光后。《小说季报》所载《四悔草堂诗草别存·读红楼梦诗》第五卷末有瓣香自跋，中有"自己卯腊八芳辰，几次推敲，述（疑为"迨"——引者注）壬午秋三时候，抚兹笔墨，深惜阴迁；念我年华，已成壮悔"[⑧]等语，据此可知，这组诗大约始作于嘉庆二十四年己卯腊八（1820 年 1 月 23 日），至道光二年壬午（1822 年秋）方撰成。根据以上材料，笔者基本可以得出以下三条结论：①《读红楼梦诗》的作者朱瓣香应为浙江山阴人朱守方，而非如《中

① 陆以湉《冷庐杂识》，中华书局 1984 年版，第 426-427 页。

② 江庆柏《清代人物生卒年表》，人民文学出版社 2005 年版，第 422 页。

③ 方春阳《中国历代名医碑传集》，人民卫生出版社 2009 年版，第 899 页。

④ 朱保炯和谢沛霖《明清进士题名碑录索引》，上海古籍出版社 2006 年版，第 2796 页。

⑤ 江庆柏《清代人物生卒年表》，人民文学出版社 2005 年版，第 149 页。

⑥ 钱仲联等《中国文学大辞典》，上海辞书出版社 1997 年版，第 1211 页。

⑦ 柯愈春《清人诗文集总目提要》，北京古籍出版社 2002 年版，第 1150 页。

⑧《小说季报》第一集（1918 年）"报余丛载"。

国近现代人物名号大辞典》所说的生活在清末民初的“朱光照”；②《读红楼梦诗》作于嘉道之间，而非如今人所说“于光绪初年历数载而成”[①]；③朱守方是道光丙申年进士，登第后不久即去世，故《小说季报》所载《读红楼梦诗》题“漱芳朱瓣香遗著”。

朱守方的著作，除《四悔草堂诗草别存》外，尚有：①《瓣香外集》一卷，署“清 朱守方”，有光绪元年乙亥（1875 年）山阴平步青安越堂刻本；②《四悔草堂外集》十一卷，署“朱守芳”（应为“方”——引者注），有会稽徐氏铸学斋钞藏本，《粹芬阁书目》著录[②]。

除此之外，朱瓣香的作品，如《冷庐杂识》所载之独木桥体《醉太平调》，《倚玉山房夫人鲍玲珑传》以及《清词综补》卷四十所录《金缕曲》之类，应还有不少存世，可惜限于资料，尚不能做全面的勾稽整理。

需要特别指出的是，以往的评红著作多以抄本传播，或由书局刊印，但高昂的制作成本使许多作品“养在深闺人未识”，限制了红学研究成果的传播和交流。近代文学报刊的勃兴为红学的发扬光大提供了十分便捷的平台。《读红楼梦诗》约完成于 1822 年，可能除了朱瓣香个人及几个朋友外很少有人知道，直到近百年后借助《小说季报》才得以公之于世，这就是一个很好的例子。根据现在所掌握的资料，近代首先在报刊上征集评红作品并且计划设置专栏出版专集的是 1907 年创刊的《小说林》杂志，其第 11 期《敬告爱读〈红楼梦〉诸君》云：

> 我国旧小说以《红楼梦》为第一。其中深文奥义，命名记时，甚至单词片语，篇章句读，每每人执一词，家腾一说，津津乐道之。然未有辑成专书者。本社敬告爱读诸君，苟有发明之新考据、新议论、新批评、新理想，不论长篇短札，以及单词只义，请寄交本社发行所。《小说林报》中专设“《红楼梦》丛话”一门，择优登载之。俟积久成帙，即精印单行本，分赠投函诸君，以酬雅意，幸勿吝教。

虽然后来因刊物主编徐念慈突然辞世导致《小说林》停刊，这个计划未能

① 傅天《咏红诗略谈》（中），《红楼梦学刊》1996 年第 3 期，第 213 页。

② 柯愈春《清人诗文集总目提要》，北京古籍出版社 2002 年版，第 1420 页。

实现，但后面的文学期刊继承了这一传统。例如，徐枕亚在《小说月报》第三卷第四期至第十二期（1912—1913 年）发表《红楼梦余词》，沈慕韩在《小说丛报》第一年第二期至第三年第三期（1914—1916 年）发表《红楼百咏》，西神（王蕴章）在《小说海》第一卷第二号（1915 年）刊出《红楼谈屑》，朱作霖在《小说新报》第一年七期至第十二期（1915 年）发表《红楼文库》等皆是。这些都表明，近代传播媒介和方式的进步，使得文学传播的速度更快、影响范围更广，其结果必然大大促进了包括《红楼梦》在内的文学研究的兴盛。可以想见，假如没有《小说季报》主编徐枕亚的慧眼，朱瓣香《读红楼梦诗》能否广泛行世都很难说，更不用说在红学史上产生影响了。因此，《小说季刊》刊载《读红楼梦诗》可看作近代中国报刊业与文学事业密切关联互相促进的一个典型范例。

五、《金瓶梅》续书《金屋梦》若干问题摭议

小说名著的续衍是中国小说史上的一个重要现象，也是中国小说史研究的重要课题之一。自明末清初以来直至民国时期，《红楼梦》《水浒传》《三国演义》《西游记》《金瓶梅》《七侠五义》《彭公案》《施公案》《儿女英雄传》《官场现形记》等有代表性的小说作品都有续书问世，甚至一续再续，直到十几集。《金瓶梅》的续书，据传最早者为《玉娇李》，已佚；后有《续金瓶梅》《隔帘花影》《金屋梦》比较知名，“而后两种是前一种的删改本，故名为三书，实为一流”[①]。

《金屋梦》凡六十回，为编者据《续金瓶梅》，并参照《隔帘花影》重新删改而成的《金瓶梅》续书。到目前为止，关于这部小说的研究成果还比较少，说明在“金学”研究中关于《金瓶梅》续书的研究还不够充分和深入，还有很多问题值得进一步探讨。现根据所掌握的资料，将有关《金屋梦》的几个问题分述于下，以期抛砖引玉，促进对这部小说及《金瓶梅》续书的研究。

（一）《金屋梦》刊行情况回顾

晚清以降，随着近代新闻出版事业的蓬勃发展，小说的载体和传播方

① 黄霖《金瓶梅续书三种》“前言”，齐鲁书社 1988 年版。

式发生了重要变化，绝大多数作品在报刊上登载或者首先在报刊上连载而后出版单行本。产生于民国初年的《金屋梦》同样如此。民国四年（1915年）二月，上海《莺花杂志》创刊号上开始连载《金屋梦》，后即由莺花杂志社抽印成12册铅印本，分别于1915年和1916年出版。

作为续书特别是《金瓶梅》的续书，自民国以来，《金屋梦》的印行一直深受小说续书特别是《金瓶梅》研究的影响。因为清初刘廷玑等的影响，学术界对续书的评价历来不高，研究也很少，因此续书的出版印行也就显得很寥落。20世纪80年代以后，小说续书逐渐引起学界的关注，先后出版了李忠昌的《古代小说续书漫话》（辽宁教育出版社1992年10月版）、赵建忠的《红楼梦续书研究》（天津古籍出版社1997年版）、高玉海的《明清小说续书研究》（中国社会科学出版社2004年版）、王旭川的《中国小说续书研究》（学林出版社2004年版）、段春旭的《中国古代长篇小说续书研究》（上海三联书店2009年版）等一批重要研究成果。与此相适应，80年代以后，小说续书的印行也相应进入比较繁荣的时期。事实上，小说作品的印行既是小说研究的基础，又是小说研究的结果，两者相辅相成、互为因果。续书也不例外。相比较之下，《金屋梦》受《金瓶梅》研究的影响更为明显。1932年，不同于通行崇祯本的万历间刻本《金瓶梅词话》在山西介休县被发现，1933年古佚小说刊行社出版《金瓶梅词话》，这极大地激发了学术界对《金瓶梅》研究的热情，郑振铎的《谈金瓶梅词话》（1933年）、吴晗的《金瓶梅的著作时代及其社会背景》（1934年）等一系列重要成果先后问世，《金瓶梅》续书也随之受到关注，如成立于1932年的上海春明书店在印行《金瓶梅》的同时，又于1935年开始印行《金屋梦》，到1937年5月已至少印行了6版。中华人民共和国成立后直到“文化大革命”结束，《金瓶梅》研究陷入停顿，除了文学古籍刊行社于1957年出版过用于特殊目的的《金瓶梅词话》外，国内几乎看不到任何有关《金瓶梅》的公开出版物，《金屋梦》的出版自然更不会被提上日程。20世纪80年代开始，随着改革开放与思想解放运动的兴起、西方现代人文科学成果的传入，以及境外《金瓶梅》研究成果的译介，全国各种《金瓶梅》研究会相继成立，《金瓶梅》研究进入全面繁盛的时期。在这种背景下，《金瓶梅》及其续书也受到社会的青睐，各家出版社争相出版《续金瓶梅》、

《隔帘花影》、《金屋梦》（当然其中不乏出于经济效益考虑，打着“禁毁”“艳情”“典藏”“秘本”等旗号以耸动世人眼目者），这种热潮一直持续到90年代后期“金学”研究渐趋消歇转入理性反思的阶段。就笔者所知，《金屋梦》刊本较有代表性的有以下几种：①“醒世小说”《金屋梦》，交通图书馆民国十年（1921 年）重校再版印行；②“秘本奇书古佚小说”《古本金屋梦》全二册，署“编辑者梦笔生 校点者萍飘室主”，上海春明书店民国二十四年（1935 年）版；③“明末清初小说选刊”《金屋梦——又名：续《金瓶梅》》，署“清·紫阳道人撰 朱眉叔、雷锦校点”，春风文艺出版社 1988 年 4 月版；④《金瓶梅续书三种》，署“（清）丁耀亢著 陆合、星月校点”，齐鲁书社 1988 年 8 月版。

（二）《金屋梦》改编者孙静庵

《莺花杂志》创刊于 1915 年 2 月，为月刊，孙静庵、胡无闷编辑[①]，上海新中华图书馆发行，1915 年 2—5 月出版 3 期，终刊时间不详。《金屋梦》首先在上海《莺花杂志》上连载，其卷首有该刊编辑孙静庵所撰“识语”一则（单行本去掉了“静庵”署名），其中有“有书估携旧抄本说部求售，署名《金屋梦》，著者为梦笔生。……急以重价购之，稍稍润色，以饷阅者”等语，黄霖先生说“可见此书实由他据《续金瓶梅》，并参照《隔帘花影》重新删改而成”[②]，这一判断也为学界所认同。

再补充一点。《金屋梦》“识语”有“著者为梦笔生”之语；其第六十回末又叙，南宋孝宗末年临安西湖丁野鹤（紫阳道人）坐化时留下遗言，说五百年后，又有一人名丁野鹤，是我后身，来此相访。“后至某年某月某日，果有东海一人，名姓相同，自称梦笔生，未知是否。”据此，则似乎真有一个叫“梦笔生”的小说作者，其实这里的“梦笔生”，不过是小说编者对《金瓶梅》特别是《续金瓶梅》中“三降尘寰”故事的套用和改

① 胡无闷，女，孙静庵如夫人，生平不详，在《莺花杂志》上发表《闺秀诗传》、《历朝宫词汇录》、《香艳诗话》、《北雅正音谱》、《凝香楼臆乘》、《凝香楼外史》、《曲史》、《梨园琐志》（含《笛谱》、《舞史》）、《闺秀年谱》等。另著有《凝香楼奁艳丛话》四卷，传奇《玉管姻》、《章台柳》等。《章台柳》连载于《大共和日报》民国三年（1914 年）三月一日至六月二日，署“胡无闷女士”。

② 黄霖《金瓶梅续书三种》“前言”，齐鲁书社 1988 年版，第 20 页。

造。《金瓶梅》第一百回末即有“三降尘寰人不识，倏然飞过岱东峰”的诗句，而在《续金瓶梅》第六十二回，梦笔生插入了一段神仙丁令威三次转世的故事，把这个“三降尘寰”的故事坐实了：

> 再讲一段仙家因果，一脉相传，在五百年前的精气，如投胎合体一般，岂不奇怪。当初东汉年间，辽东三韩地方，有一邑名鹤野县，出了一个神仙。在华表庄，名丁令威，学道云游在外，久不回乡。到了晋末，南北朝大乱，辽东为乌桓所据，杀亡大半，人烟稀少。忽然华表石柱上，有三丈余高，落下一只朱顶雪衣的仙鹤来，终日不去，引得左近人去观看，他也不飞不起。那些俗子村夫，还将砖石弓矢去伤他的，他安然不动，那砖石弓矢也不能近他，人人敬他是仙人托化，来此度人。果然到了八月中秋，半夜子时，长唳一声，化一道人歌曰：“有鸟有鸟丁令威，去家千岁今来归。城郭如故人民非，何不学仙冢累累。”向街头大叫，说：“五百年后，我在西湖坐化。”后来南宋孝宗末年，临安西湖有一匠人善于锻铁，自称为丁野鹤。弃家修行，至六十三岁，向吴山顶上结一草庵，自称紫阳道人。庵门外有一铁鹤，时有群儿相戏，说谁能使铁鹤飞去就是神仙。只见丁道人从旁说：“我要骑他上天，等我叫他先飞，我自骑去。”因将手一挥，那铁鹤即时起舞，空中回旋不去。丁道人却向庵中沐浴一毕，留诗曰：“懒散六十三，妙用无人识。顺逆两相忘，虚空镇常寂。”书毕，盘足而化。群儿见丁道人骑鹤过江去了。至今紫阳庵有丁仙遗身塑像，又留下遗言说：“五百年后，又有一人，名丁野鹤，是我后身，来此相访。”后至明末，果有东海一人，名姓相同，来此罢官而去，自称紫阳道人。未知是否，且听下回分解。

两相比较可以看出，《续金瓶梅》里的“后至明末，果有东海一人，名姓相同，来此罢官而去，自称紫阳道人，未知是否”，在《金屋梦》中变成了“后至某年某月某日，果有东海一人，名姓相同，自称梦笔生，未知是否”。我们知道丁野鹤（紫阳道人）是《续金瓶梅》的编写者，而民国初年的“梦笔生”绝不会与明末清初的丁野鹤为一人。由此可见，《金屋梦》中的“梦笔生”不过是小说改编者根据《续金瓶梅》搬演捏造的一个人名，真正的改编者应该就是《莺花杂志》的编辑孙静庵。

孙静庵是清末民初较有影响的文士，其生平事迹见冯自由的《兴中会时期的革命同志》[①]，但言之甚为简略。近年来，随着资料的不断发现，人们对孙静庵的生平经历和创作情况开始有了较多的了解。

孙静庵（1876—1943），名寰镜，字静庵（又作静菴），别号民史氏、寰镜庐主人，室名栖霞阁，江苏无锡石塘湾（在今无锡惠山区）人。1900年离家赴上海，1904 年加入兴中会，任《警钟日报》主笔，与章太炎、蔡元培、柳亚子等过从甚密，又与南社主要成员陈去病共同创办《二十世纪大舞台》杂志，并任记者。在《二十世纪大舞台》发表章回小说《新水浒》二回、杂剧《安乐窝》第一出“唱歌”及《鬼磷寒》第一出“陷城”。《二十世纪大舞台》第二期所载“本社待刊书籍”中，有寰镜庐主人译著《血泪花》《一线天》，著《桃花扇演义》。可惜由于刊物被清政府查封，未及刊出。辛亥革命时，孙静庵参与了武昌起义。1912—1913 年，孙静庵在上海《大共和日报》发表笔记小说《（寰）镜庐野乘》《松窗漫笔》《栖霞阁笔记》《江湖异人录》，小说《楷理亚复国记》《女儿魂》《第五弦》《晨星记者》等。1915 年 2 月，与夫人胡无闷女士创办《莺花杂志》，发表小说《金屋梦》，以及《驻凤村》（刊《莺花杂志》第一期）、《烟花阱》（刊《莺花杂志》第二期）。此外的著述尚有《明遗民录》（上海新中华图书馆 1912 年铅印本）、《栖霞阁野乘》（上海中华图书馆 1913 年 10 月排印本）、“劄记小说”《夕阳红泪录》（上海中华图书馆 1913 年 5 月铅印本）、《清宫秘史》（大共和日报社 1914 年石印本）等。后在家乡无锡提倡创办戏馆业，又创办园艺研究所，为无锡地区较早从国内外引进和推广多种名贵花木。1943 年卒于无锡。[②]

需要提及的是，孙静庵还是红学史上早期索隐派的代表人物之一，其《栖霞阁野乘》“《红楼梦》包罗顺、康两朝八十年之历史”云：“吾疑此书所隐，必系国朝第一大事，而非徒纪私家故实。谓必明珠家事者，此一孔之见耳。”孙静庵认为，《红楼梦》说贾政父亲名代善，而代善是礼烈

---

① 冯自由《革命逸史》第三集，中华书局 1981 年版，第 115-116 页。

② 唐海宏《孙寰镜生平及著述略考》，《玉溪师范学院学报》2015 年第 6 期，第 50-54 页。

亲王之名。黛玉名字取下半黑字与玉字结合，去四点，成“代理”二字。“代理者，代理亲王之名词也。”宝玉非人，指玉玺；“袭人”二字拆开是龙衣人。宝钗与黛玉争夺宝玉，当指康熙末年允禩等人夺嫡事。而且，“此书所包者广，不仅此一事，盖顺、康两朝八十年之历史皆在其中”[①]。尽管这种“索隐方法尚未成熟，仅仅将以往索隐派从小说中寻求一段家事的做法，转变为在小说中寻找某种支离的情绪，能与反清情绪相符合而已”[②]，但《栖霞阁野乘》问世要比王梦阮和沈瓶庵的《红楼梦索隐》（上海中华书局1916年版）、蔡元培的《石头记索隐》（1916年开始在《小说月报》连载，1917年结集出版），以及邓狂言的《红楼梦释真》（上海民权出版部1919年版）早好几年，反映了清朝灭亡之后《红楼梦》研究注重政治索隐，对清人统治进行反思和清算的逻辑理路，在红学史上应占有一定的地位。

（三）《金屋梦》“凡例”探考

作为依附小说文本而存在的原始文献，通俗小说的“凡例”对小说的创作主旨、题材内容、语言风格，以及编辑或刊刻特色等，都有比较简要的交代和说明，对我们认识和研究小说具有较高的史料价值。《金屋梦》“凡例”共九则，分别为：

> 一、是编紧接《金瓶梅》一百回编起。本阴阳鬼神以为经，取声色货利以为纬。大而君臣家国，细而闺壸婢仆，兵火之离合，桑海之变迁，生死起灭，幻入风云，果因禅宗，寓言亵昵，而其旨一归之劝世。
>
> 二、唐人纪事则藻绮风云，元人说海则借谈神鬼，虽快麈谈，无稗风化。是编则假饮食男女讲阴阳之报复，因鄙夫邪妇推世运之变迁，涤淫秽而入莲界，拔贪欲以返清凉，不堕狐弹，不落俚障。
>
> 三、是编以漆园之幻想，阐乾竺之真宗；本曼倩之诙谐，为谈天之炙毂。齐烟九点，须弥一芥，元会姿其笔底，鬼神没于毫端。大海蜃楼，空中梵阁，为古今未有之奇书。可作语怪小说读，

① 孙静庵等《栖霞阁野乘 国闻备乘》，重庆出版社1998年版，第30-31页。

② 李虹《索隐派述评》，《红楼梦学刊》2005年第6辑。

可作言情小说读，可作社会小说读，可作宗教小说读，可作历史小说读，可作哲理小说读，可作滑稽小说读，可作政治小说读。

四、小说以《水浒》、《西游》、《金瓶梅》三大奇书为宗，概不宜用之乎者也等句。近现时作，半有书柬活套，似失演义正体。是编一切不用，间有采用四六等句法仿唐人小说者，亦即时改入白话，不敢粉饰寒酸。

五、小说类有诗词。《金瓶梅》名为词活，多用旧曲。今因题附以新词，较之他作颇多佳句，不至有腐俗鄙俚之病。

六、从来小说往往托兴才子佳人，缠绵烦絮，剌剌不休，耳目间久已尘腐。是编独构异样楼阁，别见玲珑，脱尽窠臼。

七、是编悲欢离合皆从世情上写来，件件逼真。间有一二点缀处，亦不过借为金针之度。字义庸浅，期于雅俗同喻，不敢以深文自饰，得罪大雅。

八、《金瓶梅》中年月故事或有不对者。如应伯爵已死，今言复生，"曾误传其死"一句点过。前言孝哥已十岁，今言七岁离散出家，无非言幼小孤孀，存其意不无小失也。客中并无前集，迫于时日，故或有小错，观者略之。

九、《金瓶梅》止于西门庆一家妇女酒色饮食言笑之事，是编附以朝廷君臣、忠佞贞淫、大奸大恶，如尺水兴波，寸山起雾，客多主少，别是一格。

由于是《续金瓶梅》的改编本，所以《金屋梦》的"凡例"基本上在《续金瓶梅》序文及"凡例"的基础上割裂改窜而成。例如，《金屋梦》"凡例"第一条袭用了西湖钓史《续金瓶梅序》后半段的文字，第二条和第三条的前半段文字截取了烟霞洞苋道人《续金瓶梅序》的文字并稍作改动，第四条、第五条、第八条、第九条分别从《续金瓶梅后集凡例》第二条、第四条、第五条、第七条中照搬过来，只在文字上稍作了调整。这原是十分正常的事情，但让人感到疑惑的是，《金屋梦》"凡例"第六条"从来小说往往托兴才子佳人"、第七条"是编悲欢离合皆从世情上写来"竟然袭用了清初世情小说《快心编》"凡例"第二和第一条的内容。《快心编》原署"天花才子编辑，四桥居士评点"，而《金瓶梅》续书《隔帘花影》

亦有署“四桥居士谨题”的序文一篇。那么，这两个“四桥居士”是什么关系？柳存仁怀疑他们是一个人[①]；四桥居士与《隔帘花影》是什么关系？孙楷第推断他就是小说的编写者[②]。目前这两个推测已基本被研究界认同，即《快心编》的评点者“四桥居士”与给《隔帘花影》作序的“四桥居士”是一个人，《隔帘花影》系四桥居士在《续金瓶梅》的基础上删改而成。这样就产生了另一个问题，孙静庵参照《隔帘花影》编写《金屋梦》，难道还要专门去找四桥居士评点的《快心编》做参考吗？“难道孙静庵所据之本，确与署名‘天花才子编辑，四桥居士评点’的《快心编》有着某种瓜葛吗？尚待进一步研究。”[③]

《金屋梦》“凡例”第三条有“可作语怪小说读，可作言情小说读，可作社会小说读，可作宗教小说读，可作历史小说读，可作哲理小说读，可作滑稽小说读，可作政治小说读”等语，这其实算是清末小说界的主流话语。自1902年梁启超创办《新小说》，发表《论小说与群治之关系》以来，“小说界革命”风起云涌，借小说以救国和用西方文学观念比附小说的言论层出不穷，成为当时小说界的流行语。例如，“欲革新支那一切腐败之现象，盍开小说界之幕乎？欲扩张政法，必先扩张小说；欲提倡教育，必先提倡小说；欲振兴实业，必先振兴小说；欲组织军事，必先组织小说；欲改良风俗，必先改良小说”（陶祐曾《论小说势力及其影响》，《游戏世界》第十期，1907年）；“吾国之小说，莫奇于《红楼梦》，可谓之政治小说，可谓之伦理小说，可谓之社会小说，可谓之哲学小说、道德小说”（侠人《小说丛话》，《新小说》第十二号，1904年）；“吾尝谓《水浒传》，则社会主义之小说也；《金瓶梅》，则极端厌世之小说也；《红楼梦》，则社会小说也，种族小说也，哀情小说也”（天僇生《论小说与改良社会之关系》，《月月小说》第一年第九号，1907年）。《金屋梦》“凡例”中掺入这类话语，显示出鲜明的时代特色，它们既延续着晚清“小说界革命”的余响，也表现了编者孙静庵对作品思想内容的高度期许，而更重要

① 柳存仁《伦敦所见中国小说书目提要》，书目文献出版社1982年版，第214页。

② 孙楷第《中国通俗小说书目》，人民文学出版社1982年版，第134页。

③ 黄霖《金瓶梅续书三种》“前言”，齐鲁书社1988年版，第20-21页。

的是，我们可以从中见出中国小说题材类型观念的演进情况。我国古代通俗小说的题材大抵不出讲史、世情、神怪三个类型。《新小说》是我国第一份近代小说期刊，其创刊伊始，就拟定登载历史、政治、哲理、科学、军事、冒险、探侦、写情、语怪，以及札记体、传奇体共 11 类小说，实际刊出 15 类。从此以后，几乎所有的文艺杂志都标出了小说类型，而且越来越多，至 1915 年创刊的《小说大观》，所开列的小说类型竟多达近 50 种，而各类出版机构在书名前面冠以“××小说”也成为一时的惯例。例如，1910 年上海环球书局印行《碎琴楼》标“言情小说”，1915 年上海交通图书馆印行《金屋梦》标“醒世小说”等。小说题材类型的增加，标志着小说家审美视野的扩大和对小说文体特征认识的深化，在小说史上具有重要意义。从此种意义上说，《金屋梦》“凡例”第三条也为我们认识和研究中国小说的转型提供了比较有价值的史料。

（四）《金屋梦》的时代特征及意义

按照通行的说法，《金屋梦》产生在清朝覆亡之后，因此编者可以不避反清情绪的笔墨，地名、人名等悉照原本，恢复了《续金瓶梅》中有关宋金战争的描写，仅删去了《续金瓶梅》中若干迷信说教的文字。不过需要说明的是，《金屋梦》之不避反清情绪恢复有关宋金战争的描写，除了时代因素影响外，其实也与改编者孙静庵的思想有密切关系。孙静庵是晚清革命志士，1904 年加入兴中会，同年在《二十世纪大舞台》第一期上发表的杂剧《安乐窝》《鬼磷寒》均为反清之作。《安乐窝》以女丑扮演慈禧，谴责她穷奢极欲，不管人民死活的罪行；《鬼磷寒》以净作满装扮演曼殊国亲王，带数万如狼似虎之兵，攻城略地，奸淫烧杀，影射满人入关，明室覆亡。这在当时是冒极大风险的。也是因为这个缘故，集中登载表现反清情绪作品的《二十世纪大舞台》刚出了两期，就被清政府封杀了。此后，孙静庵的编著《桃花扇演义》《明遗民录》《栖霞阁野乘》《夕阳红泪录》《太平天国人物志》等，其实都是这一思想的延续，正如其自述《明遗民录》的编辑目的：“黍油麦秀，箕子亡国之痛；铁马金戈，放翁中原之梦。搜彼井史，发扬国光；昭垂直笔，有美必扬，以供当世爱国诸君子采览焉。”[①]由此可见，《金屋梦》之恢复有关宋金战争的描写，固然有清朝灭亡可以无所顾忌的原因，但孙静庵一以贯之的民族思想也是一个非常重要的推动因素。

还有一个问题很值得注意。晚清时期出现了一大批新鲜别致的小说，它们大都袭用古典小说名著的书名，而冠以一个“新”字，如吴趼人的《新石头记》、陆士谔的《新三国》、西泠冬青的《新水浒》、冷血的《新西游记》、大陆的《新封神传》、萧然郁生的《新镜花缘》、治逸的《新七侠五义》等即是。据吴泽泉统计，这些小说的数量约 30 种[②]。这类小说中的角色多是原著中读者熟悉的人物，所写的故事却是这些作者所处的 20 世纪初的现实。人物是旧的，环境是新的，是这类小说的共同特征。阿英称这类作品为“拟旧小说”[③]，欧阳健名之为“翻新小说”[④]，并逐渐被学术界所接受。

在这些小说中，还有一种是“翻新”《金瓶梅》的，这就是题署“作者：慧珠女士，编辑者：天绣楼侍史”的《新金瓶梅》。慧珠女士生平不详[⑤]，除《新金瓶梅》外，尚著有《最近女界现形记》十一集四十五回，有上海新新小说社 1909—1910 年排印本；《女界现形记》五集二十回，汇通信记书局出版。此外，慧珠女士还是《最近官场秘密史》的校点者和《最近女界秘密史》的评点者，是清末几年里比较活跃的小说家。《新金瓶梅》四卷十六回，有上海新新小说社 1910 年排印本，标“家庭小说”。小说将故事场景由黄河流域的清河搬到了长江流域的上海，叙西门庆家资富足，身为高官，其妻吴月娘假文明自由之名，放荡淫欲，将原书中西门庆与吴月娘二人的贞淫彻底颠倒了过来，颇有《玉娇李》之写“西门庆则一呆男子，坐视妻妾外遇”的意味，而又赋予了“改良风俗”“家庭教育”

---

① 《孙静庵先生致本社记者钱芥尘书》，《大共和日报》1912 年 4 月 9 日。转引自左鹏军《晚清民国传奇杂剧考索》，人民文学出版社 2005 年版，第 191-192 页。

② 吴泽泉《晚清翻新小说考证》，《中国社会科学院研究生院学报》2009 年第 1 期，第 81-82 页。

③ 阿英《晚清小说史》，人民文学出版社 1980 年版，第 177 页。

④ 欧阳健《晚清“翻新”小说综论》，《社会科学研究》1997 年第 5 期。

⑤ 吴泽泉根据田若虹《陆士谔小说考论》（上海三联书店 2005 年版）中关于“天公”为陆士谔的推断，认为慧珠女士极有可能是陆士谔夫人李友琴，见吴泽泉《晚清翻新小说考证》（《中国社会科学院研究生院学报》2009 年第 1 期，第 80 页），但笔者认为证据还不够充足。

等新的时代内容，所谓“将原书旧有人物随意妆点附会，以描写晚清社会生活”[①]。

其实，早在1904年，孙静庵就在《二十世纪大舞台》上发表过《新水浒》二回，标“英雄小说”，说的是某亡国之君落难破败寺院，与一和尚恶斗，被女侠夜光珠所救，方知自己是九五之尊，重新振作起来。尽管内容平平，但孙静庵的这部《新水浒》与白话道人（林獬）的《新儒林外史》（《中国白话报》第十七、二十一至二十四期连载，1904年）都可算作晚清“翻新小说”的开风气之作，其对后来此类小说的影响是不言而喻的。那么，既然在清末几年里有过一个“翻新小说”创作的高潮，并且也出现过《新金瓶梅》这样的“翻新”之作，而孙静庵又是“翻新小说”的始作俑者，可是当他十年后着手编写《金屋梦》时，为什么不去创作一部“翻新”的《金瓶梅》呢？这是一个很复杂的问题，其中的原因比较多，如孙静庵本人的时间精力所限、兴趣不同等，也包括《金瓶梅》这样题材的小说不容易“翻”得很好，慧珠女士的《新金瓶梅》就被人贬为“将原书旧有人物随意妆点附会，东拼西凑，虽写晚清社会生活，但忽视艺术概括与人物性格刻画，在晚清小说中亦为末流之作”[②]。但是还有一个很重要的原因，那就是相对晚清而言民初小说风气的重大转变。清末十年间的小说界真可谓轰轰烈烈，但基本上笼罩在“小说界革命”的影响下。尽管当时也有人发表修正甚至批评梁启超“小说救国论”的文章，但大家一致认为小说具有改良社会、开启民智的巨大作用，普遍强调小说的政治和启蒙效用，小说创作以政治小说特别是在政治思潮影响下产生的社会小说为主，而其他如历史、言情、教育等类型的小说也大都具有强烈的政治或启蒙意识。但随着辛亥革命的胜利，清王朝被赶下历史舞台，“革命”目标的消失，使“小说界革命”的号召失去了存在的基础；而民初政局的动荡黑暗，也使梁启超借小说救国的神话不再为世人所信从，因此在清末小说界一直占主要地位的密切关注现实，以讽刺、谴责腐败官场和世俗生活为题材的社会小说数量锐减，民初几年里知识分子对小说的关注和重视程度已远不及从前。梁启

① 陈大康《中国近代小说编年》，华东师范大学出版社2002年版，第278页。

② 刘世德和石昌渝《中国古代小说百科全书》，中国大百科全书出版社1997年版，第615页。

超在 1902 年就创作过政治小说《新中国未来记》，描绘中国成为“共和国”若干年之后的美好图景，但当“共和国”真正建立以后，反倒没有人再去写这类小说了。小说家陆士谔就是一个很好的例子。陆士谔在清末四五年间一口气创作了 50 余种社会小说，其中包括《新三国》《新水浒》《新野叟曝言》《新孽海花》等一批“翻新小说”，并在《新中国》（又名《立宪四十年后之新中国》，上海改良小说社 1910 年排印本）中着力描绘“立宪”40 年后“新中国”发生的翻天覆地变化——国家独立、经济繁荣、科学发达、法制健全、社会文明、国力强盛，而且还准确预言在上海举办“万国博览会”（即我们今天说的“世博会”）。但辛亥革命以后，“翻新小说”几乎在一夜之间销声匿迹，而陆士谔也把小说创作的重心放到了历史小说和剑侠小说上面，先后出版了《青史演义》《七剑三奇》《血滴子》等多部小说。政治及社会思潮的显著变迁，对小说风气的转移产生了巨大影响，民初已经不再是写“翻新小说”的时代了，因此孙静庵改编《金屋梦》自然也就不会再走清末社会小说家的老路，更何况他这时候已经把主要精力放在了编撰《明遗民录》《栖霞阁野乘》《夕阳红泪录》《江湖异人录》《清宫秘史》《太平天国人物志》等一类历史著作上去了。

小说续书既是对原著的演绎阐释，又可以看作对原著主旨、艺术特征等问题的解读和研究。不同时代的续书都会不同程度地体现那个时代的政治、经济、文化、风俗特征，其中包含有很多有价值的资料和信息。即使被斥为“狗尾续貂”的末流之作，也具有重要的小说史意义，不应被轻视甚至忽视。很多看似粗陋简单似乎不值得专门花力气研究的续书，其实都是小说史研究绕不过去的话题。事实上，我们对小说续书的研究才刚刚开始，随着研究心态和视角的进一步调整，研究手段和方法的不断优化，相信这一领域会给我们的小说史研究提供足够的帮助。这一点对全部小说续书来说如此，对《金屋梦》来说更是如此。

第五章　近代报刊视野下的小说实践（下）

一、《新小说》之“新”——内容与特色

1902 年，梁启超在日本横滨创办了小说杂志《新小说》，象征了一个文艺杂志的时代已经来临。以《新小说》的创刊为标志和起点，20 世纪初期的小说家正式实践“小说界革命”的主张，大量引进域外小说，并创作出一大批内容、风格与传统小说迥异的“新小说”，从而形成报章小说盛极一时的崭新局面。作为我国第一份近代化的小说期刊，《新小说》在办刊宗旨、运作方式及内容形式诸方面都体现出鲜明的时代特征，它集中反映了“小说界革命”的实绩和不足，并对“新小说”的理论建设和创作实践发生过重要影响，套用梁启超当年常用的一个句式，可以说欲认识“新小说”，必自《新小说》始。那么，《新小说》的主要内容和特色是什么呢？它究竟“新”在哪里呢？

（一）鲜明的“新民”意识和强烈的政治功利色彩

从诞生的第一天起，《新小说》就不是一份纯文学刊物，而带有明显的政治目的和强烈的功利色彩。《新小说》创刊前三个月，《新民丛报》第十四号上刊出署名“新小说报社”的《中国唯一之文学报〈新小说〉》，其第一条即明确表示：“本报宗旨，专在借小说家，以发起国民政治思想，激励其爱国精神。”刊登在《新民丛报》第二十号“绍介新刊”中的《〈新小说〉第一号》也以“振国民精神，开国民智识”作为“今日提倡小说之目的”。在《新小说》创刊号“论说”栏刊出的“小说界革命”的纲领性文章《论小说与群治之关系》一文中，梁启超更是大声疾呼：“欲新一国之民，不可不先新一国之小说”；“今日欲改良群治，必自小说界革命始。

欲新民，必自新小说始”。所谓“新民”，在梁启超等看来，就是“振国民精神，开国民智识”，通过思想启蒙，“提高大众的政治觉悟，促进‘科学的’思维方式，以及暴露抨击社会弊端”[①]，从而达到改良社会、救亡图存的目的。在这一思想指导下，梁启超对19世纪七八十年代流行于日本的政治小说情有独钟。早在1898年9月，他在流亡途中就翻译了柴四朗的政治小说《佳人奇遇》，并在《清议报》上专辟“政治小说”栏目，连载了《佳人奇遇》和《经国美谈》两部著名的政治小说，大力倡导译印政治小说，甚至不惜夸大其词，宣称“彼美、英、德、法、奥、意、日本各国政界之日进，则政治小说为功最高焉”[②]。受日本政治小说的启发，梁启超还长期酝酿自己创作一部政治小说，这就是《新小说》第一号开始刊载的《新中国未来记》。梁启超说：“《新小说》之出，其发愿专为此编也。”[③]为发表一部小说而去创办一个刊物，可见政治小说在其心目中地位之尊贵。虽然《新小说》刊载的政治小说只有《新中国未来记》和《回天绮谈》两部，并且都没有完成，但由于政治小说在《新小说》创刊伊始就居于主导地位，故其影响也深深渗入其他小说中。历史小说如《洪水祸》《东欧女豪杰》，社会小说如《二十年目睹之怪现状》《九命奇冤》，科学小说如《海底旅行》等，可以说都是政治小说影响下的产物，并与政治小说一道构成《新小说》最重要、最有特色的内容。就连明显供人娱乐的侦探小说，也被作为了当时中国暗无天日的司法制度的对照。而且，这种影响在戏曲、歌谣、杂记等其他栏目中也可明显看出。传奇如《警黄钟》之“警黄种之钟”[④]，广东戏本如《黄萧养回头》之“为同胞，除灾祸，开民智，厉民气民权”，剧本如《班定远平西域》之“提倡尚武精神”[⑤]，杂歌谣如《爱国歌》《出军歌》《庚子时事杂咏二十二首》，游戏文章如《老学究叩阍记》《守旧鬼传》，杂记、杂录如《燕市劫华录》《豪杰指南》等，甚至连小说的评点文字，都使这份

① 曹淑英《“新小说”的兴起》，转引自米列娜编、伍晓明译《从传统到现代——世纪转折时期的中国小说》，北京大学出版社1991年版，第24页。

② 《译印政治小说序》，《清议报》第一册（1898年）。

③ 《新中国未来记·绪言》，《新小说》第一号（1902年）。

④ 《警黄钟传奇序》，《新小说》第九号（1904年）。

⑤ 《班定远平西域·例言》，《新小说》第十九号（1905年）。

刊物带上了鲜明的改良群治的“新民”色彩。就其表现形式而言，真可谓“明目张胆、连篇累牍”，诚如杨义所言，“它的不少小说、论文，甚至一些戏曲、歌谣，字里行间都洋溢着政治文学的英雄主义气息”①。

鲜明的“新民”意识，强烈的政治功利色彩，使《新小说》及其所刊登的作品带有明显的时代特色，与传统小说在内容、形式上有了显著的区别。

首先，依照梁启超的说法，《新小说》是为了发表政治小说而创办的，所谓“政治小说者，著者欲借以吐露其所怀抱之政治思想也”②。既然创作小说的目的即在于“发表区区政见”③，“以稗官之异才，写政界之大势”④，那么，作者在处理政治与小说艺术的关系时，必然要将政治置于决定性的位置，以政治内容决定小说形式，形式服从于内容，甚至不惜为政治宣传而牺牲作品的文学价值。政治小说“说穿了，不过是政治家把政论文的内容改写成小说，编派几个虚构人物，制造几段故事情节，让人物有机会代替作者发言，宣传作者的政治主张”⑤。因此，在政治小说中，经常可以看到大段的法律、章程、演讲、论辩，这一特点在梁启超的《新中国未来记》中表现得也相当突出。《新中国未来记》被整个纳入“孔觉民演讲近世史”的叙述框架中，形式上属于演讲体⑥。其第二回中载有宪政党章程九章二十五节中的八节内容及其“治事条略”总纲和八个子目，第四回又将美国圣弗朗西斯科《益三文拿报》上登载的《满洲归客谈》全文译出，第五回又将一大篇海内同志的名单罗列出来。特别是第三回中，主人公黄克强与李去病就中国革命与改良的问题反复辩驳达四十四次，合一万六千余言，这些都已与传统的小说体制明显不合。对此，梁启超也有自知之明，“此编今初成两三回，一覆读之，似说部非说部，似稗史非稗史，似论著非论著，不知成何种文体，自顾良自失笑”，然而，他却并不以此为病，“虽然，

① 杨义等《中国新文学图志》，人民文学出版社 1996 年版，第 12 页。

② 《中国唯一之文学报〈新小说〉》，《新民丛报》第十四号（1902 年）。

③ 《新中国未来记·绪言》，《新小说》第一号（1902 年）。

④ 梁启超《本馆第一百册祝辞并论报馆之责任及本馆之经历》，《清议报》第一百册（1901 年）。

⑤ 夏晓虹《觉世与传世——梁启超的文学道路》，上海人民出版社 1992 年版，第 213 页。

⑥ 详参欧阳健《晚清小说史》，浙江古籍出版社 1997 年版。该书将《新中国未来记》的体裁概括为“展望体”“讲演体”“论辩体”“游历体”“现形体”“近事体”六种。

既欲发表政见，商榷国计，则其体自不能不与寻常说部稍殊”[①]。政治第一，艺术第二，当新的政治内容与小说的旧形式发生矛盾时，改革旧形式以适应新内容，遂成了梁启超们毅然决然的选择。在小说中插入大量政论，借创作小说来为政治服务，在明末清初的时事小说中已露端倪，至晚清新小说更臻于极致。这种做法固然可以借小说的“易传行远”收到一定的效果，但这是以牺牲小说的本体属性作为前提的，“在突破了‘旧小说之体裁’限制的同时，它也破坏了小说体裁自身的独立、完整的艺术性”[②]。对此，当时即有人提出过尖锐的批评：“以大段议论羼入叙事之中，最为讨厌。读正史纪传者无不知之矣。若以此习加之小说，尤为不宜。有时不得不作，则必设法将议论之痕迹灭去始可。……不然，剌剌不休，竟成一《经世文编》面目，岂不令人喷饭？”[③]“近时之小说，思想可谓有进步矣，然议论多而事实少，不合小说体裁。”[④]不能否认，议论、章程等非情节性内容大量进入小说，其代价是显而易见的，即小说极有可能因此而不再像是小说，甚至出现像《闺中剑》这样论文集式的政治小说[⑤]。对这种情况，梁启超是这样解释的，他说政治小说“著书之人，皆一时之大政论家，寄托书中之人物，以写自己之政见，固不得专以小说目之”[⑥]。事实上，尽管依照政治理念创作的小说总给人以一种“若说是正经书，却毕竟是小说样子”，“但要说他是小说，他却件件都从经传上来”[⑦]的不伦不类的感觉，但它毕竟对传统小说以情节为中心的叙事模式形成了一定的冲击，从而在形式上具有某种革新的意义。正如夏晓虹所说，作为我国第一部政治小说和第一部理想小说，“《新中国未来记》的创作为中国小说开辟了一块新天地，带来

---

① 《新中国未来记•绪言》。

② 夏晓虹《觉世与传世——梁启超的文学道路》，第 72 页。

③ 别士《小说原理》，《绣像小说》第三期（1903 年）。

④ 俞佩兰《女狱花•叙》（1904 年），转引自陈平原、夏晓虹编《二十世纪中国小说理论资料》1997 年新 1 版。

⑤ 《闺中剑》系亚东破佛（彭俞）的创作，于 1906 年由上海小说林社出版，全书共分六章，各章标题分别为：第一章，教育为振兴主义；第二章，算术系各科学之起点；第三章，德性为自强之精神；第四章，尚武之基础在闺阃；第五章，论天与人之关系；第六章，天然恋爱之醇正。

⑥ 《文明普及之法》。

⑦ 蔡元放《东周列国志读法》。

了一种新类型”[①]。

其次，在梁启超等看来，除了依靠政治宣传外，“新民”“改良群治”还向国人灌输哲理科学，促进“科学的”思维方式，是又一条重要的途径。因此，《新小说》创刊伊始，就设立了哲理、科学小说栏目，分别刊登了《世界末日记》和《海底旅行》两部作品，意在“专借小说以发明哲学和格致学”[②]。罗普说：“中国理想的小说如《西游记》《镜花缘》之类，幻造境界，却也不少，只是没有科学的根柢，其言便无益于世，西人杰作所以不可及也。”[③]更有人从小说类型建设的角度提出“输入政治小说、侦探小说、科学小说”来补救中国小说“喜录陈言”的不足[④]。基于这样的认识，《新小说》中的大部分作品，无论科学、哲理，还是其他类型的小说，都力求具有鲜明的学理特色，注意随时给人以科学的启蒙，所谓“此书特色在随处将学术政法原理横插叙入，令人读过一通得了许多知识”[⑤]，“此种近事随处补叙，故读一书便胜如读数十种书，处处拿些常识教给我们，《小说报》之擅长正在此点”[⑥]等，都是这种设想的体现。例如，《新中国未来记》第四回在“讲到俄国撤兵这件事吗，那里算得是撤，不过掩耳盗铃，挪动一挪动罢了。从前《喀希尼条约》《巴布罗福条约》……”一段下有“著者案”曰：“喀希尼者，前俄国驻扎北京公使；巴布罗福者，前俄国署理公使。光绪二十二年，李鸿章与喀氏定第一次中俄密约。廿四年，总理衙门与巴氏再订条约，各国报纸皆以此二使之名名其约。”历史小说《东欧女豪杰》第四回写晏德烈闹学堂、骂教习，滔滔两千多字，“将千年来世界进化大势和盘托出”，评者赞曰：“一部汗牛充栋的泰西历史缩在半叶数十行里头，真是才大如海。”[⑦]再如，冒险小说《水底渡节》在叙及潜水艇中的“引擎”时，译者周桂笙专门加入一大段注文予以介绍：

① 《觉世与传世——梁启超的文学道路》，第64-65页。

② 《中国唯一之文学报〈新小说〉》（《新民丛报》第十四号，1902年）。

③ 《海底旅行》第九回眉批，《新小说》第三号（1903年）。

④ 定一《小说丛话》，《新小说》第十五号（1905年）。

⑤ 《东欧女豪杰》第三回谈虎客眉批，《新小说》第三号（1903年）。

⑥ 《新中国未来记》第四回扪虱谈虎客批，《新小说》第三号（1903年）。

⑦ 《东欧女豪杰》第三回谈虎客眉批，《新小说》第三号（1903年）。

按引擎（*engine*）乃机器之主动者也，其所以能运动，则端赖蒸汽力耳。惟向之蒸汽，一皆取给于煤，故锅炉愈大，蒸汽愈足，马力愈巨，而用煤亦愈多，其所占之地位亦愈广……今则不然，举凡鱼雷艇、潜水艇等各种新式利器，悉皆改用新发明之气油机，而从此煤炭可少用矣。近今上海等处，道路往来之自行四轮车，亦用气油运动，俗呼电气车者盖误。至其详细功用，余别有译篇以明之。①

介绍这样浅显的科学知识对周桂笙来说并非难事，但他能够将这大段的科普知识加到小说翻译当中，这应该不会是仅仅为增加篇幅或趣味，而只能使我们相信，他希望使读者在阅读小说的过程中获得科学的启蒙。

与此相联系，新小说家在介绍学理的同时，又特别强调作品题材来源的真实可靠，尤其是遇有重大问题或读者不熟悉的事件，每每引经据典，表明并非作者杜撰。例如，《新中国未来记》第四回叙述黄克强、李去病从欧洲回国，取道旅顺、大连调查，铺中一老头告以民众苦痛，著者于此处加“按语”道：“以上所记各近事，皆从日本各报纸搜来，无一字杜撰，读者鉴之。”此外，该书还对俄国在我国东北驻兵的情况作了很详尽的记录，并加“著者案”说“此乃最近事实，据本月十四日路透电报所报”；又引美国《益三文拿报》载议员波占布恩《满洲归客谈》一文，披露哥萨克兵糟蹋中国人之事，再加“著者案”说“此段据明治卅六年一月十九日东京《日本》新闻所译，原本并无一字增减”。在这里，梁启超在表明自己言出有据的同时，又充分发挥了报刊可以及时采集近事入小说的优势，使《新中国未来记》具有了鲜明的新闻性。又如，雨尘子《洪水祸》从第二回起，在每一回的回末都列有“附记”，说明小说所记述事件的材料来源，如“列格尔生平籍贯履历，据羽化生《列格尔小传》”（第二回）、“莫理拔欲重荐列格尔，以其为外国人，为新教徒，不便遽引为财政大臣，先设一官，称会计总督以处之，据西皮《法国革命史》”（第三回）等。显然，这种为《新小说》作者经常采用的手法其实是对中国古代小说“据实敷陈”或“依史演义”传统的继承和发展，其目的在于通过提供“事实”来打动读者，使他们由相信作品的情节内容进而认同作品的思想观念，从

① 《新小说》第十八号。

而达到“新民”的目的。关于“虚”与“实”的关系问题，在中国小说理论史已经讨论了几百年，但无论怎么说，“事太实则近腐”[①]，“文学之性，宜于凌虚，不宜于征实”[②]，缺乏虚构意识的小说，充其量只能成为“世宙间之大账簿”[③]，即使可以与经史并传，但究竟难于列入艺术巨制之林，无论是出于“羽翼信史”的考虑，还是为了“改良群治”，所以侠人说“故科学小说，终不得在小说界占第一席”。

（二）集中输入域外小说

日本学者中野美代子说过：“虽然中国很早就掌握了航海术，但主要是内河航运比较发达，而外海航行并不发达。沿沙漠行进直达西方的丝绸之路，带来了以佛教为最的异国文化。与此相比，东方的海却并未给中国文明增添任何新内容。通过海路所运送的，主要是中国向日本、向东南亚单方面的输出品。因此中国人对海的认识充其量不过是护卫处于世界中心的中华帝国文明能够不让蛮族染指的天然屏障。”[④]这话虽不免武断，但还是有一定道理的。中国古人对海外世界认识的局限，在小说中有着非常明显的反映。中国小说自产生之日起，就基本处于一种自立自足的状态之中，除佛教外，与异域文化接触很少，更谈不上对域外小说的大规模引进和借鉴了。在中国古代并非没有述及海外世界的小说，但基本处于《西游记》《西洋记》和《镜花缘》的水平，无中生有，妄诞不实，表现出作家对域外世界相当程度的漠视和无知。《新小说》甫出，即明确表示：“本报所登载各篇，著、译各半。”[⑤]其第一号“图画”栏所登的第一张照片即为“俄国大小说家托尔斯泰像”，摆出了一副鲜明的开放姿态。此后，《新小说》又陆续刊出英国大文豪摆伦（拜伦）、法国大文豪嚣俄（雨果）（第二号），比利时大词曲家觅打灵（梅特林克），西班牙大词曲家伊芝加利（第七号），欧洲大诗人——德国人舍路拉（席勒）、德国人哥地（歌德）、英国人斯

---

① 明·谢肇淛《五杂俎》。

② 侠人《小说丛话》，《新小说》第十三号（1905年）。

③ 明·陈继儒《叙列国志》。

④ 中野美代子著、若竹译《从小说看中国人的思考样式》，北京十月文艺出版社1989年版，第17页。

⑤ 《中国唯一之文学报〈新小说〉》。

利（雪莱）（第十四号），英美二小说家麦提安（马克·吐温）、仮布灵（萧伯纳）（第二十二号），以及俄国二历史小说家孙奇威士（波兰人显克微支）、米列哥士奇（梅列日科夫斯基）（第二十三号）等外国文学艺术家的照片。在《新小说》所刊登的55幅人物风景画中，外国的占了绝大部分，取材于中国的风景照仅“北京故宫北海全景”一张（第九号），人物照片仅“清太后那拉氏”一张（第十三号），仅占全部图画总数的不足4%。其所刊载的小说，科学、哲理、冒险、侦探、语怪、法律、外交、写情、奇情诸门，全部是翻译小说。刊载创作小说的仅政治、历史、社会、札记四个栏目，而其中又有近一半是取材于外国史事的作品。在《新小说》所刊载的26种小说中，翻译小说15种，占总数的58%；而创作小说仅11种，占总数的42%。在《新小说》所辟的13个小说栏目中，专载创作小说的仅“社会小说”一门，仅占全部内容的不足 8%，创刊之初“著译各半”的设想事实上已显得保守，甚至在第四号、第五号、第六号中，除“札记”外的所有小说均为翻译或取材于外国历史的作品，以至于《新小说》看上去更像一份翻译过来的杂志。如此集中、持久地输入外国小说，无论在中国小说史上还是报刊史上都是前所未有的。

当然，与“新民”的宗旨相呼应，《新小说》大量刊登翻译小说，主要并不是因为这些小说比中国本土的小说写得好，“这些作品的翻译，与其说是因为对文学本身感兴趣，不如说是为了提供文明国家的风土人情，了解什么是立宪政治和政党政治，或吸取科学乃至地理等新知识等目的而翻译的更多一些。译文也谈不上忠实，大体上都是些所谓‘豪杰译作’，即如果不是豪杰就翻译不出的那种相当大胆的、不拘小节的译作”[①]。这段对明治十年（1877 年）前后日本翻译文学界现状的概括同样适合于 20 年后的中国。因此，在《新小说》刊载的十几种翻译小说中，以意译、译述为主要方式，译者挥动大笔，对原作挥斥宰割的“豪杰译作”屡见不鲜。例如，改用中国人名、地名，改变体例及增删情节内容等当时小说翻译界

① 吉田精一著、齐干译《现代日本文学史》，上海人民出版社 1976 年版，第 10-11 页。这段话本是作者对日本明治十年前后翻译文学现状的描述，但将之作为对 20 年后中国小说翻译界状况的概括同样十分恰当。

的各种弊病，在《新小说》中也都有不同程度的体现。而改变体例，割裂回数，用传统小说章回体的“旧瓶”装域外小说的“新酒”，就是其中一个比较突出的特色。《新小说》所刊登的中、长篇翻译小说共7部，其中就有4部使用了中国传统小说的章回体例，周桂笙翻译的《神女再世奇缘》，因只刊出译者“自序”“长生术前传事略”“著者解佳传略”，未见正文，不知用的什么体裁，未采用章回体的只有2部。章回体小说的主要特征是，每回用一组对仗工稳的偶句作回目，概括大意；正文叙述多采用第三人称全知角度，并以“话说”“且说”“欲知后事如何，且听下回分解”一类套语缀合起来，这些特征在《新小说》上刊行的《海底旅行》《电术奇谈》等翻译小说中都有明显的表现。例如，《海底旅行》第一回开头说：“话说世界上大洲有六，大洋有五，中有一国，名为‘墺西多罗’，在亚细亚之南，印度洋之中，渺渺沧溟，水天万里……”该回末尾文字为：“正是：请看举翮凌云志，何似银屏梦里人。未知后事如何，且听下回分解”。这是典型的章回体例。章回小说对回目的设计要求是很严格的。《二勇少年》虽然也用章回体例，但因所列回目不能符合旧例[①]，于是立即遭到曼殊的批评：“凡著小说者，于作回目时，不宜草率。回目之工拙，于全书之价值与读者之感情最有关系。若《二勇少年》之目录，则内容虽极佳，亦失色矣。”[②]《二勇少年》是翻译小说，曼殊明知此点，却还要求它严守章回体例，可见时人对旧小说体式还存有强烈的依恋和认同心态。的确，采用中国说部体例来翻译外国小说，可以迎合广大中国读者的审美习惯，缩短国人与域外小说的心理距离，从而有助于外国小说在中国的广泛传播。然而，这种翻译方式的弊端也是显而易见的。首先，它不能忠实于原著，译者对原作叙述语气、风格，特别是结构的大胆改造，必然导致阅读过程中的严重“误读”；其次，翻译者自作聪明的“割裂停逗”实际上并非无可挑剔，反而往往因为过分卖弄而弄巧成拙。例如，吴趼人“衍义”的《电术奇谈》第二回末，叙苏士马试验催眠术误伤喜仲达，“正在十分着忙，忽听得门外脚步乱响，吓得士马越发手足无措。正是：误将良友伤性命，

① 如《二勇少年》第一回至第六回的回目分别为：同敌士、难破船、爱国者、决心、战争准备、内外之强敌。

② 《小说丛话》，《新小说》第八号（1903年）。

疑是公差来访查。未知仲达性命到底如何，外面脚步声响又是何人，且待再译下文，便知分晓”。而第三回开头接榫的文字却是：“士马抬头看时，不是别人，正是自家妻子王氏。”此类故弄玄虚，在中国古代三四流小说中比比皆是，以吴趼人的高才尚不免此讥，其他人就更可想而知了。

改用中国人名、地名，用中国传统小说的笔法刻画人物，也是《新小说》小说翻译中呈现出的一个鲜明特色。欧美人名缀音较多，中国人读起来普遍感到佶屈聱牙，不易记诵。为了解决这个问题，清末的翻译家曾经做过多种尝试，如周桂笙就曾设想过“但译其姓”（如将“歇洛克·呵尔唔斯”译为“哈唔斯”）和“割取其姓名之起首各一字”（如将“歇洛克·呵尔唔斯”译为“哈歇”）两种翻译方法，并认为第一种方法更为可取[①]。但是，《新小说》总体上采取的还是当时翻译界通行的方法，即把外国人名、地名中国化，如《毒蛇圈》里的妙儿、瑞福，《电术奇谈》里的喜仲达、凤美、韶安埠东明栈，《水底渡节》里的郭宝宝、邓左治等都是。在这个问题上，周桂笙的做法很有代表性。作为一个通英、法两门外文，读过千余种外国小说的优秀翻译家，周桂笙曾对小说翻译做过很有见地的理论探索，但在实践中走的却仍然是从众、从俗的路子。他翻译英国哈葛德（H.R. Haggard）的《神女再世奇缘》时，对曾广铨译《长生术前传》时将哈葛德译为“解佳”明明不满意，但因为这个译名已经在社会上流行开来，所以他也就随俗将哈葛德译作这个中国化了的名字——解佳了[②]。而且，他翻译的《毒蛇圈》等书，也大都是把人名、地名中国化了的。在《电术奇谈》“总评”中，周桂笙说：“原书人名地名皆系以西文谐西音，经译者一律改过。凡人名皆改为中国习见之人名字眼，地名皆借用中国地名，俾读者可省脑力，以免艰于记忆之苦。好在小说重关目，不重名词也。”其实这也是当时译者的普遍看法，甚至一直影响到现代[③]。与此同时，小说翻译者还常常用中国传统小说的笔法来刻画人物，对原著加以改造甚至创造。例如，《电术奇谈》第十六回这样描写凤美的美貌：“只见他眼含秋水，眉展春山，

① 《知新室译丛》卷一《代父代母》后“译者按语”，《新小说》第二十三号（1905年）。

② 《神女再世奇缘·自序》，《新小说》第二十二号（1905年）。

③ 如上海龙门书局1940年出版的傅东华译本《飘》即将主人公斯佳丽译为郝思嘉、巴特勒译为白瑞德等。

真个是杏脸桃腮，花容月貌。”《毒蛇圈》第三回写马路义，“身裁魁伟，仪表不俗，唇红齿白，吐属不凡。可惜他生长在法兰西，那法兰西没有听见过什么美男子，所以瑞福没有好比他。要是中国人见了他，作起小说来，一定又要说甚么面如冠玉，唇若涂朱，貌似潘安，才同宋玉的了”。东西方人形貌之差异，即使在小说中也可以清楚地见出，曼殊说：“吾尝读吾国之小说，吾每见其写妇人眼里之美男儿，必曰‘面如冠玉，唇若涂脂’，此殆小说家之万口同声者也。……吾尝读外国之小说，吾每见其写妇人眼里之美男儿，辄曰‘须发蒙茸，金钮闪烁’。盖金钮者，乃军人之服饰也。”[①]类似这样的常识，当时的翻译者自不会不知道，然而他们宁肯舍“须发蒙茸，金钮闪烁”而沿用“面如冠玉，唇若涂脂”，其心理动机与把外国人名地名中国化的做法不约而同，即借此来迁就读者的审美趣味，使小说变得更易记诵，更容易为对域外世界尚了解不多的普通读者所接受。再说，既然名字已经中国化了，那么人物的形貌、言语自然也要相应改变，以便于达到“名实相符”。

此外，译述者大胆增删情节，所谓“豪杰译”的情况在《新小说》中同样存在。例如，在“菊池幽芳氏元著，东莞方庆周译述，我佛山人衍义”的长篇小说《电术奇谈》中，“衍义”者吴趼人增补了许多情节和议论，对此，吴的好友周桂笙在评语中屡屡点出，如“士马英伦人，何以解得中国掌故，自是衍义者故涉趣笔，不必引以为病；仲达论世故一段文字，亦当为衍义者所穿插”（第二回）；“书中有议论有谐谑，均为衍义者所插入，为原著所无”（总评）。正因如此，长期以来，研究界甚至把这部作品当作吴趼人创作的小说[②]。而在周桂笙翻译的《毒蛇圈》第九回中，评点

① 《小说丛话》，《新小说》第十三号（1905年）。

② 吴趼人《〈电术奇谈〉附记》云：“此书原译仅得六回，且是文言，兹剖为二十四回，改用俗话，冀免翻译痕迹。”孙楷第《中国通俗小说书目》据此断言，吴趼人衍义的《电术奇谈》“已非翻译性质”，此说在中国学界几成定论。日本樽本照雄教授经过仔细查考，发现了菊池幽芳的原作。这是一部连载在1897年1月1日到3月25日《大阪每日新闻》上的报章小说，共有75回，原名《卖报人》（《新闻売子》），1900年大阪骎骎堂又分前后两编刊行过单行本。据时间推算，方庆周应当是根据单行本翻译为中文的。经过仔细比较，樽本照雄判定，吴趼人在衍义时虽然有所添改，但仍然大体忠实于原著。有关论述可详参樽本照雄《吴趼人〈电术奇谈〉の原作》（《中国文芸研究会会报》第54号，1985年7月30日）、《吴趼人〈电术奇谈〉の方法》（《清末小说》第8号，1985年12月1日）、《吴趼人訳〈电术奇谈〉余话》（上、下）（分别载《清末小说から》第41、42期，1996年4月1日—1996年7月1日）等论文。

者吴趼人有感于“近时专主破坏秩序、讲家庭革命者日见其众”的现状，竟然“特商之于译者”，凭空加入了一段妙儿深夜思念老父亲的情节，并且还自我标榜说：“原著虽缺此点，而在妙儿当夜，吾知其断不缺此思想也。故虽杜撰，亦无蛇足。”[①]

从上述情形可以看出，在《新小说》时期，中国文人对域外小说的认识还相当肤浅，小说翻译尚处于刚刚起步阶段，在运作中远未达到规范和科学。然而，“域外小说的输入，以及由此引起的中国文学结构内部的变迁，是二十世纪中国小说发展的原动力”[②]。《新小说》第一次集中、持续地翻译域外小说，其数量之多几乎相当于这份杂志创刊前所有翻译小说总量的一半，这是中国小说史上从未有过的新现象。尽管在输入的过程中存在着明显的“误读”现象，对原作增删，甚至篡改之处随处可见，但通过《新小说》的努力，封闭的小说观念开始被打破，中国小说理论由此开始建立一种以西方文学为参照系的全新的评价体系，从而使中国小说开始与世界全面接触，为今后学习、借鉴西方小说开了良好的风气。

（三）明确的小说类型观念与艺术形式的革新

“文学的变革，从文学本体来说最终表现为形式的变革。”[③]《新小说》得风气之先，除了在小说观念、内容层面多作革新外，并已开始呈现从内容向形式层面迈进的迹象，而题材类型的增多则是其体现出的第一个新气象。

我国古代通俗小说的题材大抵不出讲史、世情、神怪三个类型。梁启超说，重英雄、爱男女、畏鬼神，“以此三者，可以赅尽中国之小说”[④]。就连强调“吾祖国之文学，在五洲万国中，真可以自豪也”的侠人也不得不承认，“西洋小说分类甚精，中国则不然，仅可约举为英雄、儿女、鬼神三大派，然一书中仍相混杂，此中国之所短一”[⑤]。1902年前，报刊上连

① 《毒蛇圈》第九回回末评，《新小说》第十二号（1904年）。

② 陈平原《二十世纪中国小说史》（第一卷），北京大学出版社1989年版，第23页。

③ 郭延礼《近代翻译文学与中国文学的近代化》，《山东大学学报》1997年第3期。

④ 《小说丛话》，《新小说》第7号（1903年）。

⑤ 《小说丛话》，《新小说》第13号（1905年）。

载小说的也有一些，但基本不标出类型，仅有《清议报》上开辟的“政治小说”、《开智录》上开辟的“伟人小说”等寥寥数类。据《中国唯一之文学报〈新小说〉》所言，《新小说》创刊伊始，就拟定登载历史、政治、哲理、科学、军事、冒险、探侦、写情、语怪，以及札记体、传奇体共 11 类小说。在这 11 类中，除军事小说外，《新小说》都开辟了专栏，登载著译作品，并且还补充了 4 类——法律小说、外交小说、社会小说和奇情小说。这样，《新小说》实际刊出的小说类型已达到 15 种（其中“传奇小说”实为戏曲作品），其中侦探、科学、法律 3 类小说更为我国古代所从未有过。小说题材类型的增加，标志着小说家审美视野的扩大。究其原因，除当时的社会生活内容较古代更为丰富，读者的文化需求更为多样外，翻译小说的大量出现起了重要的推动作用（《新小说》中除政治、历史、社会、札记小说外，其余栏目全部由翻译小说包办）。《新小说》是第一份明确体现小说类型观念的文学期刊，从此以后，几乎所有的文艺杂志都标出了小说类型，而且越来越多，至 1915 年创刊的《小说大观》，所开列的小说类型竟多达近 50 种。表 5-1 为近代 14 种小说杂志主要小说栏目的设置简表，从中可以见出《新小说》在小说类型方面对后来同类刊物的重要影响。

表 5-1　近代 14 种小说杂志主要小说栏目设置简表

栏目名称	杂志名称													
	新小说	新新小说	月月小说	小说林	竞立社小说月报	扬子江小说报	十日小说	小说时报	小说月报	中华小说界	小说丛报	礼拜六	小说新报	小说大观
历史小说	+	+	+	+	+	+			+	+	+	+	+	+
政治小说	+	+				+			+	+	+	+		+
科学小说	+		+	+				+	+	+	+	+		+
哲理小说	+		+							+				+
侦探小说	+		+	+	+	+		+	+	+	+	+	+	+
语怪小说	+	+								+	+	+	+	+
冒险小说	+		+						+	+		+	+	
外交小说	+			+						+				+
法律小说	+				+									

续表

栏目名称	杂志名称													
	新小说	新新小说	月月小说	小说林	竞立社小说月报	扬子江小说报	十日小说	小说时报	小说月报	中华小说界	小说丛报	礼拜六	小说新报	小说大观
写情小说	+	+	+	+		+	+			+		+	+	+
社会小说	+	+	+	+	+		+	+	+	+	+	+	+	+
奇情小说	+			+	+			+	+	+	+	+	+	+
劄记小说	+		+		+						+	+		
心理小说	+	+	+								+			
军事小说		+	+	+	+			+	+	+	+	+	+	+
虚无党小说			+								+		+	
理想小说			+					+		+	+	+		
侠情小说			+					+	+	+	+	+	+	
国民小说			+				+	+						
滑稽小说			+		+		+	+	+	+	+	+	+	+
家庭小说			+	+				+	+	+	+	+	+	+
寓言小说			+			+	+		+	+		+	+	
弹词小说			+						+			+	+	
苦情小说			+							+	+	+	+	+
哀情小说						+	+	+	+	+	+	+	+	+
警世小说			+				+	+	+	+	+	+	+	+
教育小说			+									+		
小说					+	+	+							
短篇小说			+	+		+	+	+	+	+	+	+	+	+
长篇小说								+	+	+	+	+	+	+

注：本表据李开军博士学位论文《梁启超与中国文学的转变》第五章中“《新小说》等十八种小说杂志栏目设置对照表”删改而成，表中“+”表示该小说杂志中设置了该栏目，“栏目名称”中所列栏目有的进行了合并。例如，“怪异小说”“神怪小说”归入“语怪小说”，“战争小说”归入“军事小说”，“诙谐小说”归入“滑稽小说”，“弹词”归入“弹词小说”，“短篇”“短篇新作”“说林短篇”“短篇名译”等归入“短篇小说”，“长篇”“长篇新作”“说林长篇”“长篇名译”等归入“长篇小说”。

如表 5-1 所示，《新新小说》《月月小说》《小说林》等杂志基本上袭用了《新小说》的分类思路，只是略有增减而已；1906 年以后，一些小说杂志开始尝试新的小说分类方法，如将所有的小说归入“小说”一栏下面；民国元年前后，随着长篇、短篇观念在中国文坛的确立，“小说”一栏又被分解为“长篇”“短篇”两个大类，这是当时非常流行的分类方法，但这两个大栏目中刊发的小说，大都仍在其题目前面冠以具体的小说类型，即与当年的《新小说》极为类似和相近的类型名称。从这一角度看，这种新兴的小说类型观念不过是当年《新小说》类型思路的一种变形罢了[①]。在这方面，《小说月报》的做法很值得注意。《小说月报》从创刊起就将所刊发的小说明确分为“短篇”和“长篇”两个大类，并且从第四卷第十一号（1914 年 2 月）起不再在“短篇”“长篇”栏目内标出所刊作品的具体类属，这可以说是对小说类型观念的一个很有力的革新，但是这种情况并未延续多久，从第七卷第一号（1916 年 1 月 25 日）起，《小说月报》将所刊登的所有小说归入“琐言”栏目；从第八卷第一号（1917 年 1 月 25 日）起又将小说归入“寓言”栏目，第七号（1917 年 7 月 25 日）起又改分为“新著”“丛译”两个栏目；到第九卷第一号（1918 年 1 月 25 日）又合并为“说丛”一个栏目，这种明显倒退的小说类型观念直到沈雁冰接编《小说月报》后发行第十一卷第十号（1920 年 10 月 25 日）时才被打破，第十号将所刊发的作品重新分为“短篇小说”“长篇小说”两个栏目，第十一号、第十二号列出“小说新潮”栏目，表现出鲜明的革新意识。由此可见，尽管《新小说》在小说类型建设方面具有首创之功，但现代小说类型观念的确立仍然经历了相当曲折的发展过程，并且这种情形对小说创作和翻译实践产生过十分重要的影响。

尽管有了明确的小说类型观念，第一人称限制叙事和较为细致的心理描写也已开始出现，但《新小说》在艺术形式上最有意义的革新当推对倒叙手法的学习和运用。

中国传统的叙事散文基本采用连贯叙述的方式。史书记事，多从开端叙起，或先交代传主的姓字籍贯。影响所及，小说叙事也“往往开宗明义，先定宗旨，或叙明主人翁来历，使阅者不必遍读其书，已能料其事迹之半”[②]。偶尔也有打破叙事时间者，但多用追叙、插叙、并叙等方式，严格意义上的倒叙手法在中国古代小说中极为罕见（在目前所能见到的中国古代小说中，明末产生的《痴婆子传》是最早明显采用倒叙手法的作品），

① 有关论述可详参李开军博士学位论文《梁启超与中国文学的转变》第五章“在杂志与小说之间”。

② 知新主人《小说丛话》，《新小说》第二十号（1905 年）。

更不必说有明确的倒叙意识了。迨至近代，随着域外小说（特别是侦探小说）的大量输入，小说家始得以惊奇的目光接触在西方早属平常的倒叙手法，并进而认识到中外小说叙述风格的不同。例如，“读中国小说，如游西式花园，一入门，则园中全景尽在目前；读外国小说，如游中国名园，非遍历其境，不能领略个中况味”[①]，“我国小说，起笔多平铺，结笔多圆满；西国小说，起笔多突兀，结笔多洒脱”[②]。与此同时，新小说家开始借鉴、模仿外国小说的倒叙手法，并将之运用于自己的创作当中。中国近代小说接受西方小说的影响，最早可以追溯到文康的《儿女英雄传》。在这部书中，文康采用倒叙手法讲述侠女十三妹何玉凤的身世，并且自称这是用的“西洋法子”。但根据目前所掌握的资料，在当时还没有哪一部西洋小说被翻译过来在社会上流行过，文康所谓的“西洋法子”极有可能得之于他人的讲述，况且又是仅此一例，不足据以定论。因此，在中国小说史上，有意识地普遍采用倒叙手法还当由《新小说》开始。

《新小说》创刊号上开始刊载的《新中国未来记》是我国第一部明显学习外国小说倒装叙述手法的作品。小说第一回“楔子”描写公元1962年正月初一日南京举行“维新五十年大祝典”，上海开设大博览会，孔觉民博士演讲“中国近六十史”，由此引出六十多年前，黄克强、李去病游学欧洲，回国后联络志士等故事。人们普遍认为，这种“幻梦倒影之法”得益于美国贝米拉的乌托邦小说《百年一觉》和日本末广铁肠的政治小说《雪中梅》，特别是受到后者的深刻影响。刊登在《新小说》第十二号至第二十四号的《九命奇冤》是清末新小说中运用倒叙手法较为成功的作品。该书叙述清朝雍正年间广东番禺县凌家为争“风水”，指挥强徒纵火烧死梁家八口人的一桩真实命案，在此之前已有《警富新书》《梁天来告御状》等小说和一些南音民谣专叙此事。吴趼人在“重编”这个故事时作了许多重要的改动，其中最使人感到耳目一新的是小说开头的倒叙手法。吴趼人把本应出现在第十六回中强徒火攻梁家石室的场面提到了开头，通过一连串紧张、急促的对话拉开小说的序幕，造成了强烈的悬念效果。这种写法

① 知新主人《小说丛话》转述徐敬吾语，《新小说》第二十号（1905年）。

② 觉我《电冠·赘语》，《小说林》第8期（1908年）。

在我国古代几乎是从未有过的，而为吴趼人提供借鉴的则是同样刊登在《新小说》上的一部法国侦探小说《毒蛇圈》。该书由周桂笙翻译，从第八号起在《新小说》上陆续刊出23回，未完。《毒蛇圈》的开头就是运用倒叙手法，以一对父女的对话开始的。父女谈话之后，从第二回起小说开始转为通常的连贯叙述，从头交代主人公的情况。对于这种以人物对话开头的倒叙方法，译者周桂笙称赞备至：

> 我国小说体裁，往往先将书中主人翁之姓氏来历叙述一番，然后详其事迹于后，或亦有用楔子、词章、言论之属以为之冠者。盖非如是则无下手处矣。陈陈相因，几于千篇一律，当为读者所共知。此篇为法国小说巨子鲍福所著，乃其起笔处即就父女问答之辞，凭空落墨，恍如奇峰突兀，从天外飞来；又如燃放花炮，火星乱起。然细察之，皆有条理。自非能手，不敢出此！①

吴趼人是周桂笙的密友，又是《毒蛇圈》的评点者，并曾直接参与这部小说的翻译工作，可见他对《毒蛇圈》也是相当喜爱的。而且，《毒蛇圈》刊出一年之后，吴趼人的《九命奇冤》也开始在《新小说》上连载，所以《九命奇冤》以对话开头的倒叙手法受《毒蛇圈》的启发和影响是显而易见的。当然，南音歌谣《梁天来》对《九命奇冤》的倒叙手法可能也有影响。

对晚清的新小说家来说，倒装叙述是一种新奇而有趣的叙事方法。《新小说》首先有意识地使用这种手法，在打破叙事时间、革新叙事模式方面，较同时期的其他小说报刊都显得尤为突出。据陈平原统计，在清末四大小说期刊中，《新小说》刊载创作小说 9 种，使用倒叙手法的 3 种，占总数的 37.5%；《绣像小说》刊载创作小说 18 种，采用倒叙的 5 种，占总数的 27.8%；《月月小说》刊载创作小说 65 种，采用倒叙的 4 种，占总数的 6.1%；《小说林》刊载创作小说 19 种，采用倒叙的仅 1 种，占总数的 5.3%②。不仅如此，在《新小说》中，打破叙事时间的有意识尝试甚至在翻译小说中也

① 《毒蛇圈》"译者曰"，《新小说》第 8 号（1903 年）。

② 见陈平原《中国小说叙事模式的转变》"第一章　导言"所列表 1，上海人民出版社 1988 年版，第 9 页。

有所体现。例如，科学小说《海底旅行》第六回中，潜水艇长自报家门说："我的名姓，却不能实说。我只有个别号叫做李梦，我就是本船的船长，这船叫做内支士。"罗普在此处眉批说："原文是第五回便点出船长姓名，译述者移至此处，便觉文情突兀了许多。"这是译者红溪生有意改变原书的叙事时间，将李梦的身份后移至第六回方始揭出，让读者凭空多猜了半天。客观地说，尽管《新小说》对倒装叙述的关注主要集中在域外小说（特别是侦探小说）开局的"一起之突兀"上，进而在创作中着力"于发端处刻意求工"；尽管它对倒叙手法的运用尚处于简单模仿和机械照搬的阶段，小说中的倒叙尚不足以成为全书思想情调的有机组成部分，然而，正是从关注"开局之突兀"开始，中国小说的倒叙意识、交错叙述意识才得以逐步确立，传统的叙事模式才被逐步打破，而在这艰难而漫长的进程中，是《新小说》迈出了大胆而关键的第一步，为中国小说的发展和繁荣注入了新的活力。

（四）开启小说理论研究的繁荣局面

《新小说》在重点发表小说创作和翻译作品的同时，也注意陆续发表一些批评文字。除了著名的《论小说与群治之关系》以外，还有楚卿的《论文学上小说之位置》（第七号）、三爱的《论戏曲》（第十四号）、松岑的《论写情小说与社会之关系》（第十七号）等三篇文艺专论。梁启超的《论小说与群治之关系》是一篇具有纲领性的小说理论文章，它明确提出"小说界革命"的号召，在整个文坛产生了巨大的影响，并迅速形成声势浩大的小说革新运动，促使小说创作和理论批评出现了空前繁荣的局面。吴趼人说："吾感夫饮冰子《小说与群治之关系》之说出，提倡改良小说，不数年而吾国之新著新译之小说，几于汗万牛充万栋，犹复日出不已而未有穷期也。"[①]特别值得一提的是，梁启超还仿照中国传统文学批评中诗话、词话、曲话的体例，创设了"小说丛话"的专栏，带头撰写和亲自组织短小活泼的理论文章，先后发表了 14 期《小说丛话》，共有 10 余人参与写作，这在中国小说批评史上是一个很好的创新，并直接影响到后来"小说

① 《月月小说序》，《月月小说》第一号（1906 年）。

从话”“小说小话”“说小说”一类理论文字的产生。除梁启超外，在《新小说》上发表小说、戏曲批评文字的尚有狄平子、梁启勋、定一、侠人、浴血生等13人。这些作者的生活阅历、政治态度、文学思想甚至伦理道德观念都不尽相同，但当时基本上都和梁启超意气相投，关系密切，他们的论点也主要是附和梁启超提倡的小说界革命，并在各方面加以充实和发展，但也有不赞同梁启超的观点甚至与之针锋相对的。例如，曼殊针对梁启超根本上颠倒小说与社会之间的关系，从而把中国社会的腐败归罪于没有优秀小说的错误观点，明确指出：“小说者，‘今社会’之见本也。无论何种小说，其思想总不能出当时社会之范围……今之痛祖国社会之腐败者，每归罪于吾国无佳小说，其果今之恶社会为劣小说之果乎？抑劣社会为恶小说之因乎？”[①]又如，梁启超多次说《水浒》《红楼》诲淫诲盗，把中国古典小说一笔骂倒，但《小说丛话》的作者却大都与梁启超大唱反调，竭力推崇和高度评价古典小说。《水浒传》《红楼梦》《金瓶梅》《聊斋志异》《儒林外史》《镜花缘》等作品都被以新的观点重新诠释、高度赞扬过。如侠人说：

> 吾国之小说，莫奇于《红楼梦》，可谓之政治小说，可谓之伦理小说，可谓之社会小说，可谓之哲学小说、道德小说。……而世之人顾群然曰“淫书、淫书”，呜呼！戴绿眼镜者，所见物一切皆绿；戴黄眼镜者，所见物一切皆黄。一切物果绿乎哉？果黄乎哉？《红楼梦》非淫书，读者适自成其为淫人而已。[②]

类似的文字能够在《小说丛话》中连续登出，显然体现了主编吴趼人和周桂笙的意思，但也由此可见《新小说》胸襟的大度，在学术上颇具自由讨论的风气。《新小说》所刊登的理论文章，内容涉及小说和戏曲的社会功用、小说的艺术特征、中西小说的比较、古典小说的评价、对写情小说的评价，以及提倡白话文学等一系列问题，由于已有黄沫及黄霖等多位学者的专文介绍[③]，这里不再重复。

① 《小说丛话》，《新小说》第十三号（1905年）。

② 《新小说》第十二号（1904年）。

③ 详参黄沫《新小说》（《辛亥革命时期期刊介绍》第一集，人民出版社1982年版）、黄霖《近代文学批评史》第七章“小说论”，上海古籍出版社1993年版。

（五）“杂记”“杂录”类文字的社会史料价值

作为一份以刊载小说为主的文学期刊，《新小说》在小说、戏曲以外，还辟有“杂录”“杂记”“游戏文章”等栏目，登载中外可博粲笑或启人深思的轶事奇闻。这种以刊发小说为主，兼及其他文体的办刊思想，同样对后来的小说报刊产生过重要的影响。在这里需要指出的是，《新小说》里刊登的这些“杂录”、“杂记”，以及“游戏文章”（甚至包括其中的“射覆丛录”“灯谜丛录”）大部分也都具有很强的时代气息，能够从不同角度反映出当时的社会现实和风情，为我们了解19、20世纪之交中国的社会生活和文化心理提供了珍贵的背景材料。如：

> 老学究，支那大陆人也。教授其业，八股其性命，人咸称之曰“老学究”。学究即以自号，故其里居姓字不克详云。学究父贫窭，牧豕为活，晚岁薄有赀积，娶村妪，一夕梦豕人立而言曰：“荷君豢养，图报有日矣。”既寤，而学究生……（“游戏文章”《老学究叩阍记》，第三号）
>
> 守旧鬼，姓老名顽固，字守旧，大陆支那人也。性喜旧恶新，食必臭恶，衣必败絮，言论必则古称先，而其实百无一能。人以其似人而非也，故以鬼称之……当鬼之未生也，母古氏梦与大犬交，狂叫而醒，已而成孕，遂生鬼。鬼生而有异，黑雾迷天，阴没昼晦，不睹阳光者三日。又国门无故自陨，压杀数十百人……（“游戏文章”《守旧鬼传》，第四号）

根据内容、语气推测，这两段文字的作者很有可能是一个人——“弗措斋”，可惜我们目前对他的情况一无所知，甚至连他的真实姓名都不知道。但读这些文字，能够使人强烈地感受到当时的维新派人士对八股学究、顽固守旧分子是多么深恶痛绝，甚至不惜以母亲“梦与大犬交”一类污言秽语进行人身攻击，由此也可以看出，当时所谓的“新政新法新学新理新智新术”与封建传统观念之间的矛盾有多么尖锐、激烈，水火不容。另外，自1896年清政府派遣首批13名学生赴日留学后，几年之间，官费、自费留日学生数量猛增，至1902年时达700余人，1905年更激增至8600余人[①]。由于留日学生多习政法、军事，学制较短，格致水平一般不及欧美留学生，加之地近中国，人数众多，难免鱼龙混杂、良莠不齐，中间还出了一些只会叫嚷“今日的支那，只有革命，必要革命，不能不革命，万万不可以不革命”[②]的所谓“维新志士”。所以，自梁启超《新中国未来记》后，清末小说中嘲讽、批评日本留学生的作品很多，大抵说他们空言革命、破坏、性情浮躁、品格低下、哗众取宠等。但《新小说》第一号“杂记”栏目所登载署名“学生某”的《东京新感情》，却使我们看到了留日学生精神世界的主导方面。其“最得意二十一条”中有“割辫最得意”“改西装身轻如燕最得意”“日日洗身最得意”“自由民权等议论倡言无碍最得意”“痛骂官场最得意”“开口觉新议论新异名词满肚最得意”“忽传中国维新最得意”“闻中国停考最得意”等。其“难过十七条”中有“穿大袖马褂带辫发往来街上自觉形秽难过”“见报上有支那保全支那瓜分等议论难过”“见甲午战役之军人自称我到过中国难过”“东人称李鸿章为世界豪杰难过”“见时文难过”“博物院见中国皇宫物难过”“见中国人吸鸦片烟之照片难过”等。透过这些文字，我们可以看到一个有强烈爱国心，主张变法维新、要求自由平权，迫切希望祖国富强的新时代青年知识分子形象，与宗明、黄子文之流有着截然的区别。虽然目前尚不能得知这位“学生某”究为谁人，但他的《东京新感情》可以使我们理解，为什么在我国近代史上会有那么多留日学生为了祖国命运和人民自由而前赴后继英勇奋斗。此外，如第十四号“学界趣话”所载贺慈禧太后七旬寿辰的一副对联：“今日幸颐和明日幸海子几忘曾幸古长安亿兆民膏血轻抛只顾一人庆有五旬割南越六旬割台湾此时又割东三省数千里版图频弃每逢万寿疆无”（此联为章太炎所拟），第二十三号“新笑史”所载一副对联：“宰相合肥天下瘦　司农常熟世间荒”（此联为当时流行语）等，都能寓冷峻的讽刺于游戏之中，并具有较高的认识价值和审美价值。而《豪杰指南》（第九号“杂录一：滑稽谈”）则庄谐并出，对于当时假“豪杰”、假“志士”的嘴脸

① 参见张海鹏《中国留日学生与祖国的历史命运》，《中国社会科学》1996年第6期。

② 《新中国未来记》第五回中宗明语，《新小说》第七号（1903年）。

作了入木三分的刻画；“价值五千金之辫”、“李大叔之子之辫”（第七号“杂录：怪怪奇奇”），“五十元价值之妻”（第十七号杂录：学界趣话）等遗闻轶事，则又从不同侧面反映了开始走向世界的中国人对传统观念和规则的怀疑和反叛，以及当时社会上新旧势力的激烈冲突。尽管这些“杂记”“杂录”类文字显得很零散琐碎，其中也不乏无聊浅薄之作，但若加以仔细梳理，从中不难发现有关当时社会现实和社会心理的许多宝贵资料。

当然，作为一份作者队伍庞大、栏目众多、刊行时间较长，中间又经过编创人员大改组的小说期刊，《新小说》在宗旨风格、内容形式诸方面未能始终保持高度一致，特别是在此期间梁启超的思想发生过很大的变化，第八号以后吴趼人和周桂笙主持刊物，使得总共24期《新小说》中体现出的精神和特色有所差别。就刊物的作者而言，这里面既有康门弟子，也有留学生、官员、绅士、旧式文人、画家；既有维新党、保皇派，也有南社社员、同盟会成员；既有力主破坏、倡言革命，要求打破一切旧秩序旧体制的，也有主张改良，甚至力图恢复旧道德的；既有具备较高的创作、翻译才能的，也有本无创作天赋，只凭借一股强烈的政治热情投身文学事业的。就文学观念及艺术旨趣而言，既有对旧小说观念的大胆突破，将小说置于文学之最上乘，并赋予其改良群治、救国救民的崇高使命，又不能彻底摆脱传统载道观念的束缚，沿袭传统小说的创作模式，用旧瓶装新酒；风格上雅俗并存，语言上文白相间，甚至刊物的编辑风格和水平也存在前后不一致的情况。但也应该看到，《新小说》还是保持了一个基本的倾向和精神，即新民、开放和革新。借著译小说以开启民智、改良社会，大量输入域外小说，以及强烈的反传统意识和大胆的创新精神，成为《新小说》贯穿始终的主旋律，并以此吸引众多的作者参与其中，共同促进了《新小说》及“小说界革命”的发展和繁荣。

二、《新小说社征文启》的价值与意义

清末民初是我国报刊事业开始发达的时代。在数量巨大的文艺报刊中，小说报刊的出现尤其引人注目。从1892年韩子云创办《海上奇书》起，到1919年五四运动前夕，我国出版的小说报刊大约有70种，其中仅以“小说”

命名的即超过了 40 种。可以说，到 20 世纪初，小说报刊已成为中国小说主要的承载体和传播媒介。在有关小说报刊的诸多问题中，征文亦是一个不容忽视的现象。我们发现，随着稿件需求量的大幅度增长，其时的小说报刊——如《新小说》《月月小说》《小说林》《小说月报》等——大都纷纷刊出“征文启事”“征稿广告”一类文字，向社会广泛征求稿件。这些“启事”“广告”对今天的研究有着很重要的意义，即从中可以了解这些小说报刊的宗旨、方针、特色，以及当时小说市场的基本状况，从而推动我们对近代小说面貌及其发展规律的深入认识，并进而作出客观科学的评价。

在小说报刊诸多的“征文启事”中，《新小说社征文启》无疑是最早、最有特色的一份。由于《新小说》第一卷是于 1902 年在日本横滨发行的，国内已不容易见到，而 1980 年上海书店影印的全套《新小说》中，又删落了全部广告内容。尽管在此前后也有人提到过这份《征文启》，但对它的具体情况，长期以来研究界知之未详，依然沿袭旧说，把 1907 年《小说林》杂志上刊登的《募集小说》当作中国小说史上最早、最规范的征文启事——这无疑是令人感到十分遗憾的事。1998 年刘德隆在《清末小说から》刊出《关于〈新小说〉的“本社征文启”》一文[①]，将这份征文启事全文公布于众，使我们对这则宝贵的资料有了全面了解。笔者拟在此基础上，对《新小说社征文启》的价值和意义略做探讨，以就教于大方之家。

《新小说社征文启》是中国第一份近代小说期刊《新小说》向海内外广泛征求著译小说、戏曲、杂记及歌谣等文艺作品的一份征文广告，于清光绪二十八年十月一日（1902 年 10 月 31 日）刊登在梁启超主持的《新民丛报》第十九号上，并在半个月后问世的《新小说》创刊号上正式刊出，题为《本社征文启》[②]，全文如下：

> 小说为文学之上乘，于社会之风气关系最钜。本社为提倡斯学，开发国民起见，除社员自著自译外，兹特广征海内名流杰作绍介于世，谨布征文例及润格如下：

① 《清末小说から》第 51 期，1998 年 10 月出版。

② 据日本大阪经济大学樽本照雄说，《新小说》有初版和重版两种版本，封面也不一样。初版本上没有刊载这份《新小说社征文启》，录以待考。

第一类：章回体小说在十数回以上者及传奇曲本在十数出以上者

自著本甲等	每千字酬金	四元
同　　乙等	同	三元
同　　丙等	同	二元
同　　丁等	同	一元五角
译　本甲等	每千字酬金	二元五角
同　　乙等	同	一元六角
同　　丙等	同	一元二角

凡有惠寄此类稿件者，若能全书见寄最妙，不能则请先寄三回或三出以上，若本社不合用，即将原稿限五日内珍复，决不有误；若合用，则拟其酬金等第奉告。如投稿者或不满意于其等第，亦请速惠函，俾将原稿珍复。

本社所最欲得者为写情小说，惟必须写儿女之情而寓爱国之意者乃为有益时局，又如《儒林外史》之例，描写现今社会情状，藉以警醒时流，矫正弊俗，亦佳构也。海内君子，如有夙著，望勿闷玉。

第二类：其文字种别如下

一、杂记　　或如聊斋或如阅微草堂笔记，或虚构或实事，如本报第一号“杂记”之类

一、笑话

一、游戏文章　　不拘体格

一、杂歌谣　　不必拘定乐府体格，总以关切时局为上乘，如弹词粤讴之类皆可

一、灯谜酒令楹联等类

此类投稿者恕不能遍奉酬金，惟若录入本报某号，则将该号之报奉赠一册，聊答雅意。其稿无论录与录，恕不缴还。

凡投稿诸君务请书明姓氏住址，俾得奉复。

这份启事一开头即倡言“小说为文学之上乘，于社会之风气关系最钜”，声明本社宗旨为“提倡斯学，开发国民”，详其观点、语气，与《新小说》

创刊号上刊出的具有发刊词意义的《论小说与群治之关系》如出一辙，故这份启事亦当为梁启超所拟。结合清末小说创作和理论的实际，可以看出，《新小说社征文启》在中国小说史上具有重要的价值和意义。

第一，这是我国小说报刊中第一份宗旨明确、内容详备的征文启事，在小说史上具有开创和示范意义。征稿启事最晚在中国的元代就已经出现，《天一阁藏本》中孙存晋编、虞集校选、元顺帝至元二年（1336年）印刷的《元诗》，其书后即附有一则征诗广告："本堂今求名公诗篇，随得随刊，难以人品齿爵为序。四方吟坛多友，幸勿责其错综之编。倘有佳章，毋惜附示，庶无沧海遗珠之叹云。李氏建安书堂谨咨。"①明清两朝，随着出版事业的不断发展，征诗、征文，特别是征集小说作品的广告应该也有不少，但就小说报刊而言，《新小说社征文启》无疑是最早的一份。小说报刊是中国近代"西学东渐"大潮中，受西方报刊事业影响而产生的一种新的小说载体和传播媒介。我国第一份小说期刊《海上奇书》于1892年2月28日在上海创刊，同年11月出至第十五期后停刊。前10期为半月刊，以后为月刊，由点石斋石印，申报馆代售。内容分《太仙漫稿》（子云自撰的文言小说）、《海上花列传》（子云自撰的章回小说）和《卧游集》（记载古今中外奇闻趣事和名胜古迹的前人笔记小说）三个部分。由于《海上奇书》是一份私人刊物，其内容形式均不出传统小说的范围，加之登载的是韩子云个人的创作及前人笔记，没有必要向社会征求稿件，因此在《海上奇书》里看不到任何征稿启事。相比较而言，10年后创办的《新小说》无论在内容、形式抑或运作程序上都更像一份近代化的小说期刊。它每期洋装180页，约合6万字。其在创刊伊始，就拟定每期设置8～15个栏目，登载历史、政治、哲理、科学、军事、冒险、探侦、写情、语怪、札记体、传奇体等11类小说。实际上，《新小说》每期至少有10个栏目，总共登载了著译小说26种，戏曲10种，歌谣25题，文艺论文4篇，"小说丛话"14次，人物风景画55幅，杂记、杂录若干。如此丰富繁杂的内容，仅靠新小说社几个同时还兼着其他许多事情的人显然是无法应付的。于是，向社会广泛征求稿件也就成为势之必然。《新小说社征文启》开头即标明宗旨

① 转引自伊永文《宋元的商标与广告》，载《文史知识》1994年第2期。

为“提倡斯学，开发国民”，以下又详细规定了征文的类别、内容及形式的具体要求、稿酬标准、投稿及处理稿件的方式等，考虑得相当全面而周到。可以说，《新小说》是我国第一份公开向社会征稿的小说期刊，《新小说社征文启》也是我国小说期刊中第一份宗旨明确、内容详备的征文启事。自《新小说》之后，《月月小说》《小说林》《小说月报》《小说时报》等报刊都纷纷刊出征文广告，依托本社同人，向社会广泛征求稿件，遂成为一时的风气。

第二，《新小说社征文启》明确规定对所采用的稿件分别给予数目不等的稿酬，这在中国小说史上也是具有开创意义的。中国古代文人作文受谢的历史，据说可以上溯到晋宋甚至汉代，但大抵不出朝廷、官府赏赐和私人馈赠两途，而且仅限于公文、碑志等社会上常用的应用文字，文学作品一般是得不到稿酬的。稿酬的支付包括实物支付和货币支付两种形式，随意性很大。在小说界，由出版商支付给作（编）者稿酬的现象大约在明末清初就已经出现，但就整个小说史而言，这种现象还不是很普遍，而且缺乏明确统一的标准。根据现在所掌握的材料看，在小说界普遍支付稿酬大约是19世纪90年代以后的事，而1902年《新小说社征文启》的出现则标志着小说稿酬制度的初步形成。这份内容详备的启事将所征求的稿件明确划分为两大类，在第一类中又细分为若干等级，并且明码标价，实行按字数计酬的方法，这已与现代的稿酬制度相当接近。由于它的示范作用，此后产生的小说刊物在征文广告中纷纷表示要支付稿酬，以吸引更多更好的稿件。例如，《月月小说》声明“如有佳作小说愿交本社刊行者，本社当报以相当之酬劳。……如有科学理想哲理教育家庭政治奇情诸小说，若有佳本寄交本社者，已经入选，润资从丰”①。《小说林》明确规定“甲等每千字五圆，乙等每千字三圆，丙等每千字二圆”②。《小说月报》更将稿酬分为五等，规定“甲等每千字五圆，乙等每千字四圆，丙等每千字三圆，丁等每千字二圆，戊等每千字一圆”③。值得注意的是，《新小说社征文启》

① 《月月小说征文启》，载《月月小说》第二号（1906年）。
② 《募集小说》，载《小说林》第二期（1907年）。
③ 《小说月报》第六期“本社通告”（1911年）。

将传奇曲本也列入小说范畴之内，采取与小说相同的稿酬标准，这反映了梁启超等为了推进“小说界革命”，开发民智，有意将戏曲纳入小说范畴之中的现实考虑。为此，《新小说》还专门开辟了“传奇体小说”栏目，刊登了《侠情记》《黄萧养回头》《警黄钟》《爱国魂》等10种戏曲作品。其影响所及，当时的小说报刊上普遍都有戏曲作品发表，对戏曲作品也支付稿酬。另外，《新小说社征文启》对第二类稿件如杂记、笑话、游戏文章、杂歌谣、灯谜酒令楹联等，明确表示不付给稿酬，只赠送样书一册“聊答雅意”，这种带有明显商品化气息的做法竟然也被当时的其他小说报刊所认同，如《月月小说》《小说林》《小说月报》《小说时报》等都一致声明，刊登诗文杂著只酌量赠给作者样书或书券，“以答雅意”。

第三，阿英的《晚清小说史》在论及晚清小说的特征时说：“两性私生活描写的小说，在此时期不为社会所重，甚至出版商人，也不肯印行。杂志《新小说》《绣像小说》所刊载作品，几无不与社会有关。直至吴趼人创‘写情小说’，此类作品始复抬头，为后来鸳鸯蝴蝶派小说开了先路”；“晚清小说中，又有名为‘写情’者，亦始自吴趼人。此类小说之最初一种，即《恨海》”[①]。《恨海》凡10回，以1900年“庚子事变”为背景，叙写陈伯和与张棣华、陈仲蔼与王娟娟两对青年的婚姻悲剧，由广智书局于1906年刊行。依照阿英的说法，在1906年《恨海》出版之前的晚清小说界，以描写两性私生活为题材内容的写情小说是不被社会所重视的。诚然，在那个国难当头、生灵涂炭的动荡时代，小说家为激励民气，救亡图存，大都舍儿女而重英雄，社会小说、政治小说、侦探小说、虚无党小说、军事小说、科学小说、乌托邦小说纷纷问世，成为一时的创作主潮。比较而言，在中国小说史上有着悠久传统的言情小说则被普遍视为与社会现实距离太远，从而相对地受到了冷落。然而，正如龚自珍所言，“情之为物也”，“锄之不能”[②]，况且借助男女之情的悲欢离合来表露作者的政治观点和人生态度，往往更能够打动人心，收到良好的宣传和教育效果。对这一点，古代小说的创作实践无论从正面还是反面都曾作过有力的证明。正因如此，

① 阿英《晚清小说史》，东方出版社1996年新1版，第5页、202页。

② 龚自珍《长短言自序》。

晚清的小说家在大呼“改良群治”、提倡“尚武”精神的同时，并没有完全忘却写情小说。这一现象在首倡“小说界革命”的《新小说》中表现得最早也最为突出。《新小说》不仅专门开辟了“写情小说”一栏，宣称“情之为物，固天地间一要素矣。本报窃附《国风》之义，不废《关雎》之乱”①，并刊登了《电术奇谈》《新聊斋·唐生》两篇写情小说，而且在《新小说社征文启》中还特别指出，“本报所最欲得者为写情小说，惟必须写儿女之情而寓爱国之意者乃为有益时局”。我们知道，梁启超创办《新小说》的宗旨是“专在借小说家，以发起国民政治思想，激励其爱国精神”，他甚至说《新小说》是专为发表他的政治小说《新中国未来记》而创办的②。然而，在《新小说社征文启》中，梁启超等竟然明确表示最想得到的是写情小说，这多少让人感到有些不可思议。尽管这种看似离奇的做法背后隐藏着《新小说》希图借“写儿女之情而寓爱国之意”，从而达到“振国民精神，开国民智识”③的真实动机，但这种姿态本身即说明了《新小说》对写情小说有多么重视。我们可以说《新小说》上发表的两篇写情小说不完全符合征文标准，也可以说直到《恨海》问世之前，写情题材的小说没有出现很好的作品，但仅从《新小说社征文启》来看，就不应该简单地断言当时的社会普遍不重视写情小说。实际上，由于《新小说》的示范作用，以后的小说报刊基本上都把“写情小说”作为重要的刊载内容，在它们刊出的“征文启事”中也大都列有“写情小说”“奇情小说”“哀情小说”等名目。于是，在清末民初的十几年里，写情小说始终不绝如缕，上承才子佳人小说之余绪，下开鸳鸯蝴蝶派小说的先河。除吴趼人的《恨海》《劫余灰》《情变》外，尚有《泪珠缘》（1900 年）、《兰花梦奇传》（1905 年）、《花神梦》（1905 年）、《瑶瑟夫人》（1906 年）、《鸳鸯碑》（1908 年）、《禽海石》（1910 年）等十几部长篇短什问世。

第四，《新小说社征文启》中有“又如《儒林外史》之例，描写现今社会情状，藉以警醒时流，矫正弊俗，亦佳构也。如有夙著，望勿闷玉”

① 新小说报社《中国唯一之文学报〈新小说〉》，载《新民丛报》第十四号（1902 年）。

② 《新中国未来记·绪言》，《新小说》第一号（1902 年）。

③ 《新民丛报》第二十号“绍介新刊·《新小说》第一号”（1902 年）。

之语，这对我们认识清末以来大量产生的社会小说也是很有意义的。正如包天笑所说，“当时写社会小说的人，最崇奉《儒林外史》一书，因此人人都模仿《儒林外史》”[①]。清末著名的社会小说，如《二十年目睹之怪现状》《官场现形记》《文明小史》《孽海花》等，在创作中都不同程度地受到《儒林外史》的影响。对此，前人已言之甚详。尽管鲁迅在《中国小说史略》中将这些小说强行另划入“谴责小说”类中，但它们与《儒林外史》的渊源还是明显有迹可寻的。然而，从 20 世纪 20 年代起，受鲁迅的影响，人们在论及《儒林外史》对清末“谴责小说”的影响时，多着眼于其 “事与其来俱起，亦与其去俱讫。虽云长篇，颇同短制”[②]的结构特色，而于其命意则相对谈得较少，或者一再沿袭《史略》的说法。但从《新小说社征文启》来看，当初“小说界革命”的倡导者关注《儒林外史》，首先是因为这部小说具有“描写社会情状，藉以警醒时流，矫正弊俗”的思想意义，而不是其结构艺术。考虑到梁启超等欲借“小说界革命”开发国民、改良群治的迫切要求，《新小说》在征文中注重《儒林外史》“醒世除弊”的思想功用，是完全符合当时小说理论界的实情的。据此，我们可以得出这样的结论：《新小说社征文启》不仅是清末小说学习、模仿《儒林外史》的又一个有力证明，而且更使我们看到了当时作家提倡写作《儒林外史》一类的作品，其初衷并非仅仅从中借鉴一点结构或者语言艺术了事，而是首先看中了它的命意。明确这一点，对帮助我们正确理解和评价鲁迅关于“谴责小说”的论述十分有益。当然，清末的社会小说在思想高度上均未能达到《儒林外史》的水平，这里面的原因很多，不在这里赘述。

作为我国小说期刊的第一份征文启事，《新小说社征文启》无论在近代小说史上还是在报刊史上都是非常值得注意的。特别是，以往的近代小说研究多局限于作家作品及题材流派的范围，基本上用的是古代小说的研究观念和方法，因而对在中西文化交流大潮中产生和发展的新小说的时代特征往往把握不准。因此，从传播媒介的角度入手，把小说载体、小说市

① 包天笑《钏影楼笔记》，转引自李汉秋编《儒林外史研究资料·前言》，上海古籍出版社 1984 年版第 23 页。

② 鲁迅《中国小说史略》第二十三篇“清之讽刺小说”。

场等动态因素纳入小说史研究的范畴，或许可以为新小说的研究提供一种新的思路，更有利于对对象作出客观、科学的分析和评价。

三、民初小说期刊《眉语》刊行情况考述——以《申报》广告为中心

《眉语》是我国民初刊行的一份文学期刊，1914 年 11 月在上海创刊，1916 年 5 月停刊，月刊，共出 18 期，内容分“图画”“短篇小说”“长篇小说”“文苑”“杂纂”五栏，以刊载长篇、短篇小说为主，也发表剧本、诗词和名画、风景美术作品及美人名媛照片等，由高剑华主编，其丈夫许啸天从中协助，编辑为高剑华、马嗣梅、梁桂琴、许毓华、梁桂珠、柳佩瑜、谢幼韫、姚淑孟、孙青未等女性，作者也多为女性。据目前所掌握的材料，在《眉语》女性作者群体中，有照片为据和有生平可考者有 15 人左右[①]。《眉语》是我国第一份女性小说期刊，以《眉语》为阵地，聚集了我国第一批女性小说编辑，形成了我国第一个女性小说作家群体，其在中国小说史和新闻史上的价值均不可小觑。然而这样一份特色鲜明的期刊，长期以来却没有引起研究界的注意，对《眉语》及其所刊作品进行专门研究还是近几年才开始的事情，还有许多问题没有解决甚至根本还没有提出。

我们知道，文学报刊研究的视角有很多，如编者、作者、作品、稿酬、栏目设置、发行范围及数量等。此外，还有一种比较独特而有效的视角，这就是广告。广告中蕴含了大量社会史、文化（文学）史信息，能给研究者提供广阔的文学研究视野和很多被忽视的有价值的历史资料。就近代文学史研究而言，郭长海、刘德隆、樽本照雄、夏晓虹、袁进等是较早关注报刊广告学术史意义的学者。夏晓虹把报刊广告对近代文学史研究的意义归纳为五点：①呈现文学史相关脉络；②考证作品本来面目；③确认作者真实身份；④搜集作者散佚篇什；⑤确定杂志刊行时间[②]。2013 年 5 月，北京大学出版社推出了钱理群任总主编、袁进主编的《中国近代文学编年史（1872—1914）》和钱理群主编的《中国现代文学编年史（1915—1927）》两部视角独特、特色鲜明的文学史著作，其核心即“以文学广告为中心”。

① 郭延礼《女性小说书写中的“以译代作”——兼论中西文化交流早期的一个倾向性问题》，《文史哲》2014 年第 3 期。

② 夏晓虹《晚清报刊广告的文学史意义》，《南京师范大学文学院学报》2008 年第 4 期。

由于"有些文学现象（甚至是重要的文学现象）是文学广告视野之外的"，"文学广告的不平衡，也可能带来叙述的不平衡；广告词本身的商业性，有时也会形成某种遮蔽"[①]，笔者对"以文学广告为中心"的文学史写作究竟能在多大程度上还原文学史的真实面貌存有一定疑问，但对以广告为中心剖析具体文学个案的可行性仍然充满期待。因此，本书拟以《申报》于1914—1916年登载的有关《眉语》的广告为中心，结合《眉语》及其他资料的相关记载，对《眉语》的刊行情况进行简要梳理，以期促进对我国小说杂志及近代女性文学的研究。

（一）《眉语》主编及刊物的宗旨风格

《眉语》的主编者是高剑华。高剑华名琴，号俪华馆主，浙江杭州西湖人，约出生于1890年，1910年春进入杭州女子师范学校就读，转而投考京师女子师范学堂，只身远赴北京求学。1912年夏自北京回浙江后与徐啸天结婚。1914年11月，创办并主编《眉语》杂志，1916年《眉语》停刊，次年创办《闺声》杂志，似乎只出过一集。抗日战争爆发前，都可以在报刊上发现她的作品，抗战期间，很可能跟随夫婿四处避难。战争结束后回到上海，仍从事编辑工作。卒年不详，但必然在1947年之后[②]。据说高剑华与徐啸天夫妇感情甚笃，"俪华夫妇笃于情，镜台拾钗、晶案画眉，闺帷间尽多韵事"[③]。剑华"性恬澹，喜文翰，书法摹米南宫，矫健飞舞，能得其神似"[④]，《眉语》第一号上"短篇小说"四字即为她书写，署名"剑华"。剑华长于小说创作，在《眉语》上发表作品11种，其中小说10种。剑华亦能诗文，著有《丽华馆吟草》，主编《治家全书》《红袖添香室丛书》，用新式白话标点校注《韩昌黎诗选》《杜工部诗选》《李义山诗选》，与徐啸天合编《交际与娱乐》《美容与健身》《性爱与结婚》《修养与法

① 钱理群《中国现代文学编年史——以文学广告为中心（1915-1927）》"总序"，北京大学出版社2013年版。

② 黄锦珠《诗画才女与女学生出身的女小说家：吕韵清与高剑华——兼论女小说家的形成》，《清末民初女作家小说研究》，台湾里仁书局2014年版。

③ 柳佩瑜《才子佳人信有之》序，《眉语》第一卷第五号（1915年）。

④ 李叔同《俪华馆主高剑华女士书例》，《眉语》第一卷第一号（1914年）。

律》等书[①]。

与其他文学期刊一样，《眉语》在创刊号上首先登出相当于“发刊词”的《眉语宣言》，宣布了刊物的宗旨和风格：

> 花前扑蝶宜于春，槛畔招凉宜于夏，依帷望月宜于秋，围炉品茗宜于冬。璇闺姐妹以职业之暇，聚钗光鬓影能及时行乐者，亦解人也。然而踏青纳凉赏月话雪，寂寂相对，是亦不可以无伴。本社乃集多数才媛辑此杂志，而以许啸天君夫人高剑华女士主笔政。锦心绣口，句香意雅，虽曰游戏文章、荒唐演述，然谲谏微讽，潜移默化于消闲之余，亦未始无感化之功也。每当月子湾时，是本杂志诞生之期，爰名之曰《眉语》，亦雅人韵士花前月下之良伴也。质之囚鸾簸凤之可怜虫，以谓何如？质诸莺嗔燕咤之女志士，又以谓何如？尚祈明眼人有以教之，幸甚幸甚。此布。（《眉语》第一卷第一号）

显然，尽管《眉语》也不例外地强调刊物的“感化之功”，但其主旨还在于“游戏”和“消闲”，这一点与同时期的《礼拜六》等刊物没有什么不同。但其声明娱乐的对象是女性朋友，强调“悦性怡情”，这是很需要注意的地方。其创刊号上登出“本杂志编辑主任高琴剑华”和部分女编辑员的照片；第二号发布《本社征求女界墨宝宣言》，强调“凡属蕙兰清品，闺阁名流，深冀琼瑶之报，聊结翰苑之缘。入社无拘文节，天涯尽多神交”。《本杂志征文例》第一条即说：“无论长短篇小说一律征收，出于闺作者尤所欢迎。”（《眉语》第一卷第一号）在《申报》上打出的广告屡次特意标明“闺秀之说部月刊”（《申报》1914 年 11 月 15 日）、“闺秀之作”（《申报》1914 年 12 月 15 日）、“闺阁著作之说部”（《申报》1915 年 2 月 18 日）。这些都表明，高剑华夫妇创办的《眉语》是一份具有明显性别意识、女性色彩浓重的文学杂志，开始有意识尝试摆脱男性书写的传统创作范式。此外，人们凡提及这份刊物的名称，多从“螓首蛾眉”（《诗·卫风·硕人》）、“眉语两自笑，忽然随风飘”（李白《上元夫人》）这个角度来理解“眉语”二字，说它是“桃色期刊”，

① 沈燕《二十世纪初中国女性作家小说研究》，上海师范大学 2004 年硕士学位论文。

“内容充满着旖旎风光”[①]，这其实是一个美丽的误解。《眉语宣言》说“每当月子湾时，是本杂志诞生之期，爰名之曰《眉语》”，明明指出“眉语”这个刊名实由杂志的出版时间得来，即每期杂志在阴历的月初出版，作为“雅人韵士花前月下之良伴”。尽管后来各期的出版屡有延期，但是“眉语”这个美丽的名字倒还真成了这份女性杂志的标志了。

（二）《眉语》的创刊和停刊时间

《眉语》共发行了 18 期。关于其创刊和停刊的时间，通常的说法是，1914 年 10 月创刊，1916 年 3 月停刊。这个时间大体不差，但也有不够精确之处。

《眉语》自创刊以来，一直在《申报》上刊登营销广告。此时正值《申报》广告业务大加扩展的时期，史量才聘请张竹平任经理兼营业部主任，在经理部之下设立广告推销科，对广告业务进行改革，至民国四年（1915年）四月，报纸的广告版面超过了新闻、副刊的版面，业务收入也随之增加[②]。《眉语》的广告基本刊登在《申报》第四张“自由谈”栏目下方或后页的广告栏内。与《礼拜六》《小说丛报》《繁华杂志》等刊物相比，《眉语》表现得比较低调，除特殊情况外，一般为隔天登一次广告，提前 1～3 天刊登新一期出版的广告，每一期出版后连续宣传 10 次左右（约 20 天）。因为《申报》是大型日报，《眉语》的广告也往往标出发行日期，所以通过其在《申报》上登出的广告，可以比较准确地梳理出《眉语》的刊行情况。

下面列出的是《眉语》在《申报》上刊登的相关广告。

（1）1914 年 11 月 15 日（九月二十八）（11 月 16、17、18、19、20、21、22、23 日连续刊登，下同）：闺秀之说部月刊《眉语》第一号于农历十月初一日出版。

（2）1914 年 11 月 27 日（十月十一）（11 月 28、29、30 日，12 月 1、2、3、4 日）：《眉语》第一号已出版。

（3）1914 年 12 月 5 日（十月十九）（12 月 6、7、10、11、12、13、

① 郑逸梅《民国旧派文艺期刊丛话》，转引自魏绍昌编《鸳鸯蝴蝶派研究资料（上）》，上海文艺出版社 1984 年版，第 377 页。

② 《上海新闻志》，上海社会科学院出版社 2000 年版，第 104 页。

14日）：《眉语》一号再版已出书。

（4）1914年12月15日（十月二十九）（12月16、18、20、21、24、28日）：闺秀之作第二号《眉语》准于阴历十一月初一日出版。

（5）1915年1月17日（腊月初三）（1月22、23、25、27、29、31日，2月2、4、6日）：《眉语》第三号十二月初一日已出版。

（6）1915年2月18日（正月初五）（2月19、21、23、25、27日，3月1、3、5、7、9、11、13、15日）：元旦出版《眉语》第一卷第四号。

（7）1915年3月31日（二月十六）（4月1、2、3、4、5、6、7、8、9、10、11、12、13、15日）：诸君最欢迎最盼望之小说杂志《眉语》第五号准于阴历二月十六日出版。

（8）1915年5月1日（三月十八）（5月3、5、7、9、11、13、15、17、19日）：第一卷第六号《眉语》准阴历三月十六日出版。

（9）1915年6月1日（四月十九）（6月4、6、8、10、12、14、16、18、20日）：第七号《眉语》阴历四月十七日出版。

（10）1915年7月5日（五月二十三）（7月7、9、11、13、15、17、19、21、23日）：人人爱读《眉语》第八号已出版。

（11）1915年8月11日（七月初一）（8月13、15、17、19、21、23、25、27日）：第九号《眉语》出版。

（12）1915年9月9日（八月初一）（9月11、13、15、17、19、21、23、25、27日）：《眉语》第一卷第十号。

（13）1915年10月11日（九月初三）（10月13、15、17、19、21、23、25、27、29日）：《眉语》十一期已出版。

（14）1915年11月17日（十月十一）（11月19、21、23、25、27、30日，12月2、4、6、8、10、12日）：《眉语》第十二号。

（15）1915年12月14日（十一月初八）（12月16、18、20、22、24、26、28、30日，1916年1月1日）：《眉语》第十三号。

（16）1916年1月14日（腊月初十）（1月18、20、23、25日）：《眉语》第十四号出版。

（17）1916年2月20日（正月十八）（2月22、24、26、28日，3月1、3、5、7日）：诸君最欢迎之小说《眉语》第十五号。

（18）1916 年 3 月 22 日（二月十九）（3 月 25、30 日，4 月 8 日）：《眉语》第十六号出版，第一、二号五版又出。

（19）1916 年 4 月 23 日（三月二十一）（4 月 25、27、29 日，5 月 3、6、7、9、11 日）：有味之小说高剑华女士主任《眉语》第十七号已出版。

（20）1916 年 5 月 30 日（四月二十九）（6 月 1、4、5、7、9、11、13 日）：高剑华女士主任《眉语》第十八号出版。

对以上数据进行分析可知，《眉语》开始几期的出版周期相对稳定。第一卷第一号至第四号基本能在阴历月初出版，实现了"月子湾时杂志诞生"的设想，甚至在 1915 年元旦出版了第四号。对此，《眉语》也颇为自矜："诸君有见元旦出版之杂志乎？诸君有见闺阁著作之说部乎？诸君有见精美丰富之图画乎？诸君有见艳丽雅静之文章乎？诸君有见春日怡情之伴侣乎？诸君有见印刷完好之册籍乎？是惟我《眉语》矣。"（《申报》1915 年 2 月 18 日）

到第五号出版时出现了第一次延期，"诸君最欢迎最盼望之小说杂志《眉语》第五号准于阴历二月十六日出版"，这时已经是 1915 年 3 月 31 日，比原定日期晚了半个月。《眉语》为此做出专门说明："《眉语》第五号，一般爱阅者盼望久矣，今已于二月十六日出版，内容格外丰富，以补延期之过。"（《申报》1915 年 3 月 31 日）

此后的第六号至第八号，《眉语》基本上集中在阴历每月的中下旬出版：第六号三月十六日出版，第七号四月十七日出版，第八号五月二十三日或稍前出版，已不能完全实现"眉语"的初衷。从第九号开始，《眉语》延期至月末或下月初出版，这种情况一直延续至第十四号，比最初的出版计划晚了大约一个月。

《眉语》第十五号至十七号的出版日期又延后了大约十天，而终刊的第十八号则到 1916 年 5 月 30 日（四月二十九）才打出"高剑华女士主任《眉语》第十八号出版"的广告，那么其出版的日期最早也应该在阴历四月下旬了。

根据以上梳理，可以得出两点结论。第一，《眉语》刊行的一年半时间里，总共延期了近两个月，真正实现"月子湾时杂志诞生"设想的不超过一年，但与同时代的文学期刊相比，《眉语》的出版还算是相对准时的，如果没有“月子湾时”的公开宣言，这份期刊基本上可以算是如期出版的。第二，《眉语》第一期出版在1914年11月17日（十月初一），最后一期出版应该在1916年5月下旬（阴历四月下旬）。因此，关于《眉语》创刊、停刊时间的表述不应该是“1914年10月创刊，1916年3月停刊”，而应该是“1914年11月创刊，1916年5月停刊”，如果非要按阴历算的话，也应该是“1914年10月创刊，1916年4月停刊”。

（三）《眉语》的营销策略

《眉语》创刊于1914年11月，编辑所在北浙江路华兴坊东五弄七十七号眉语社，总发行所在棋盘街交通路二十号新学会社，各埠新学会社为分发行所，并在直隶、奉天、山东、河南、山西、陕西、湖南、浙江、安徽、福建、广东、云南及南洋多地设立分销处，数目达95处（《眉语》第一卷第一号）。每册大洋四角，预定全年大洋四元。《眉语》刊行完全遵循商业的运作规律。第一号出版不到20天就再版重印（《申报》1914年12月5日），第三号销到了5000多份（《眉语》第三号“快到眉语上来登告白”），“本杂志发行仅两月，而销售已万册”（《申报》1915年1月17日）。“本杂志自第一号起，已一律重印万册，免致有售缺不齐之虑”（《申报》1915年6月1日）。“本杂志发行已一年，销数达万册”（《申报》1915年12月14日）。到《眉语》第十六号出版时，第一号、第二号竟然出到了第五版（《申报》1916年3月22日）。当然这些《眉语》中人的自说自话难免有虚夸业绩的成分，但也不会是完全胡说，即以每期行销5000册算，这在当时已算是不俗的成绩了[①]。那么，在民初风起云涌、气象万千的通俗文学潮流中，既不财大气粗又无大腕云集的《眉语》，仅靠几位女性打理，二三须眉助阵，就能取得不俗的销售业绩，产生较大的社会影响，其营销策略有何特色呢？

首先，突出女性特色。《眉语》创办之时，《礼拜六》《香艳杂志》《游戏杂志》《繁华杂志》《民权素》《小说丛报》等大报正大行于世，其内容之丰富、印刷之精美、价格之低廉，均在《眉语》之上。《眉语》总

① 据熊月之《上海通史》，民初上海文学期刊的普遍销量也就每期一两千册，见《上海通史》第10卷“民国文化”，上海人民出版社1999年版，第71页。

共只有“图画”“短篇小说”“长篇小说”“文苑”“杂纂”五个栏目，每期刊登的长短篇文字作品不过 20 种左右，所开出的稿酬标准也算不上高[①]，如果按照通常的思路办刊基本上没有多大前途。但是，《眉语》是当时最早由女性担任主编、编辑和创作队伍基本为女性的小说期刊[②]，在当时正如“万绿丛中一点红”，在男性话语占统治地位的世界里明显属于另类。钱单士厘曾说：“中国妇德，向守内言不出之戒，又不欲以才炫世。能诗者不知凡几，而有专集者鲜，专集而刊以行世者尤鲜。”[③]自古以来“内言不出”的文化传统，导致社会上普通民众对女性文字难得一见，而这恰恰成了《眉语》最大的“卖点”。因此，《眉语》从创刊伊始直至第十八号终刊，始终都在突出自己娱乐女性、悦性怡情的特色，将刊物定位为“闺秀之说部”“闺秀之作”“闺阁著作之说部”，并在内容编选上多反映女性生活，表现女性意识，体现女性的审美情趣。《眉语》集中了众多女性小说作者，刊登了众多言情小说，言情小说在刊物中所占比例甚至超过了《礼拜六》。此外，《眉语》还计划征集出版《女界墨宝》《中国女子百面观》《名媛集》等面向女性读者的图书，公开刊登中外各界女性的照片，这些都能对当时的读者特别是知识女性产生一定的吸引力。尽管《眉语》突出女性特色的做法主要出于刊物营销的考虑，但全部 18 期《眉语》都体现出强烈的女性色彩，客观上反映了女性意识的觉醒和近代女性小说迈向独立创作时代的开始。

其次，大量刊登西洋名画、风景美术作品及美人名媛照片。《眉语》的编创人员都接受过西式教育，对中外社会及文化的历史与现状也有一定了解。因此，《眉语》体现出了比较鲜明的开放意识、比较意识和较高的审美水准。《眉语》第三号刊出关于征集各界妇女照片编印《中国女子百面观》的启事，开头即说：“入其国而建筑宏丽、道途修洁，接

---

① 《眉语》“本杂志征文例”规定：“润笔每千字自一元至三元”，“有美术风景美人名媛事实等照片见赠者，当择优付刊，选入者即以本杂志一册奉赠”。见《眉语》第一卷第一号。

② 此后有胡无闷女士主持的《莺花杂志》，该刊于 1915 年 2 月出版，且并非女性文学杂志。

③ 《清闺秀正始再续集初编·自序》，归安钱氏聚珍仿宋排印本。转引自李舜华《“女性”与“小说”与“近代化”——对明以来迄晚清民初性别书写的重新思考》，《明清小说研究》2001 年第 3 期，第 131 页。

其人而思想清逸、举止安详者，必其文学美术俱臻发达。东西各国政府提倡之社会、崇尚之文化，关键胥视乎此。回顾邦人，昏昧顽劣，民气日以堕，国运日以蹙，谋国事者非致力于社会教育，阐扬美术以感化民气不可。”（第三号《眉语宣言》）有鉴于此，《眉语》特别关注“图画”栏目的编排和经营，每期刊登大量西洋名画、风景美术作品及美人名媛照片，并反复强调图画“鲜艳夺目，旖旎怡神”（《申报》1914 年 12 月 15 日）；“增印图画百余幅，并有从来未有之中国少年男女爱情撮影，晶窗絮语，花下盟心，及舞蹈撮影九十余幅，柳腰款舞，栩栩欲生，诚不可多得者也”（《申报》1915 年 1 月 17 日）；“本号图画最为精美艳丽者，如五彩封面画之《佳人进果图》、女儿可爱时代之撮影《待字》《得婿》《新嫁》《弄香》，燕侣影《凭栏絮语》，闺中调笑图《姑嫂姊弟扮演故事》，尤为可爱者为《美人颐》《美人颈》之撮影”（《申报》1915 年 8 月 11 日）。《眉语》第三至五号还专门刊登马嗣梅女士的《舞蹈讲义》，图文并茂，介绍西方“缓步舞蹈”的分解动作照片，“柳腰款舞，栩栩欲生，诚不可多得者也”（《申报》1915 年 1 月 17 日）。此外，《眉语》登载了不少裸体美人图画，有西洋的，也有本土画家郑曼陀的，并在报纸上反复宣传，这在当时的刊物是极少见到的。特别是，《眉语》第十一号在《申报》上的广告封面画竟是一位裸体女子的正面侧卧画像，身上只搭了民间剪纸作品的“眉语”二字（《申报》1915 年 10 月 11 日），这在今天看来也是惊世骇俗的，其能博得读者的眼球也是自然的事。人们常说小说戏曲演讲于世道人心的影响甚为便捷通达，其实图画照片比小说还通俗易懂，深入人心。《眉语》的做法，不仅开阔了读者的眼界，对读者审美层次的提升起到了很好的促进作用，同时从营销学的角度说，大量登载东西方名画、风景美术作品及美人名媛照片，也收到了给读者特别是男性读者“养心”兼“养眼”的功效，有利于赢得更多的客户。当然，这种大胆的做法也极有可能予人口实，给刊物带来负面影响，甚至带来严重的后果。这一点留待下节再谈。

最后，赠送礼品。赠送礼品是清末民初报刊普遍采取的营销策略，有像《申报》那样赠送月份牌的，也有送书、送刊物、送画册、送购书券者，不一而足。《眉语》也不例外。第五号因为延期了半个月，编辑部宣布“附赠爱情明信片一张：水晶帘下看梳头”（《申报》1915年3月31日），是为《眉语》对读者赠送礼品之始。此后，第七号“附赠爱情画《半羞半喜》图”，并特意指出“可裁下配架悬挂”（《申报》1915年5月1日）。第十二号“附送美术画三张”，声明“凡在本埠直接向总发行所现购本号《眉语》一册者，奉赠精印美术明信片画三张，香艳美丽，幸勿交臂失之”（《申报》1915年11月17日）。第十三号刊布“特增大幅裸体美人画月份牌预告：本杂志发行已一年，销数达万册。兹值第二年第一号出版，特印长二尺宽尺余之大幅裸体美人名画，香艳精美，为自来所未有。准于阴历十二月初十日起，由本杂志发行所分赠。凡预定本杂志第二年半年者（从十三号定起），每份各赠一幅，至阴历明年三月初十止赠，以示优异，幸勿失此机会”（《申报》1915年12月14日）。第十四号申明“凡订阅本志半年者，奉赠郑曼陀君画裸体美人月份牌一幅”（《申报》1916年1月14日）。应该说，《眉语》的这些促销做法与同时代的其他刊物相比并没有独特之处，不过其赠送的礼品是“爱情明信片”“爱情画”，甚至是“大幅裸体美人名画”，这在当时倒并不多见，对市井生活中的男女读者来说是有一定吸引力的。

（四）《眉语》被查禁的经过

关于《眉语》对当时社会的影响，郑逸梅所说顾明道化名梅倩女史在《眉语》上发表小说引起误会的故事[①]比较有影响，除此之外能找到的资料就很少了。1931年，鲁迅在《上海文艺之一瞥》中提到过《眉语》，他说：

> 这时新的才子+佳人小说便又流行起来，但佳人已是良家女子了，和才子相悦相恋，分拆不开，柳阴花下，象一对胡蝶，一双鸳鸯一样，但有时因为严亲，或者因为薄命，也竟至于偶见悲剧的结局，不再都成神仙了——这实在不能不说是一个大进步。到了近来是在制造兼可擦脸的牙粉了的天虚我生先生所编的月刊杂志《眉语》出现的时候，是这鸳鸯胡蝶式文学的极盛时期。后来

---

① 见郑逸梅《民国旧派文艺期刊丛话》之《眉语》，另见郑氏所著《民国旧派小说名家小史》之《顾明道》，两文说法大同小异，分别载魏绍昌主编“中国现代文学史资料丛书”（甲种）《鸳鸯蝴蝶派研究资料》上卷“史料部分”，上海文艺出版社1984年版，第377页、第581页。

《眉语》虽遭禁止，势力却并不消退，直待《新青年》盛行起来，这才受了打击。这时有伊孛生的剧本的绍介和胡适之先生的《终身大事》的别一形式的出现，虽然并不是故意的，然而鸳鸯胡蝶派作为命根的那婚姻问题，却也因此而诺拉（Nora）似的跑掉了。[①]

在这里，鲁迅误将天虚我生当成《眉语》主编，早已为时人指出，自不必说。而关于另一个问题，即《眉语》是否遭禁止的问题，则很有进一步考证的必要。范伯群对此持基本否定意见，理由是“一是没有听到他们的圈内人说起过，二是这样的杂志好像不大可能被禁止”[②]。其实事情远非这么简单。1916 年 9 月，《眉语》被内务部以“损害社会风纪”的罪名通令查禁，查禁理由来源于通俗教育研究会小说股第一次审核小说时对该期刊做出的“下等禁止”的结论。通俗教育研究会小说股这次共审核小说 251 种，分为“上等给奖”“上等”“中等”“下等”“下等禁止”五个等次，《瑶华传》《浪史奇观》《金屋梦》《牛鬼蛇神之情场》《玉楼春》《官场风流史》《新鸳鸯谱》《国色天香》《野草花》《马屁世界》等小说被列为“下等禁止”；审核杂志 17 种，分为“上等”“中等”“下等”“下等禁止”四个等次，其中被列为“下等禁止”的只有《眉语》一种[③]。通俗教育研究会是一个集政府官员与社会精英于一体的社会团体，1912 年 4 月在江苏成立，1915 年教育部公布《通俗教育研究会章程》，规定下设三股：小说股、戏剧股、讲演股，分别负责新旧小说、戏曲评书、讲演等的调查和审核工作。“小说股制定了《小说审核办法》，通过一切渠道获得市面上所发行的各种小说，根据其主旨内容，将其分为上、中、下三等，对上等的小说给予嘉奖，而对下等的小说，则以‘函牍’的形式发给各地区进行取缔，尤其注重对铁路、码头兜售书籍的小贩的管理。”[④]毋庸讳言，通俗教育研究会在起到开启民智、转变社会风气作用的同时，也在一定程度

---

① 鲁迅《上海文艺之一瞥》，《鲁迅全集》第 4 卷，人民文学出版社 1963 年版，第 232 页。

② 范伯群《中国现代通俗文学史》，北京大学出版社 2007 年版，第 182 页。

③ 吴效刚《民国时期查禁文学史论》，中国社会科学出版社 2013 年版，第 19-20 页。另，张克明辑录《北洋政府查禁书籍、报刊、传单目录》（续）（《天津社会科学》1982 年第 6 期）也说，《眉语》杂志查禁机关为内务部，查禁日期为 1916 年 9 月 23 日，罪名为“损害社会风纪”。

④ 施克灿、李凯一《江湖与庙堂：北洋政府时期社会教育的路径选择——以通俗教育研究会为考查对象》，《清华大学教育研究》2012 年第 5 期。

上扮演了封锁社会喉舌的角色。果然，1916年11月2日，《山东官报》登载“严禁《眉语》再版”的省长公署训令，内容如下：

> 山东省长公署训令：案准内务部咨开，准教育部咨开，据通俗教育研究会呈称，窃惟不良小说最为风俗之害，其传播之由厥有三途：一编售新书，二翻印古籍，三刊行杂志。本会成立以来，对于新印及翻印之不良小说，已次第详加核实，尤其择甚者，呈请钧部咨行查禁在案，惟杂志一类，襞积成书，则内容复杂，继续出版则篇幅繁重，调查审核尤宜详慎。近时坊间此种杂志日出不穷，经本会查得有《眉语》一种，其措词命意几若专以抉破道德藩篱损害社会风纪为目的，在各种小说杂志中，实为流弊最大。查是项杂志现正陆续出版，亟应设法查禁，理合检送原书呈送钧部，拟请咨行内务部转饬严禁发售，并令停止出版，似于风俗人心不无裨益。等因到部。查《眉语》杂志所载小说图画各种，大率状态猥琐，意旨荒谬，几不知尊重人格为何事。此种风气之流布，其危害于社会道德实非浅鲜。将原书十五册咨部查照，转饬所属严禁再行印售，以正人心而维风教。等因到部。除训令京师警察厅遵照，并咨复教育部查照外，相应咨请饬属严禁可也。等因准此。除分行外，合行令各道尹厅长转饬所属，一体查禁毋违。[①]

《眉语》自创办以来，主要依靠新学会社在全国的发行网络，同时在我国直隶、奉天、山东、河南、湖南、浙江、福建、广东，以及南洋等多地设立分销处，出版的杂志不断再版重印，销数最多达到万册以上。尽管这些说法多来自《眉语》自身，其中难免有夸张的因素，但其比较受社会欢迎应当是事实，无论读者出于何种心理。顾明道化名梅倩女史创作小说引起误会的话柄，就是当时女性小说作者深受读者欢迎的一个明证。而通俗教育研究会要求全国各地查禁《眉语》，也是《眉语》在社会上广为流行的一个有力证明。事实上，《眉语》本是一份知识女性的同人刊物，办刊主旨不外乎“游戏”“消闲”，正如沈燕所指出的那样，“作为商业性期

---

① 山东省出版总社出版志编辑室《山东出版志资料——山东清末民国时期出版法令训令选编专辑》，1990年内部发行，第10-11页。

刊，《眉语》注重文化消遣，完全遵循商业运作的规律。纵观发表在《眉语》上的小说，的确是‘游戏文章，闺人良伴’。无关政治的爱情小说永远是《眉语》的最爱”①。然而《眉语》还是被查禁了，罪名是“损害社会风纪”，所谓“其措词命意几若专以抉破道德藩篱损害社会风纪为目的”，“所载小说图画各种，大率状态猥琐，意旨荒谬，几不知尊重人格为何事。此种风气之流布，其危害于社会道德实非浅鲜”。②在中国古代，名教杀人特别是杀女人的悲剧不知道重复过多少次，即使进入民国，对一份以女性为主要编创人员的刊物来说，危害道德这个罪名实在是太过于严重了。由此我们联想到，《眉语》办得好好的，怎么一下子就悄无声息地停掉了，其中可能有经济压力或者主持人改行等原因，但仅“损害社会风纪”这一条就足以把《眉语》送上死路。尽管内务部正式查禁《眉语》是在 1916 年 9 月，《眉语》最后一期出版在该年 5 月底，但是考虑到通俗教育研究会从搜集、审核，将结果提交内务部，再由内务部发文公布查禁目录需要不短的时间，可以推测《眉语》的停刊与此事极有可能存在因果关系。再说说鲁迅所言《眉语》被禁之事。其实鲁迅与通俗教育研究会小说股的渊源甚深。他于 1915 年 8 月被教育部派遣加入通俗教育研究会，9 月担任小说股主任。当时查禁及改良小说的议案由会员孙壮提出，在 1915 年 11 月 24 日小说股第九次会议上议决，当时鲁迅虽为主任，态度却并不积极，并于 1916 年 2 月辞去了主任职务，此后还曾担任过该会名义上的审核干事③。因此，对通俗教育研究会 1916 年查禁《眉语》之事，鲁迅不是参与者至少也是知情者，所以他说《眉语》曾遭到禁止绝非空穴来风。

那么，《眉语》到底刊登了哪些“损害社会风纪”“危害社会道德”的作品呢？纵观其所发表的小说，除个别作品如《裸体美人语》之抨击传统纲常名教态度比较激烈外，其余绝大多数小说与当时的社会风气旨趣并不冲突，如宣扬恋爱至上，颂扬个性自由、女性独立、崇尚自然等，都是当时人们津津乐道的，《眉语》亦不例外。笔者推测，《眉语》被查禁的

① 沈燕《二十世纪初中国女性作家小说研究》，上海师范大学 2004 年硕士学位论文。

② 山东省出版总社出版志编辑室《山东出版志资料——山东清末民国时期出版法令训令选编专辑》，1990 年内部发行，第 10-11 页。

③ 孙瑛《鲁迅在通俗教育研究会的工作》，《徐州师范学院学报》1978 年第 1 期。

主要缘由恐怕与其开放的审美观念和性别意识有关。“图画”是《眉语》的五大栏目之一，位置在刊物最前端，最引人注目。《眉语》的编辑人员大多数受过西式教育，审美观念比较开放，加之为刊物促销的考虑，几乎每期都要刊登大量的西洋名画、美人名媛及爱情、舞蹈照片。例如，第七号“图画”栏刊登了“《盼郎归》之封面画，《半羞半喜》之爱情画，《无赖灯光》《无赖镜》《痴心欲掉画图看》之裸体名画，《倚怀索笑》及《银盒定情》之西洋爱情名画等”（《申报》1915 年 6 月 1 日）；第九号刊登了“女儿可爱时代之撮影《待字》《得婿》《新嫁》《弄香》，燕侣影《凭栏絮语》，闺中调笑图《姑嫂姊弟扮演故事》，尤为可爱者为《美人颐》《美人颈》之撮影，容光焕发，脂儿粉腻，阅之令人心焉向往”（《申报》1915 年 8 月 11 日）；第十二号刊登了“《红窗闲倚》之封面画，《玉池清水白莲花》之半身裸体美人画，《持将灯影照郎归》之时装美人画，《罗衫才褪恼郎窥》《解裙量度小腰围》之裸体美人图，《口脂羞度》《吐兰依玉》《花下戏侬》之爱情画，此外尚有中国各省名妓合影全图共一百另二人，南脂北粉，莺媚燕俏，实不可多得之物，亦诸君不可多得之眼福也”（《申报》1915 年 11 月 17 日）；第十三号“特印长二尺宽尺余之大幅裸体美人名画，香艳精美，为自来所未有”（《申报》1915 年 12 月 14 日）。对于当时的正统派人士来说，杂志刊登时装美人甚至妓女的照片他们能够容忍，这也是《小说时报》《小说大观》等期刊得以在社会上大受欢迎的群众基础，而将男女爱情、闺阁之乐甚至西洋裸体美人的图画公开刊发，这就大大超越了封建卫道士的心理底线，“其危害于社会道德实非浅鲜”，于是，《眉语》也就“顺理成章”被查封了。

清末民初，我国开始进入使用近代印刷技术的报刊时代。报纸和杂志蓬勃发展，成为当时文化承载与传播的主要媒介。作为我国第一份女性小说期刊，《眉语》刊行于新闻界惨遭袁世凯政府打击镇压，而小说事业却意外地进入蓬勃发展的特殊时期。《眉语》的生命只有短短一年半时间，就像历史长河中划过的一颗流星，但她是近代知识女性的小说殿堂，也是中国女性小说职业化的拓荒者。《眉语》聚集了我国第一批女性小说编辑，形成了第一个女性小说作家群体，集中体现了女性意识的觉醒，集中发表了女性创作的文字，并在众声喧哗的鸳鸯蝴蝶—礼拜六派小说期刊与创作潮流中展示出迷人的旖旎风光。无论在近代文学还是新闻出版史上，《眉语》都具有独特的价值和意义，都值得我们认真对待，仔细研究。

四、哈尔滨出版的《小说月报》

小说期刊是中国小说发展到近代，在西方新闻出版事业影响下兴起的具有鲜明时代特色的小说载体和传播媒介。它们主要集中在上海、广州、香港、武汉等大城市，以日刊、周刊、旬刊、半月刊、月刊、季刊或不定期刊等多种形式在社会上公开发行。以今天的观点来看，《小说月报》无疑是近现代以来最著名和影响最为深远的小说期刊。对一般读者而言，大家比较熟悉的是其中两种，一种是商务印书馆于20世纪初创办的《小说月报》，它于1910年在上海创刊，主持人先后有王蕴章、恽铁樵，1921年出到第12卷时，由沈雁冰接任主编，对刊物实行彻底的改革，《小说月报》遂变为文学研究会的机关刊物。后来又由郑振铎接编。1932年1月底上海“一·二八”事变发生，日军进攻上海，商务印书馆的工厂、仓库、编译所以及东方图书馆都毁于日军飞机的轰炸，因而于1931年12月发行到第二十二卷十二期（总258期，不包括增刊），被迫停刊。另一种是“文化大革命”以后，由百花文艺出版社于1980年创办的《小说月报》，聘请茅盾、叶圣陶、巴金等为顾问，刊载新时期国内发表的优秀中短篇小说，至今已经出版了400多期。此外，不大为人所知的，尚有以下两种：一是清光绪三十二年（1906年）由上海竞立社创办、亚东破佛（彭俞）主编的《竞立社小说月报》，这是在中国第一份以《小说月报》命名的小说期刊，可惜只出版了两期就夭折了；二是1940年10月由上海联华广告公司出版部创办、顾冷观主编的《小说月报》，当时小说大家如包天笑、周瘦鹃、张恨水、郑逸梅、程小青等都是它的重要作者，出到第四十五期于1944年11月停刊。这四种《小说月报》全部在上海出版。

除此之外，还出现过第五种《小说月报》（图5-1），这就是由哈尔滨东陲商报馆于1918年初创办，王润之主编，在哈尔滨出版的《小说月报》。从目前仅见的第二期来看，这份杂志高21.8厘米，宽14.2厘米，封面自左至右依次署“中华民国邮政特准挂号认为新闻之类”“小说月报第二期”“哈尔滨东陲商报馆出版”。正文前有东陲商务刷印公司、滨江宏仁医院、醉德楼、集成福、三隆洋行、丰顺公司等广告 8 份，以及东陲商报馆自己的“登此广告有三大利益”“本报第三期出版预告”“哈尔滨全图出版”“哈尔滨指南出版”广告 4 份。所载作品全为小说，分为两个栏目，先是长篇小说：①“劝世小说”《阴阳报》第十六章～第二十四章，署名“目空”；②《新七侠》第五回～第八回，不署撰人；③“苦情小说”《恶因缘》第六回～第十回，署名“目空”。然后是短篇小说，计有：《屠孝子》（不署撰人）、《吴孝女》（不署撰人）、《赵贤妇》（不署撰人，结尾有署名“隐朋”的评语）、《大侠李二》（倚寒）、《弱女报仇》（扶风）、《张绍廉》（定夷）、《黑虎》（无为）、《贾后故智》（天帚）、《紫萝真人》（倚寒）、《破镜缘》（庸公）、《景娘》（不署撰人，结尾有署名“吁公”的评语）、《屈贞女》（徐枕亚）、《剑影》（不署撰人，结尾有署名“桂仙”的评语）、《陈氏子》（目空）、《同命鸟》（生）、《僧印月》（叔豪）、《红衣新娘》（叔豪），共 17 篇。

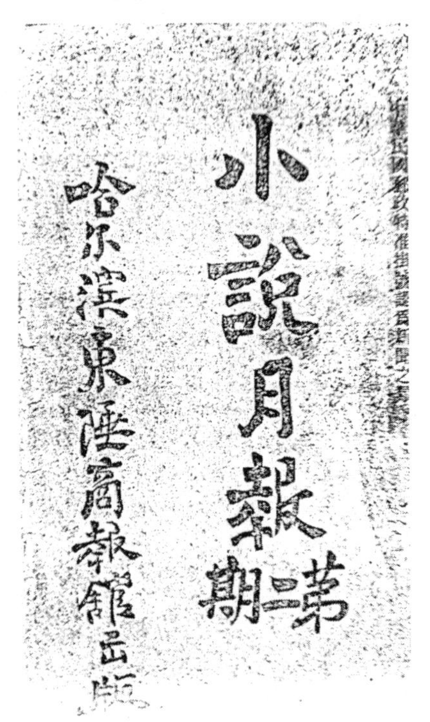

图 5-1　哈尔滨《小说月报》第二期封面

正文后是刊物的“本报价目”“代派定例”“广告刊例”，以及版权内容：民国七年阴历二月下旬出版　民国七年阴历三月上旬发行　每册售大洋三角正　全年十二册售大洋三元正　编辑者 王润之　校阅者 宫宪章　发行 哈尔滨东陲商报馆。

正文每页 12 行，每行 36 字，计 432 字。全书正文 120 页，合计近 5 万字。所刊诸作均为创作小说，没有翻译作品，更没有同时代其他小说期刊中常见的诗文词乃至于传奇、杂记等体裁，品类之纯粹是比较罕见的。作品的思想内容也比较传统或接近正统，无论长篇短什，“节孝之事居多”。编排方式采取当时期刊中颇为流行的另起页码、逐期相续的办法。例如，第二期所载小说，《阴阳报》为 25～40 页、《新七侠》为 23～42 页、《恶因缘》为 39～79 页，短篇小说为 33～78 页。其实，这种编排方法是由梁启超首倡的。梁启超在创办《时务报》时，就是将刊登的《华盛顿传》《伦敦铁路公司章程》等依照逐期相续的方法编排的，以便于读者在作品刊毕后拆下来另订成帙。这种方法也为后来出版的许多期刊如《绣像小说》《东方杂志》《小说林》等所仿效。从刊物登载的广告中可以推断，《小说月报》至少出版了 3 期，而它的印刷工作则应当由东陲商报馆附设的东陲商务刷印公司承担的，但就第二期来看，刊物编校和印刷工作都说不上精美和细致，无论封面还是正文，都没有图案和插画，更没有当时报刊界已经广泛应用的铜版照相，甚至封面左侧的“中华民国邮政特准挂号认为新闻纸类”被错印为“新闻之类”也没能发现改正。关于它的发行范围和发行数量，该刊正文前的“登此广告有三大利益”广告中说：“此项小说每月发行一期，每期消（销）售至万册之多”；“此项小说不独消（销）行于本埠，凡南北满重要地点及内省各埠均有代消（销）处”。但这种明显带有广告色彩的“自说自话”，其可信程度究竟有多大是很难确认的。该刊第二期登载的作品，除徐枕亚的《屈贞女》曾在 1915 年 1 月 10 日出版的《民权素》第四集上发表过以外，其余诸作，包括李定夷的《张绍廉》在内，都不见于著录。在刊物上署名的十多位作者中，“目空”的作品最多，他一共创作有两个长篇、一个短篇，显然是刊物的主要作者，依照当时文学期刊的通例，这位“目空”极有可能就是刊物的主编王润之，但这仅仅是推测而已，目前还无法认定他的确切身份。陈玉堂编的《中国近现代人物名号大辞典》中有一个名为李涉世号“目空”的，但这位“目空”是1903年生人，到1918年时年仅15岁，与《小说月报》的“目空”显然不是一个人。其余作者（包括写评语的）中，隐朋、倚寒、扶风、庸公、吁公、生、叔豪诸人都不见于记载。短篇《黑虎》的作者署“无为”，陈玉堂所编《中国近现代人物名号大辞典》中有三个“无为”，一个是当时有名的报人、小说家张丹斧，一个是著名政治活动家陈其美，一个是福州人王新命，但这三人是否创作过《黑虎》尚不能确认。短篇《贾后故智》的作者署“天帚”，不知为何许人，近代有一个叫张守彝的字“天帚”，但不知其是否作过小说。倒是上海的《小说月报》上登载过署名“天帚”的一些作品，这就是第九卷（1918年）第四号、第七号、第八号上的《铁书识小》和第十一号上的《寒山社诗钟》，但此“天帚”与彼“天帚”是否为一人，同样未找到证据。第二期正文前的“本报第三期出版预告”中一共列出短篇小说20篇，其中除《鸳鸯劫》一种外，都不见于著录。关于短篇小说《鸳鸯劫》，樽本照雄《新编清末民初小说目录》著录有两种：一是署名“剪瀛”，发表在《小说旬报》第1期（1914年9月10日）上的“惨情小说”《鸳鸯劫》；二是署名“藜青”，发表在《礼拜六》第五十九期（1915年7月17日）上的“哀情小说”《鸳鸯劫》，由于笔者未见到第三期刊物，因此无法判断这里的《鸳鸯劫》与上述两种《鸳鸯劫》的关系。

尽管哈尔滨《小说月报》是一个短命的刊物，而且刊物宗旨和所登载的作品也与当时蓬蓬勃勃的五四新文化运动存在一定的距离，但它在中国小说史上的地位是不容忽视的。据笔者所知，这份《小说月报》在阿英、张静庐等前辈学者的有关论著中都没有著录，近年来出版的收录近现代文学报刊最为完备的《中国现代文学期刊目录汇编》《中国近代文学大系·史料索引集》，以及收录近代小说最为完备的《新编清末民初小说目录》《清末民初小说年表》和《民国小说目录》中也没有提到它，可见这是一份从未被发现的近代小说期刊，到目前为止学术界还不知道它的存在。

哈尔滨《小说月报》为异彩纷呈的近代小说期刊世界增加了一个新的成员，它所刊登的作品也会大大扩充中国近代小说的阵容。根据现在掌握的材料，仅《小说月报》第二期、第三期就登载了长篇小说3部，短篇小说37篇，而且基本未被著录，相信这将是以后中国近代小说书目的重要增补内容。此外，它也使我们认识到，在当时的形势下，创办文学期刊已经成为一种广泛的社会行为，凡是受到西方文化影响的地区，都存在创办近代化文学报刊的可能，这就促使我们进一步反思，以前把关注近现代文学期刊的目光局限在上海、广州、汉口、香港等少数几个沿海沿江地区的做法是否有褊狭之嫌，当时产生的数目庞杂，此起彼伏的文学报刊还有多少没有被我们所发现和认识。鉴于此，笔者将哈尔滨《小说月报》的情况简要介绍出来，相信会对清末民初文学的研究起到一定的启发和推动作用，也热切期待有关这份《小说月报》的更多资料能有人发现并公布出来，进一步推进中国近现代文学史和新闻出版史的研究。

五、近代报刊上的红学文献

“开谈不说红楼梦，读尽诗书是枉然。”（《京都竹枝词》）作为我国古代长篇小说的巅峰之作，《红楼梦》在其以抄本在社会上流传的时候，就受到了人们的普遍关注，并吸引了越来越多文人研究、评论的兴趣，光绪初年即有了“红学”的称法（李放《八旗画录》注）。流风所及，作为其时文学重要载体和传播媒介的报刊自然也对《红楼梦》予以充分的关注，不断刊载有关《红楼梦》的评论和创作。这些文献对《红楼梦》及近现代报刊研究都有很重要的意义。多年来，《红楼梦》研究一直都是中国古代小说乃至于古代文学的热点。据陈大康教授统计，1950—2000 年，有关《红楼梦》作家作品研究的论文即达 8756 篇，约占清代通俗小说作家作品研究论文的 81%[①]，但迄今为止，红学界对近代报刊中红学文献的认识和研究还不充分，有待于进一步加强。

（一）报刊开始关注红学文献

1842 年 5 月，在广州出版的英文月刊《中国丛报》（*Chinese Repository*）第十一卷第五期上刊登了德国传教士郭实腊撰写的《红楼梦或梦在红楼》(*Hung Lau Mung, or Dreams in The Red Chamber*)，全文共八页一万多字节。这是一篇关于《红楼梦》的读书随笔性质的介绍、评论，“虽然他对《红

① 陈大康《研究格局严重失衡与高密度重复——兼论学术腐败滋生的著述环境》，《文汇读书周报》2002 年 9 月 6 日。

楼梦》了解不多，甚至荒谬地把宝玉当作‘女子’称为‘宝玉夫人’(the Lady Pauyu) ”[1]，但郭实腊是第一个写出有关《红楼梦》文字的外国人，《中国丛报》也是目前可知第一张登载红学文献的近代报刊。

1874 年 3 月，《瀛寰琐记》第十七卷刊登《红楼梦竹枝词》（署“合肥卢先骆半溪”）和《红楼梦竹枝词序》《读红楼梦杂记》（署“愿为明镜室主人”，原名江顺怡），这是目前可见近代中文报刊登载红学文献最早的记录。《读红楼梦杂记》原有清同治八年（1869 年）杭州刻本，对《红楼梦》宗旨、形象、艺术手法等进行了评论，其中尤为可贵的是，它明确否认《红楼梦》是影射之作：

> 或谓《红楼梦》为明珠相国作，宝玉对明珠而言，即容若也。窃案《饮水》一集，其才十倍宝玉，苟以宝玉代明珠，是以子代父矣。况《饮水词》中，欢语少而愁语多，与宝玉性情不类。盖《红楼梦》所纪之事，皆作者自道其生平，非有所指，如《金瓶梅》等书，意在报仇泄愤也。数十年之阅历，悔过不暇，自怨自艾，自忏自悔，而暇及人乎哉！所谓宝玉者，即顽石耳。

正如俞平伯所说，作者江顺怡在丝毫不知道曹雪芹与《红楼梦》关系的情况下，一反举世附会“红学”的潮流，明明白白地说《红楼梦》“皆作者自道其生平，非有所指”，这是非常有见地的[2]。

1902 年，梁启超创办《新小说》杂志，发动“小说界革命”。为夸大小说的现实功用以改良群治，他多次说《红楼梦》《水浒传》诲淫诲盗，几乎把中国古典小说一笔骂倒，但《新小说》“小说丛话”栏目的其他作者则多与梁启超大唱反调，竭力推崇和高度评价古典小说，如侠人说：“吾国之小说，莫奇于《红楼梦》，可谓之政治小说，可谓之伦理小说，可谓之社会小说，可谓之哲学小说、道德小说。”[3]在这时，对《红楼梦》的评价甚至成了如何实现文学救国的试金石。

1908 年，《小说林》曾设想开辟“《红楼梦》丛话”，并在第十一期

① 王丽娜《中国古典小说戏曲名著在国外》，学林出版社 1988 年版，第 270 页。

② 俞平伯《红楼梦辨》(十四)《读红楼梦杂记》选粹(附录)，人民文学出版社 1973 年版，第 195 页。

③ 《新小说》第十二号（1904 年）。

上专门刊出征文广告《敬告爱读〈红楼梦〉诸君》：

我国旧小说以《红楼梦》为第一。其中深文奥义，命名记时，甚至单词片语，篇章句读，每每人执一词，家腾一说，津津乐道之。然未有辑成专书者。本社敬告爱读诸君，苟有发明之新考据、新议论、新批评、新理想，不论长篇短札，以及单词只义，请寄交本社发行所。《小说林报》中专设"《红楼梦》丛话"一门，择优登载之。俟积久成帙，即精印单行本，分赠投函诸君，以酬雅意，幸勿吝教。

1915 年，沈瓶庵在《中华小说界》第二卷第九期上刊登《红学讨论会征集会友启》，准备举办红学讨论会。

这些都是报刊结合自身特点推进《红楼梦》研究的重要举措。可以设想，此事如果成功，这些刊物就是今天《红楼梦学刊》《明清小说研究》等专业期刊和红学网站的前身，其对红学研究的意义自不可小觑。可惜由于《小说林》突然夭折，徐念慈们的设想化为泡影；《中华小说界》的《征集会友启》结果如何，目前也不得其详。

（二）近代报刊所登载红学文献的来源

郭豫适《红楼研究小史稿》（清乾隆至民初）"引言"云：

二百多年的《红楼梦》研究史，可以分为两个大的时期，从清朝乾隆年间至民国初年是前一个时期，从五四时期以后是后一个时期。……从乾隆年间至民国初年，《红楼梦》研究有一百多年的历史。这个时期有关曹雪芹和《红楼梦》的评论文字（包括专文、专书以及有关传说材料等），数量很多。这些文字大致上可以分为四类。

（一）有关曹雪芹和《红楼梦》的诗歌和杂记。……

（二）《红楼梦》（或《石头记》或《金玉缘》）上面的批注。……

（三）评论《红楼梦》的专书。……

（四）评论《红楼梦》的专篇论文。……[①]

① 《红楼研究小史稿》（清乾隆至民初），上海文艺出版社 1980 年版。

目前，从清乾隆年间至民国初年一般被称为“旧红学”时期，从五四运动以后一般被称为“新红学”时期。近代报刊上所登载的红学文献基本上属于所谓“旧红学”时期，以及由“旧红学”向“新红学”过渡时期的产物，文献的表征形式主要为“有关曹雪芹和《红楼梦》的诗歌和杂记”和“评论《红楼梦》的专篇论文”，中文文献最早见于《瀛寰琐记》第十七卷上的《读红楼梦杂记》和《红楼梦竹枝词》。

这一时期报刊所登载红学文献的来源主要有三个：①有相当部分是前人的作品（或已刊刻或未刊刻）。例如，1874 年《瀛寰琐记》所刊愿为明镜室主人《读红楼梦杂记》，此前已有清同治八年（1869 年）杭州刻本；1915 年《小说新报》所载朱作霖（雨苍）《红楼文库》，此前已有清咸丰四年（1854 年）刻本；1916 年徐枕亚《小说日报》登载朱瓣香《红楼百咏》、1918 年徐枕亚《小说季报》刊载朱瓣香《读红楼梦诗》，其实是作者近百年前的遗作（这组诗大约始作于清嘉庆二十四年己卯腊八即 1820 年 1 月 23 日，至清道光二年壬午即 1822 年秋方撰成）[①]。②从当时行世的杂史笔记中摘转。例如，1914 年《文艺杂志》所刊颠公“小说丛谈”《红楼梦影明珠事》摘自陈康琪《郎潜纪闻》，《红楼梦为谶纬之书》摘自蔡愚道人《寄蜗残赘》，《红楼梦刺和珅家庭之异说》摘自《谭瀛室笔记》，《纳兰容若诗与宝黛之关系》摘自金武祥《粟香随笔》，《红楼梦批本之批评》《读红楼梦者之移情》摘自邹翰飞《三借庐笔谈》，《红楼梦为政治小说》摘自《乘光含笔记》。③原创首发的红学研究成果。例如，王国维《红楼梦评论》首先刊载在 1904 年《教育世界》（1907 年《广益丛报》转载），1905 年 9 月收入《静庵文集》；王梦阮、沈瓶庵《红楼梦索隐》先于 1914 年在《中华小说界》上登出《提要》，1916 年 9 月出版上海中华书局铅印本（附在一百二十回《红楼梦》后）；蔡元培《石头记索隐》刊载在 1916 年 1—6 月《小说月报》上；弁山樵子《红楼梦发微》刊载在 1916 年《香艳杂志》上。

以上三项，以第三项最有价值与影响。王国维《红楼梦评论》系红学史上第一部比较系统地研究《红楼梦》的专论，王梦阮、沈瓶庵《红楼梦

① 郭浩帆、薛超睿《〈读红楼梦诗〉作者朱瓣香生平创作小考》，《红楼梦学刊》2011 年第三辑。

索隐》、蔡元培《石头记索隐》是旧红学“索隐派”的代表性成果，它们都是红学史上具有里程碑意义的巨作。

（三）目前有关近现代报刊刊载红学文献的发掘、整理和研究

目前关于近现代报刊所登载红学文献的发掘和整理工作主要有如下几类。

（1）一粟《红楼梦书录》（上海古籍出版社 1963 年版）“评论”收录《新小说》“小说丛话”（1903 年）至《燕京学报》（1949 年 12 月）间《红楼梦》评论文字 181 篇；其所编“古典文学研究资料汇编”《红楼梦卷》收录了部分内容（1903—1911 年）。

（2）人民文学出版社编辑部《红楼梦研究参考资料选辑》（第三辑）（人民文学出版社 1976 年版）收录 1919 年五四运动以后至 1949 年中华人民共和国成立以前旧报刊所发表的文章 33 篇；“附录”《〈红楼梦〉研究论文索引》（1919 年 5 月 4 日至 1949 年 9 月 30 日）收录 503 篇，其中绝大多数来源于报刊。

（3）中国艺术研究院红楼梦研究所、人民文学出版社编辑部编《红楼梦研究稀见资料汇编》（人民文学出版社 2001 年版）收录 1915 年《四川公报》增刊《娱闲录》至 1949 年间有关《红楼梦》的论评 270 余篇（“前言”自称 300 篇），书后附有“未收论文索引”30 篇。该书“前言”云：

> 由於长期的积累，搜索和汇集了这一时期（1911—1949）发表在全国各种报刊杂志上的红学论评约有五百馀篇。这项收集和整理工作最早应上溯至二十多年前，即七十年代初人民文学出版社编辑出版的一套《红楼梦研究参考资料选辑》，其第三辑即相当于本书所涵盖的时段，只是由於当时历史条件的限制，仅精选了三十三篇，而绝大部分摄制的胶卷沉睡於档案库中。

一年后，吕启祥发表论文，将《红楼梦研究稀见资料汇编》未收篇目增补至 274 篇[①]。

到目前为止，有关近现代报刊刊载红学文献的发掘、整理和研究尚存

① 吕启祥《〈红楼梦研究稀见资料汇编〉未收篇目索引》，《红楼梦学刊》2002 年第 3 期。

在很多不足。就发掘、整理而言，刊行于五四运动之前的文献远不如五四运动以后的详备，特别是辛亥革命以前（清末）的文献更为稀少。《红楼梦书录》收录1903—1949年《红楼梦》评论文章181篇，但清末的只占极少部分；一粟“古典文学研究资料汇编”《红楼梦卷》收录1911年以前的红学资料、朱一玄《红楼梦资料汇编》（南开大学出版社1985年版）收录1919年以前的红学资料，但报刊上的内容很少。《红楼梦研究稀见资料汇编》号称收录始于1911年，实际上始于1915年《娱闲录》所刊雪岑的《红学发微》，《〈红楼梦研究稀见资料汇编〉未收篇目索引》所收论文始于1914年《中华小说界》所刊成之的《小说丛话》，而《红楼梦研究参考资料选辑》（第三辑）收录的起始年限则为1919年。造成这种情况的原因有三：一是与五四运动以后的现代报刊相比，五四运动以前尤其是辛亥以前的报刊较不易见到；二是清末报刊本身数量不如民国以后的多，其所登载的红学文献本身就比较少，故而发掘出来的也就比较少；三是清末“小说界革命”提倡改良群治、文学救国，政治小说、科学小说，军事、冒险、探侦，以及法律、外交、社会小说是当时小说创作、翻译和评论的主流，言情小说则未得到社会精英的广泛关注。尽管如此，我们绝不能轻视五四运动以前报刊上登载的红学文献。据不完全统计，1919年前，登载过红学文献的近代报刊至少有35种，其中辛亥以前的就有《中国丛报》(1842年)、《瀛寰琐记》（1874年）、《寰宇琐纪》（1876年）、《笑林报》（1901年）、《新小说》（1902年）、《教育世界》（1904年）、《游戏世界》（1906年）、《著作林》（1907年）、《广益丛报》（1907年）、《月月小说》（1907年）、《小说林》（1908年）、《艺林》（1910年）、《江宁实业杂志》（1910年）、《吴声》（1911年）等14种，其中登载了王国维《红楼梦评论》等一系列重要的评论文字，《新小说》《月月小说》《小说林》等著名文学期刊上都有关于《红楼梦》的评论，其中不少评论的意义已不仅限于《红楼梦》研究，而与当时的文艺思潮乃至于社会改革发生了重大关系。就红学研究而言，1908年《小说林》的《敬告爱读〈红楼梦〉诸君》、1915年《中华小说界》的《红学讨论会征集会友启》，都是重要的红学文献，可惜一直未能引起红学界的注意。其实，这个时期报刊特别是报纸上未被发现的文献肯定还有不少。

如果说普通红学文献的发掘和整理工作，由于一粟、吕启祥、林东海等前辈时贤的不懈努力取得了较好成绩的话，那么对报刊上红学文献的整理和研究工作就显得非常薄弱了，近代报刊的红学史意义还没有得到学界的普遍关注。近代报刊与红学的关系如何，报刊登载红学文献的背景和动机是什么，不同报刊所登载文献的旨趣和特色是什么，其对《红楼梦》研究的意义和价值如何等问题，红学界和近代新闻界、近代小说研究界都未能给予充分的重视。“报刊研究不只给你提供了回到历史现场、理解一个时代文化氛围的绝好机会，同时也让你驰骋想象，重构那个时代的‘文学场’。”①红学史上近代报刊的意义不仅在于为《红楼梦》研究提供了发表的园地，通过自己庞大的发行网络扩大了《红楼梦》的影响，更在于为当时的《红楼梦》研究成果保留了“第一现场”，还原了《红楼梦》研究的真实场景，反映了红学发展的全貌，使我们不至于把一部红学史看成王国维、胡适、俞平伯、周汝昌等著名红学家的学术传记。此外，关注报刊上登载的红学文献，还可以避免今天研究中无谓的重复性劳动，给研究者带来启示和灵感。因此，对近代报刊上红学文献的研究任重道远。

附：近代报刊所载《红楼梦》资料目录

(1)《中国丛报》(*Chinese Repository*) 第十一卷第五期 (1842年5月)

《红楼梦或梦在红楼》郭实腊

(2)《瀛寰琐记》第十七卷（甲戌正月，1874年3月）

《红楼梦竹枝词序》愿为明镜室主人

《红楼梦竹枝词》合肥卢先骆半溪

《读红楼梦杂记》愿为明镜室主人

(3)《寰宇琐纪》第一卷（清光绪二年，1876年）

《红楼梦戏咏》湘秋居士首唱；小牟尼室主人和作；云山行脚僧同和；浣溪沙上渔郎同作

(4)《新小说》

① 陈平原《文学的周边》，新世界出版社2004年版，第112页。

第九号（1904年） “小说丛话”“《红楼梦》一书，系愤满人之作……” 平子

第十二号（1904年） “小说丛话”“吾国之小说，莫奇于《红楼梦》……” 侠人

（5）《教育世界》

第七十六号～第八十一号甲辰（76～78期，80～81期）（1904年6月—8月）

“小说”《红楼梦评论》 王国维

（6）《笑林报》 《红楼梦说》

（7）《游戏世界》（清光绪丙午三十二年，1906年）

《拟贾宝玉讨花袭人檄》越缦堂

《感红楼梦柳湘莲尤三姐事》绿香馆主

（8）《著作林》第二期（约1907年4月）

“文薮”《题林黛玉葬花图弁言》 白门郑钟琪寄伯

“诗海”“雁来山馆诗钞”天虚我生编 《题林黛玉葬花图》 合肥蔡庆泽笠云

（9）《广益丛报》第一百三十四号～第一百三十八号（134期，136～138期）（1907年5月—1907年6月）

“杂俎”《红楼梦评论》 王国维

（10）《月月小说》

第一年第六号（1907年4月） “说小说”

第十四号第二年第二期 （戊申三月，1908年4月） 《中国三大小说家赞》 天僇生

第十五号第二年第三期 （戊申三月，1908年4月） “艺苑”“诗坛”《红楼梦题词》 漱玉女史

（11）《小说林》

第五期（戊申年五月，1908年6月）、第七期、第十期、第十一期 《觚葊漫笔》“人无不喜读《红楼梦》……”

第十一期（戊申年五月，1908年6月） 广告《敬告爱读红楼梦诸君》

（12）《艺林》（清宣统二年六月，1910年7月）

《纫佩馆骈文》 陶巽人（陶魔蝎）：《〈石头记〉书后》

（13）《江宁实业杂志》

第二期（清宣统二年八月二十日，1910年9月23日） “附刊”“雨花斋笔记”赤霞 《红楼梦》

（14）《吴声》（1911年春夏创刊）

《题红楼梦一百八人用西厢记》 不署撰人

（15）《文艺杂志》

第一期（1914年夏） “小说丛谈”颠公

《红楼梦影明珠事》（鄞县陈康琪《郎潜纪闻》）

《红楼梦为谶纬之书》（蔡愚道人《寄蜗残赘》）

第五期 “小说丛谈”颠公

《红楼梦刺和珅家庭之异说》（隐名氏《谭瀛室笔记》）

《纳兰容若诗与宝黛之关系》（金武祥《粟香随笔》）

第六期 “小说丛谭”颠公

《红楼梦批本之批评》、《读红楼梦者之移情》（邹翰飞《三借庐笔谈》）

《红楼梦为政治小说》（《乘光舍笔记》）

第八期 “慈竹居零墨”均耀 《红学》

（16）《雅言》

第一年第七期（1914年7月） 《小说丛话》 梦生

（17）《香艳杂志》（约1914年冬创刊）

第一期（1914年）《红楼梦解提要》 崔怀琴

第二期（1914年）《花朝读红楼梦说部感林黛玉而作》刘玉华

第三期（1914年）《读红楼梦传奇感而有作》 徐蕙

第四期（1914年）《风月宝鉴考》 伯经

第八期（1914年）《阅红楼梦传奇有作》 王纫佩

第十一、十二期（1916年）《红楼梦发微》 舟山樵子

（18）《笑林杂志》（1915年1月创刊）

“唱书场”《新红楼》天竞生

(19)《中华小说界》

第一卷第三期（1914年3月1日）～第八期　“小说丛话”《评红楼梦》 成之

第一卷第六期（1914年6月1日）～第七期　“名著”《红楼梦索隐提要》 王梦阮

第二卷第九期（1915年9月1日）　《红学讨论会征集会友启》 沈瓶庵

第三卷第一期、第三期（1916年1月）　“谈荟”“翠烟馆笔记”程郢秋《补红楼梦》

第三卷第六期（1916年6月1日）　《小说丛话》 纳川

(20)《白相朋友》(1914年)

《读石头记杂记》 姚光

(21)《小说月报》

第三卷第四号（1912年10月25日）～第十二号　《红楼梦馀词》 徐枕亚

第七卷第一号（1916年1月25日）～第六号　“名著”《石头记索隐》 蔡元培

第十一卷第六号（1920年6月25日）　“杂载”《红楼梦新评》 佩之

(22)《小说丛报》

第二期（1914年6月10日）～第五期、第七期，第三年第三期“补白”《红楼百咏》 （沈）慕韩

第十六期（1915年11月16日）～第二十二期　“传奇”《前后红楼梦传奇》 红豆村樵

第三年第一期（1916年8月）～第二期　“歌舞台”《前后红楼梦传奇》 红豆村樵

第三期～第十二期　“歌舞台”《后红楼梦传奇》 红豆村樵

第四年第二期（1917年10月）　“杂纂”《原红楼梦》梦痴 2-5

第四年第三期（1917年11月）～第五期　“谈荟”《石头记羼说》 梁溪酒匄

第四年第六期（1918 年 5 月）　“杂纂”《红楼百美评》 公愚

（23）《小说日报》（1916 年 6 月 6 日创刊）

“杂纂”《红楼百咏》 湫芳（朱瓣香）

（24）《娱闲录》

第十六期（1915 年 3 月）、第十七期、第十九期　“专件”《红学发微》 雪岑

（25）中华图书馆《女子世界》

第六期（1915 年 7 月 6 日）　“谭薮”《红楼梦竹枝词》 栩园

（26）《小说海》

第一卷第一至二号（1915 年 1～2 月）　《红楼梦新评》 季新

第一卷第二号（1915 年 2 月 1 日）　“杂俎”“笔记”《西神客话》 西神《红楼谈屑》

第一卷第八号（1915 年 8 月 1 日）　“杂俎”“笔记”《小奢摩馆脞录》 汪国垣《红楼梦》

（27）《小说大观》

第二集（1915 年 10 月 1 日）　“笔记”《宦海轶闻记》干石（目录题“肝若”）《红学》

（28）《双星》

第一期（1915 年 3 月 15 日）～第四期　“小说”《红楼梦散套》荆石山民

（29）《文星杂志》

第一期（1915 年 9 月）

“传奇”《红楼梦散套》（续《双星杂志》第四期）荆石山民填词

“专集”《忆梦楼石头记泛论》（录《蜕菴文存》）蜕菴

（30）《小说新报》

第八期（1915 年 9 月）

“香囊”“红楼文库”朱雨苍

《为贾宝玉祭林黛玉文》《绛珠仙冥升离恨天谢表》《文妙真人传》《妙玉绿玉斗铭》《柳湘莲退婚致尤三姐自刎判》

《红楼杂咏》 嬾蝶

第九期（1915 年 10 月）

“香囊”“红楼文库”朱雨苍 《大观园记》《贾宝玉栊翠庵品茶记》《十二钗赞》

“时调”《王熙凤词》 寄恨

第十期（1915 年 11 月）

“香囊”“红楼文库”朱雨苍 《意淫箴》《贾母王夫人薛姨妈论》《钗黛优劣论》《副册诸钗论》《书红楼梦后》

第十一期（1915 年 12 月）

“香囊”“红楼文库”朱雨苍 《题红楼梦十二律》《大观园落成代贾宝玉夜侍元妃宴即席应教恭纪百韵》《赋得怡红园群芳开七排二十四韵》

第十二期（1916 年 1 月）

“香囊”“红楼文库”朱雨苍 《杂诗》（23 首）

《读红楼梦偶书》朱作霖

第二年第二期（1916 年 1 月）

“香囊”“红楼文库”朱雨苍 《题词》《自序》《贾宝玉神游太虚境赋》《册立贾元春为凤藻宫贵妃诏》《省亲颂》《王熙凤妒杀尤二姐判》《潇湘妃子林媛墓志铭》

（31）《寸心杂志》

第四期（1917 年 4 月 10 日） “札记”“补白”《余墨：红楼梦中之真假二字》

第五期（1917 年 5 月 10 日） “札记”“补白”《红楼梦赋：贾宝玉梦游太虚境赋》 沈青士

第六期（1917 年 7 月 1 日） “小说”“补白”《红楼梦赋：海棠结社赋》 沈青士

（32）《说丛》

第一期（1917 年 3 月）～第二期 “随笔”《读红楼梦劄记》境遍佛生

（33）《小说季报》

第一集（1918 年 8 月 1 日） “报余丛载”《四悔草堂诗草别

存：读红楼梦诗》朱瓣香

（34）《先施乐园日报》（1918年8月9日创刊于上海）

《红楼梦本事诗》 西园主人

（35）《梨影杂志》（1918年9月创刊于香港）

“班本”《宝玉祭晴雯》

六、稿酬制度的形成及其意义

稿酬，亦称稿费，指新闻出版机构在文稿、书稿采用后支付给著作人的报酬。在我国，稿酬制度的确立较晚，而文人写稿取酬则有很长的历史。宋人洪迈《容斋随笔》说“作文受谢，自晋宋来以来有之，至唐始盛”，而王楙《野客丛书》则将此上溯到汉武帝时代司马相如为陈皇后作的《长门赋》[①]。尽管“陈皇后无复幸之事，此文盖后人拟作”[②]，但是汉末蔡邕一生为人撰写碑志不下数十篇，“得万金计”，则是实有之事。因此，人们一般认为我国之有“稿酬”，始于东汉末年。唐宋以来，作文受谢在社会上已经比较普遍，当时人们把这类酬谢称之为“润笔”（“润笔”一词，始见于《随书·郑译传》）。《旧唐书·文苑传》说李邕“尤长碑颂，中朝衣冠及天下寺观，多赍持金帛，往求其文。前后所制，凡数百首，受纳馈遗，亦至巨万。时议以为自古鬻文获财，未有如邕者”。唐代古文运动大家韩愈一生颇得润笔之利，其所撰《平淮西碑》和《王用碑》就分别得到过“绢五百匹”和“鞍马并白玉带”的酬谢，以至于刘禹锡《祭韩吏部文》中称其“公鼎侯碑，志隧表阡，一字之价，辇金如山”。宋人司马光修《资治通鉴》，书成上奏，神宗皇帝给了他“银绢、对衣、腰带、鞍辔马等厚重的酬劳”。在宋代，撰碑志而接受润笔，甚至被目为“国之常规”。李清照公公赵挺之曾说：“乡中最重润笔，每一志文成，即太平车中载以赠之。”[③]明清两朝，不仅碑志，而且诗文字画也可以待价而沽，并且出现

① 《野客丛书》卷十七云：”作文受谢，非起于晋宋，……现陈皇后失宠于汉武帝，别在长门宫，闻司马相如天下工为文．奉黄金百斤为文君取酒，相如因为文，以悟主上，皇后复得幸。” 上海古籍出版社1991年版，第254页。

② 顾炎武著，黄汝成集释《日知录集释》，岳麓书社1994年版，第692页。

③ 王明清《挥麈后录》卷之六，上海古籍出版社2007年版“宋元笔记小说大观”，第3696页。

了一批职业书画作家。例如，郑板桥在未入仕途之前，就以画竹卖文为生，61岁去官回乡后，重操旧业，自订书画润格，标明“大幅六两，中幅四两，小幅二两，书条、对联一两，扇子、斗方五钱”，并且特意声明，“凡送礼物食物，总不如白银为妙”[①]。《明史·李东阳传》中也有李东阳辞官后因生活清贫曾卖文补贴家用的记载。

简略回顾我国古代润笔的历史，可以发现如下三个明显的特点。第一，润笔的来源主要有两条途径，一是为朝廷、官府起草文件或著书而获得赏赐。例如，北宋初年，“内外制凡草制除官，自给谏、待制以上，皆有润笔物。太宗时，立润笔钱数，降诏刻石于舍人院，每院官则移文督之”[②]。二是替达官贵人撰写碑志而获得酬谢，如韩愈、李邕即是。润笔的支付包括付实物和货币两种方式。第二，并非所有的文章都可以得到润笔。就目前所见的资料可知，当时能够换取润笔的主要是碑志、公文及社会上常用的一些应用文字，文学作品一般是没人给发稿费的。第三，尽管历史上为换取润笔而作文、甚至讨价还价者不乏其人，但大多数文人都把鬻文获财看作一种不够光明正大、有损气节道义的举动，耻于卖文。白居易将为老友元稹作墓志不得已收下的稿费悉数捐献出来修香山寺，并声明“凡此利益功德，应归微之”[③]；元人胡汲仲家贫到断炊，也不肯为宦官之父作墓志铭，以换取“钞百锭”的润笔。此外，王禹偁、王安石、苏轼等都有过不接受润笔之举，在历史上被传为佳话。由此可知，尽管润笔在我国由来已久，但大致不出官府赏赐和私人酬谢两途，作文受谢的范围很小，而且基本没有定例（书画作家自订润例属于另一问题），润笔的支付带有明显的个别性、随意性，文人的商品意识还比较淡薄，作品的商品化程度还很低，作文取酬远未成为一种普遍、规范的社会行为，现代意义上的稿酬制度还未能形成。

追至近代，特别是19、20世纪之交，随着西学影响的深入及印刷技术的显著提高，我国的新闻出版事业突飞猛进，呈现出前所未有的繁盛局面。据统计，从1815年外国传教士创办《察世俗每月统记传》到1911年，海

---

① 《郑板桥全集》，中华书局1962年版，第193页。

② 沈括著，金良年点校《梦溪笔谈》，中华书局2017年版，第12页。

③ 洪迈《容斋随笔》，中华书局2005年版，第287页。

内外累计出版的中文报刊即达 1753 种[①]。清末民初，全国各地的出版机构有近 200 家[②]。巨大的报刊图书市场需要数量庞大的稿件来维持，而依靠传统的出版运行机制显然无法满足这种需求，因此，具有现代意义的稿酬便自然应运而生了。

由于受传统观念的束缚，在近代初期，人们的稿酬观念还相当淡薄。1962 年 5 月 7 日《上海新报》的“征稿启事”说：“华人如有切要时事，或得自传闻，或得自目击，但取其有益华人，有益于同好者，均可携之本馆剞刻，分文不取。”1872 年《申报》创刊时，刊登在创刊号上的《本馆条例》中有“如有骚人韵士，有愿以短什长篇惠教者，如天下各区竹枝词，及长歌纪事之类，概不取值”；“如有名言谠论，实有系乎国计民生，地利水源之类者，上关皇朝经济之需，下知小民稼穑之苦，附登新报，概不取酬”。《申报》初创时期，每份有八个版面，内容以广告、新闻、论说为主，而广告即占了一半的篇幅，这是要收取刊登费的。能为投稿人提供一个发表作品的园地，声明不收费已经是相当优惠了，付稿酬之事自然无从谈起。不仅出版商这样想，就是在文人中不愿意接受稿酬的也有很多。例如，迟至 1914 年创刊的《小说丛报》“征文通告”还特别声明：“有不愿受酬者请于稿尾注明，本报出版后当酌赠若干册以答雅意。”尽管如此，随着报刊图书市场的不断扩大，作品商品化程度的不断提高，社会大众的稿酬意识还是逐渐确立起来了。

根据目前所见的材料，近代最早由出版机构确立稿酬标准的是书画界。书画在古代就已经流入市场，并产生过依靠出卖书画作品谋生的职业书画家，但在报刊上明码标价、明确规定画稿稿酬则还是在 19 世纪七八十年代以后。《申报》初创时期，对所登文章一律不付稿酬，但在 1884 年 6 月，为给《点石斋画报》征稿，特刊出《招请各处名手画新闻》的启事，宣布“海内画家，如遇本处有可惊可喜之事，以洁白纸新鲜浓墨绘成画幅，另纸书明事之原委，

① 史和等《中国近代报刊名录》“前言”，福建人民出版社 1991 年版，第 1 页。

② 据时萌《晚清小说》，晚清时全国的出版机构约有近 170 家；袁进等《上海近代文学史》云，晚清 100 余年间仅上海的小说出版机构即多达 100 余家；另据熊月之《西学东渐与晚清社会》，从 1811 年马礼逊在中国出版第一本中文西书到 1911 年共 100 年间，全国出版西学书籍的机构多达 100 余家，出书凡 2291 种，其中仅翻译、出版日文西书的机构即达 95 家。

如果惟妙惟肖，足以列入画报者，每幅酬笔资两元”。这是《申报》首次表示支付给作者稿酬，也是我国新闻出版界之有稿酬一说的开始。

在小说界，尽管书商支付给作（编）者酬谢的先例古代就曾有过[①]，但就整个小说史而言，这种现象还不是很普遍，而且缺乏明确、统一的标准。在近代，小说界明确稿酬标准大约是 19 世纪 90 年代以后的事。光绪二十一年五月初二日（1895 年 5 月 25 日），英国传教士傅兰雅在上海《申报》刊发“求著时新小说启”：

> 窃以感动人心，变易风俗，莫如小说。推行广速，传之不久，辄能家喻户晓，习气不难为之一变。今中华积弊最重大者，计有三端：一鸦片，一时文，一缠足。若不设法更改，终非富强之兆。兹欲请中华人士愿本国兴盛者，撰著新趣小说，合显此三事之大害，并袪各弊之妙法，立案演说，结构成编，贯穿为部，使人阅之心为感动，力为革除。辞句以浅明为要，语意以趣雅为宗。虽妇人幼子，皆能得而明之。述事务取近今易有，切莫抄袭旧套。立意毋尚希奇古怪，免使骇目惊心。……首名酬洋五十元，次名三十元，三名二十元，四名十六元，五名十四元，六名十二元，七名八元。……

当年十一月二十九日（1896 年 1 月 13 日），傅兰雅在《申报》上刊发“时新小说出案启事”，宣布这次征文活动共收到作品 162 篇，决定将奖励名额由原先的 7 名增至 20 名。尽管后人对这次小说征文活动评价甚高，但实事求是地说，这次征文并没有达到傅兰雅预设的目标，来稿 2/3 不是小说，获奖作品并没有发表，并随即被带往美国，直到 2011 年被结集为《清末时新小说集》，出版后人们才得以一见，因此也没有对中国近代小说事业产生过什么影响。总之，这是一次不成功的征文活动[②]。

1902 年 11 月，梁启超在日本横滨创办我国第一份近代小说期刊《新小说》。此前半个月，先在《新民丛报》上刊出《新小说社征文启》，这是

① 如明末书商请冯梦龙、凌濛初编撰“三言”“二拍”，大约是要付报酬的；清初天花藏主人、烟水散人等作家大量创作才子佳人小说，“为稻粱谋”当是其中的重要原因之一。

② 陈大康《中国近代小说编年史》“导言：过渡形态的近代小说”，人民文学出版社 2014 年版。

目前所见最早的内容详备的征文启事。征稿广告在我国元代即已经出现，与此相比较，《新小说社征文启》显然更富于现代色彩，内容的丰富具体倒还在其次。它将所征求的稿件明确分为若干等级，并且明码标价，实行按字数计酬的方法，这已与现代的稿酬制度十分接近。可以说，《新小说社征文启》的出现，标志着近代稿酬制度的初步形成。由于《新小说》的示范作用，此后产生的小说刊物在征文广告中纷纷标明小说稿酬。例如，《月月小说》声明“如有佳作小说愿交本社刊行者，本社当报以相当之酬劳。……如有科学理想哲理教育家庭政治奇情诸小说，若有佳本寄交本社者，已经入选，润资从丰”[①]；《小说林》明确规定“甲等每千字五圆，乙等每千字三圆，丙等每千字二圆”[②]；《小说月报》更将稿酬分为五等，“甲等每千字五圆，乙等每千字四圆，丙等每千字三圆，丁等每千字二圆，戊等每千字一圆”[③]。清末民初，还没有普遍实行抽版税的办法[④]，小说作者主要通过出卖版权来获得稿酬。据包天笑回忆，当时上海的小说市价，普通是每千字二元为标准，最低者可以压到每千字五角。平江不肖生向恺然刚从日本回国时，还是个名不见经传的小人物，他写的小说《留东外史》，就是无奈之下以千字五角的低价卖出去的，结果销路颇旺，让出版商着实赚了一笔。商务印书馆请林纾译写小说，每千字付稿费五元，后来又增至六元；请包天笑译写教育小说，每千字三元，但在《小说林》和《小说时报》，包天笑的小说只能卖到每千字二元[⑤]。胡适于1910年赴美留学之前，曾在上海华童公学教授国文。当时王云五劝他“每日以课余之暇多译小说，限日译千字，则每月可得五六十元”[⑥]，依此推算，每千字稿酬也当在二元左右。不过那时的统计字数基本上是约略估计出来的，不像后来那样精确。包天笑翻译的《三千里寻亲记》和《铁世界》两部小说，就是以一百元的

① 《月月小说征文启》，载《月月小说》第一年第二号（1906年）。

② 《募集小说》，载《小说林》第二期后各期。

③ 《小说月报》第六期《本社通告》（1911年）。

④ 1900年，张元济主持的南洋公学译书院出版严复所译《原富》一书，给予译者二成的版税。1903年，严译甄克思《社会通诠》（《社会进化史》）由商务印书馆出版，严复与商务订立合同，规定版税率为40%（每部收净利墨洋五角），不过这种情况在当时并不普遍。

⑤ 《钏影楼回忆录·在小说林》，香港大华出版社1971年版。

⑥ 《胡适的日记·春晖堂日记》，中华书局1985年版，上册第8页。

价格卖给上海文明书局的[①]，而周作人将《红星佚史》的译稿卖给商务印书馆，得到的稿酬是二百元整[②]。此外，自梁启超在《新民丛报》上发表自著的《劫灰梦》《新罗马传奇》，在《新小说》上发表《侠情记传奇》，并开辟“传奇体小说”栏目，宣称“欲继索士比亚、福禄特尔之风，为中国剧坛起革命军”[③]后，清末文学界一般把戏剧也归入小说范畴之内，因此其时的小说刊物上几乎都有戏剧作品发表，而小说稿酬中也大多包括了戏剧在内。例如，《月月小说》即刊出“征求班本”的广告，宣称“本社现欲征求新剧本数种，如有见惠者，不论一剧或数出均可，倘能合宗旨，当报以相当之利益”[④]，而新小说社的《征文启》更是将传奇曲本与章回体小说开列一处，执行统一的稿酬标准。

无论怎样，清末民初，从《上海新报》的“分文不取”、《申报》的“概不取值”到《新小说》的“明码标价”，又经过 10 余年的演进，稿酬制度毕竟从无到有，逐渐形成了。

近代稿酬制度的形成，是作家作品高度商品化、社会化的表现，也是我国新闻出版事业在西方文化影响下逐步进入近代化运作阶段的重要标志。清末民初，我国虽尚无关于稿酬的成文法律，但在新闻出版界，除却部分纯粹进行政治或宗教宣传的报刊，受文化市场发展趋势的影响，有关稿酬标准、支付范围及形式等问题，实际上已逐渐达成基本的共识，形成有规可循的惯例。实行稿酬制度，首先受益的当然应该是报馆书局。它们可以借此组到更多、更好的稿件，加强自身的市场竞争能力，从而赢得更广泛的受众队伍，获取可观的经济效益。因此，稿酬制度的形成，对近代新闻出版事业的发展有着重要的驱动作用。不仅于此，稿酬制度还对其时以报刊和平装书为主要传播媒介的文学活动发生过重要影响，其主要表现为以下三点。

第一，吸引了大批文人投身文学创作事业，作品数量激增。清末民初，特别是戊戌变法以后，随着新闻出版事业的迅猛发展，文学创作也呈现出

① 《钏影楼回忆录・译小说的开始》。

② 《知堂回想录》“翻译小说”，香港三育图书有限公司 1980 年版。

③ 《中国唯一之文学报〈新小说〉》，载《新民丛报》第十四号（1902 年）。

④ 《月月小说》第一年第六号（1907 年）。

前所未有的繁盛局面。仅以小说为例，樽本照雄所编《新编清末民初小说目录》《清末民初小说年表》共收录近代创作、翻译小说 11 105 种，其中仅 1915 年就有 1931 种，其数量之庞大，已远远超出了前代产生的所有小说之和。造成这种局面的原因固然有很多，但稿酬制度的实行使小说商品化，自是其中的关键因素之一。我们不能否认其时有一些作家为了政治理想或艺术追求而创作小说的现象确实存在（如梁启超等），但著译小说可以卖钱这一事实，对那些普通的读书人来说，无疑是一条更为便当的谋生之路，于是他们纷纷踏上此途，争相著译小说给报刊书局投稿。在这方面，包天笑很有代表性。1901 年，包天笑与杨紫麟合译《迦因小传》，加上后来译的《铁世界》《三千里寻亲记》，他都交由上海文明书局出版，并得稿酬 100 余元。他后来回忆道："文明书局所得的一百余元，我当时的生活程度，除了到上海的旅费以外，我可以供几个月的家用，我又何乐而不为呢？""我于是把考书院博取膏火的观念，改为投稿译书的观念了。"[①]于是便一发而不可收，从 1901 年至 1919 年五四运动止，包天笑共翻译作品 80 余种，还创作了不少小说。在当时，像包天笑这样为获取稿酬而投身小说创（译）作活动的人还有很多。《小说林》每期刊登《募集小说》的启事，结果征求来的稿子非常之多，曾朴不得不专门请人去帮助他们看稿子和改稿子[②]。与古代的小说创作相比，近代的小说作家极多，创作速度极快，创作数量极大。例如，李伯元 1903 年开始编辑《绣像小说》时，是《官场现形记》《文明小史》《活地狱》《醒世缘》《经国美谈》《时调唱歌》等若干种著作同时写作的，故而包天笑说《绣像小说》的稿费几乎为李伯元独力包办。吴趼人七八年间共写了长篇小说 18 部，短篇及笔记文学集十二三种，李定夷创作生涯不足 10 年，即创作长篇小说等近 50 种，李涵秋 15 年间写成的长篇小说多达 33 部，这在古代是极难以想象的事情。除了作家的才情似海外，获取稿酬当是他们大投入、高产出的重要驱动力。

第二，促成了我国第一批职业小说作家的产生。中国古代产生的文学作家多不胜计，但他们基本上属于业余而非专业作家，即有一份比较固定

① 《钏影楼回忆录·译小说的开始》。

② 《钏影楼回忆录·在小说林》。

的工作和相应的经济收入，在工作之余从事文学创作活动，到作品积到一定数量后由自己出钱或朋友甚至后代出资刻印集子，以期流传后世。靠卖文谋生的文人不是没有，但为数极少。这倒不完全是因为古代的文人全都鄙弃金钱，而是由于当时社会上没有给文学作品付稿酬的风气。到了近代则不同了。随着稿酬制度的逐渐形成，其时的作家就有可能通过文学创（译）作赚取稿酬、获得养家糊口的基本生活资料。特别是1905年停开科举后，文人失去了传统的仕进之路，而文学创作（特别是小说）又有利可图，而且可以发挥文人写作的特长，于是许多读书人纷纷投身创作，将其作为谋生之路，所谓“吾与汝皆一介布衣，文字而外无他长”[①]；读书人“既无技术性的生产能力，又不能手缚一鸡”，只好“卖文为生”，“在生活压迫之下，不写这许多东西换钱，是无法应付开门七件事的”[②]。当时的稿酬算不上特别丰厚，但较普通人的收入水平，其数量还是比较可观的，特别是写作小说。吴趼人1905年出版的《恨海》，“仅十日而脱稿，未尝自审一过，即持以付广智书局”[③]。《恨海》一书约四万余字，按当时小说的普通稿酬千字二元计，作者即可得稿酬近百元，而吴趼人年轻时在江南制造总局当雇员时，月薪仅得8元。据1909年10月《民吁日报》的记载，当时一个店伙的月收入为15元，一个教员的月薪为40元，而男仆、女仆的月薪仅为11元和4元[④]。1913年前后，商务印书馆附设尚公小学，其主事（相当于教务长）月薪为37元，高一的级任教师为25元，其余教员均为17元[⑤]。与此相比，只要小说家的书稿能够卖掉，多数人的稿费收入是可以超过普通职员的。例如，翻译大家林纾的译稿，商务印书馆给到了千字六元（更有人说是千字十元），林纾每天工作4小时，每小时译1500字，一天下来就是6000字，可得稿酬36元，这是当时一个普通教员一个月的薪水。林纾一生翻译外国文学作品180余种，其中小说163种，除支付作者的酬金

① 吴双热《枕亚浪墨》“序”，《枕亚浪墨》，清华书局1915年版。

② 李健青（定夷）《民初上海文坛》，载《上海地方史资料》第四辑。

③ 魏绍昌编《吴趼人研究资料》，上海古籍出版社1980年版，第326页。

④ 参见刘德隆《稿酬制度的建立对晚清小说繁荣的影响》，载《爱国主义与近代文学》，山东教育出版社1992年版。

⑤ 谢菊曾《十里洋场的侧影》“尚公小学闲话”一节。

外，他所得的稿费仍然相当可观，以至于朋友有呼其室为“造币厂”之戏语[1]。此外，吴趼人创作小说超过 150 万字，李涵秋创作小说超过 1000 万字，他们获得的稿酬自然也绝不会少。依靠写稿卖稿可以养家糊口，甚至过上较为充裕的生活，而不必如前人那样为了生计而另谋出路，文学创作成了主要甚至唯一的生活内容，由业余而专业，于是社会上第一批职业化作家便应运而生了，如林纾、伍光建、吴梼、张春帆、孙玉声、李涵秋等。但这时的多数作家在创作的同时还兼任报刊编辑，其稿酬收入与编辑工作报酬一般无法截然分开。例如，1909 年前后，包天笑在上海写小说、编杂志，其中时报馆每月固定送他 80 元，小说林社每月 40 元，此外，他还为有正书局编《小说时报》，不过不拿编辑费而拿稿费[2]。与此情况类似的还有吴趼人、李伯元、曾朴、黄小配、陈冷血、徐念慈、周桂笙、欧阳巨源、周瘦鹃、徐枕亚、李定夷等，他们都是以创作小说为主要谋生手段，同时兼任报刊或书局的编辑工作。当然，在当时的社会条件下，文人中能够把写作作为职业的毕竟还为数不多。如果他们的文稿不能为报馆书局的老板相中而售出，那么即使如何努力写作都无法在经济上有所收获。事实上，当时因生计所迫而拼命写稿但终不免于贫穷的读书人为数更多，而且由于稿酬制度的不完善，报馆书局对一般投稿人的稿费推三阻四不肯爽快地支付，甚至视投稿人为“文丐”，在稿费上加以盘剥的事情也时有发生[3]。这些都严重制约了职业作家队伍的发展和壮大。

第三，助长了创作中的媚俗倾向和粗制滥造作风。稿酬制度的形成，刺激了清末民初文学事业的繁荣，同时给其时的创作带来了明显的消极影响。文学作品商品化，使得文人不一定再如前人那样走科举、入幕或教书的老路。经济上的相对独立在一定程度上促进了作家思想、人格的自由独立，从而能根据自己的生命体验和艺术趣味去从事创作。然而，做到这一点须有一个前提，即作家的作品能够通过报馆书局被社会上的广大读者所接受，精神产品能够直接转化为生活资料。这样，作家就不能不在创作中考虑广大读者的欣

① 钱钟书《七缀集・林纾的翻译》，上海古籍出版社 1994 年版，第 93 页。

② 《钏影楼回忆录・在小说林》。

③ 参见谢菊曾《十里洋场的侧影》“我的业余写作生活・少年时代”。

赏趣味及整个文化市场对作品的需求。中国的“民”虽然经由梁启超等仁人志士“新”了若干年，但他们的精神面貌、艺术品位较以前并未有质的改观，于是，作家在摆脱封建正统观念束缚的同时，又被套上了“市场”这一条锁链，不自觉地走上了迎合社会、趋时媚俗的创作路子。小说界热闹有余，成就不足，创作潮流一阵接一阵，侦探小说、官场小说、言情小说、黑幕小说各领风骚，而梁启超提倡最力的政治小说却始终不被世人青睐，即是明显的证据。事实上，当时在影响小说发展潮流的三大要素——作者、书商和读者——当中，作者恰恰是最没有发言权的。包天笑 1915 年为文明书局编辑《小说大观》时，对“大观”这个名称不满意，“嫌它太庸俗，不雅驯。因为那时候坊间所出的什么大观、什么大观，实在太多了，他们只求量多而不求质佳，未免令人齿冷”，但是书局主人沈子方不同意，认为如果用“小说大观”这个名字，在推销上大有把握，若用别的名字，则不敢保证销路。最后的结果是，包天笑屈从了他的意见，“因为我那时知道；一种出版物的发行，非常重要，在推广销路上，也正大有技术，他们商业上所称的‘生意眼’，未可厚非”[①]。其实书商说了也不算，而是读者和市场在说话。平襟亚《人海潮》第三十二回“文字生涯茧丝抽乙乙，女儿情绪瑶琴语丁丁”中有一段人物对话，谈及上海出版界的潮流，说得十分清楚：

> 上海出版潮流千变万化，这并不是书贾的喜欢变化，是阅者的眼光变化。书贾无非想赚几个钱，不得不随阅者眼光转移，迎合阅者心理，投其所好，利市十倍。像这种“恨”“怨”“悲”“魂”“哀史”“泪史”的名目，还在光复初年，哄动过一时，以后潮流转到武侠一类。有人说，武侠小说足以一扫萎靡不振之弊，因此大家争出武侠书，甚么《武侠丛谈》《武侠大全》《侠义全书》《勇侠大观》，没有一部书不出风头。后来越出越多闹翻了……看的人也没有兴味了。书籍潮流便转移到黑幕上去。大家说，黑幕不比武侠小说向壁虚构。这是揭破社会的秘密，实事求是，很有来历。因此坊间大家争出黑幕。说也奇怪，上海洋场十里，百千万言也揭它不尽。甚么《黑幕大观》《黑幕汇编》《黑幕里的黑幕》……

① 《钏影楼回忆录·编辑小说杂志》，香港大华出版社 1971 年版，第 376 页。

后来潮流又转移到财运上面去，财是大家贪的，见报上登着广告说，看了这种书立刻可以发财，有哪一个阿木林不喜欢发财？因此甚么《财运预算法》《财运必得法》风行一时，上海地方，差不多瘪三叫花子手各一编，大家想发财。发了财之后，饱暖思淫是免不了的，所以现在的潮流大概要转移到财上面一个字上去了。

在这样的文化公共空间里，因为要煮字疗饥，换稿酬糊口养家，作家就不得不揣摩大众的审美口味，听命于报馆书局的要求，而且希望最好是多多益善，于是“率尔操觚”①，“朝脱稿而夕印行，一刹那间即已无人顾问”②，粗制滥造的现象比比皆是。在其时的许多作家眼里，文章已不再是“经国之大业，不朽之盛事”，“披阅十载，增删五次”的创作方式无异于自断生路，再加上报刊连载不能间断，所以在他们的作品中，细节的错漏、重复，个别篇章的转相抄袭，全书质量的参差不齐，都是极普通的现象。对此，当时的有识之士曾给予严厉的批评，说其时的“著书与市稿者，大抵实行拜金主义”③；“操觚之始，视为利薮，苟成一书，售诸书贾，可博数十金，于愿已足，虽明知疵累百出，亦无暇修饰”④；“甚有草创数回即印行，此后竟不复续成者，最为可恨。虽其文豪推之饮冰室主人，亦蹈此习，他何论焉”⑤。不能说为赚取稿酬而创作的作品都是低劣的，但清末民初产生的万余种小说中，求一能与《水浒传》《红楼梦》相提并论的作品而不能得，稿酬的刺激实在难辞其咎。著译作品可以卖钱这一事实，使得其时的作家不仅受制于整个社会的政治文化思潮，以及个人的生命体验和文学趣味，而且还要面对市场，受庞大的报刊图书市场的制约，虽属出于无奈，但他们在艺术上付出的沉重代价则是有目共睹的。

综上所述，虽然文人写稿取酬在我国古已有之，但稿酬作为一种规范或制度，是晚至 20 世纪初才逐步形成的。稿酬制度的形成，主要得自于西方文化的影响。它体现了新闻出版界对著作人权利的承认和尊重，是作家作

① 眷秋《小说杂评》，载《雅言》第一期（1912 年）。

② 寅半生《小说闲评·叙》，载《游戏世界》第一期（1906 年）。

③ 天僇生《中国历代小说史论》，载《月月小说》第一卷第十一期（1907 年）。

④ 寅半生《小说闲评·叙》，载《游戏世界》第一期（1906 年）。

⑤ 眷秋《小说杂评》，载《雅言》第一期（1912 年）。

品高度商品化、社会化的表现，也是新闻出版事业进入近代化运作阶段的重要标志。稿酬制度的形成，对新闻出版甚至整个文化事业的发展都有重要的推动作用。就文学领域而言，稿酬制度吸引了大批文人投身于著（译）作事业，并直接促成了我国第一批职业作家的产生，刺激和推动了文学事业的发展和繁荣。与此同时，创作界出现了大量媚俗的、缺乏作家生命体验的、粗制滥造的作品，对此，稿酬制度的实行应负一定的责任。在近代，稿酬制度尚处于草创初成的阶段，从形成到确立尚需要经过漫长的发展过程。

附录一：关于近代文学学科地位与研究趋向的思考

在中国文学史上，从 1840 年鸦片战争到 1919 年五四运动间的文学通常被称为近代文学。近代文学学科是 20 世纪 50 年代伴随着中国近代史及整个中国文学学科的建构建立起来的。长期以来，近代文学处于古代文学和现代文学两大学科之间，或被视为古代文学的“黄昏”，或被看作现代文学的“前夜”，在中国文学史上的处境一直比较尴尬。20 世纪 80 年代以来，随着“二十世纪文学”“重写文学史”“中国文学古今演变研究”等命题的提出，近代文学的学科地位日益受到挑战，“近代文学”概念逐步被“清末民初文学”、“晚清文学”甚至“近世文学”等概念取代或抽换，学术界甚至有取消近代文学的呼声。这些年来对近代文学历史地位的讨论，来自近代文学界的声音一直相当微弱。在今天，回顾和梳理近代文学学科的建构过程，对近代文学的历史地位进行客观、科学的评价，已成为近代文学乃至中国文学研究重要而且十分迫切的任务。笔者不揣愚陋，拟在吸取前贤研究成果的基础上，对近代文学的学科建构和历史地位问题进行反思和探讨，并对今后近代文学的研究趋向和重点做一些展望，以向学界同人请教。

（一）近代文学的学科地位问题

“学科”是一个内涵和外延不断发展演化的概念。广义的“学科”指“学术的分类”，是一定科学领域或一门科学的分支。一门成熟的学科，应该有相对明确的研究对象和概念系统，有相对固定的学术规范和研究平台，有用于学科建设的专门化组织。尽管近代文学学科确立比较晚，并且至今也还没有发展成熟，但对近代文学的研究却早就开始了。五四运动前后，学术界就有了“近代”“近代文学”的概念，如沈雁冰的《近代文学体系的研究》（1921 年），但所指涉的时限模糊不清，大体指清末或清末民初。胡适的《五十年来中国之文学》（1922 年），陈子展的《中国近代文学之变迁》（1929 年）、《最近三十年中国文学史》（1930 年）和钱基博的《现代中国文学史》（1932 年）四部论著代表了中国近代文学学科前史的最高水平，但直到 20 世纪 50 年代前，近代文学始终未能形成明确的学科概念。50 年代后，学术界根据毛泽东《新民主主义论》等文章的论述，把 1840—1919 年作为中国资产阶级民主革命进程的第一步，即旧民主主义革命。以 1919 年五四运动为界，把此前的一段历史称为近代史，此后至中华人民共和国成立一段历史称为现代史，文学界也相应把 1840－1919 年的文学称为近代文学。1956 年中央人民政府高等教育部（简称高教部）颁布的《中国文学史教学大纲》将上古至中华人民共和国成立之前的文学分为九篇，其中第八篇是“鸦片战争至五四运动的文学”，其特点是“出现过一些带有反帝反封建倾向的富有民主主义精神的作品，也有过一些带有改良主义色彩的文体改革运动”①。尽管这种表述带有强烈的政治色彩和明显的体制化倾向，但近代文学由此成为中国文学史上的一个独立阶段，因此可视为这一学科创建的开始。此后，一些近代文学史著作相继出现，使得“近代文学作为一门学科的意识得到加强”②。其中如陆侃如、冯沅君的《中国文学史简编》（1957 年），复旦大学中文系 1956 级集体编著的《中国近代文学史稿》（1960 年）和游国恩等五位教授主编的《中国文学史》（1963 年）等，都是为近代文学学科发展奠定基础的文学史著作。20 世纪 80 年代后，近代文学研究进入繁盛期，逐步形成了一支研究队伍，建立了一些研究阵地，并开始有计划地搜集整理史料，研究领域不断拓宽，专题研究渐趋深入，研究成果数量也呈现猛增的势头，研究者对一些重大理论问题，如近代文学的性质、学科地位及研究策略等，进行了总体思考和重新认识。③其中，陈则光的《中国近代文学史》（上册）（1987 年），任访秋主编的《中国

① 中华人民共和国高教部《中国文学史教学大纲，高等教育出版社 1957 年版，第 284 页。

② 关爱和《二十世纪中国近代文学研究述评》，《中州学刊》1999 年第 6 期。

③ 贺立华《中国近代文学研究策略——著名学者座谈会纪实》，《山东师范大学学报》（社会科学版）1995 年第 3 期。

近代文学史》（1988 年），管林和钟贤培主编的《中国近代文学发展史》（1991 年），郭延礼的《中国近代文学发展史》（1990—1993 年）、《中国近代翻译文学概论》（1998 年），范伯群的《中国近现代通俗文学史》（1999 年）等是这一时期的代表性著作。与此同时，随着高校近代文学研究生学位点的设置，1988 年中国近代文学学会的成立，近代文学作为一个独立的学科知识体系正式进入了我国教育和科研的范畴之中。21 世纪以来，郭延礼、黄霖、袁进、王飙、关爱和、陈大康等继续致力于近代文学研究，境外学者也不断加入近代文学研究领域，近代文学研究事业在艰苦的学术环境中正不断向前推进。

近代文学学科自确立以来，尽管取得了一系列令人瞩目的研究成果，但由于受传统思维方式的影响，很多重要问题并没有获得根本性的突破。例如，长期以来，在绝大多数近代文学史著作中，近代文学被分为“资产阶级启蒙时期的文学”“资产阶级维新时期的文学”“资产阶级民主主义革命时期的文学”等若干阶段。这样一来，近代文学成了资产阶级的文学。“将近代文学定性为‘资产阶级文学’，便是用政治用史学‘度量’出来的文学属性，生生制造出一个实际并不存在的‘资产阶级文学’，与中国社会已进入资产阶级社会之说相对应，与整个阶级斗争学说体系相配套。”[①]显然，这种忽视文学特性和中国文学自身演变过程，直接以社会史分期作为文学史分期标准的方法，无法充分揭示近代文学的特质和价值意义。更为重要的是，现行教育体制的学科设置对近代文学一直持歧视性态度。在教育部学科目录中，近代文学不能作为二级学科申报学位点，导致近代文学在学科归属上长期处于“寄人篱下”的境地。到目前为止，与古代文学、现代文学相比，近代文学研究还存在很多不足，学科建设还远称不上成熟和完善，主要表现为：①研究力量薄弱；②研究领域狭窄；③研究整体水平不高；④高校近代文学教学薄弱。在全国高校中文系中，近代文学不是本科必修课程。学科体制的制约导致研究力量薄弱，再加上缺乏有效的理论平台，20 世纪八九十年代以来，面对学术界围绕中国文学史重大理论问题引发的一系列热烈讨论，近代文学界的反应一直很低调，甚至针对近年来取消近

① 裴毅然《中国近代文学起始之我见》，《社会科学》2005 年第 4 期。

代文学的呼声，也很少有人能从正面做出有力的回应。

（二）关于近代文学学科地位问题的几点认识

2002年10月，在中国近代文学学会第十一届年会上，谢冕有一段关于近代文学地位的感言：“近代文学在本学科以外的人们的心目中，它的地位从来不高。由于近代文学感应了时代的变化，引进和实验了许多适应社会生活变动的因素，在研究古典文学的人看来，它不够‘古典’；同时，由于那些新旧参半的语言和生硬的新名词概念的充填，在研究现代文学的人看来，它又不够‘现代’。它是两头都不讨好，似乎也都被排挤在主流之外的‘另类’。对近代文学的评价从来都是暧昧的，因而近代文学在中国漫长的文学史中的处境，也从来是尴尬的。”[①]话很直率，却基本道出了实情。而张全之的话说得更为痛切：“与相邻的两个强势学科相比，近代文学显得凄然而落寞，甚至始终处在朝不保夕的学科危机之中……在多次有关文学史分期问题的讨论中，‘中国近代文学’常常被拉出来示众，成为文学是分期不合理的显著例证。”[②]1985年，旨在消解近现当代文学学科界限的“二十世纪中国文学”观念提出，中国文学现代化的起点被提前到了1898年。20世纪90年代后期，学界出现了两种挑战“近代文学”独立划代的意见。一种是给古代文学“穿靴”，即将近代文学中辛亥革命以前的部分还归清代，作为整个古代文学史的最后阶段；另一种是给现代文学“戴帽”，即将近代文学中1898年或1900年之后的部分作为“二十世纪文学”的开头，将近代文学此前的部分划归古典文学。21世纪初，在《复旦学报》发起的文学史分期讨论专栏中，主持人章培恒表示，“就中国文学史来看，从1840年至1919（或1917）年能否成为一个自成起讫的历史时期——‘近代文学’时期——本就是一个问题”[③]，明确表示不同意“近代文学”的说法。其实近代文学一直被认为与古代文学关系甚为密切，章培恒是古代文学研究的知名专家，并且在20世纪80年代组织选编了在近代

① 谢冕《近代文学浅识》，《安徽师范大学学报》（人文社会科学版）2002年第6期。

② 张全之《为什么要保留“近代文学”——对文学分期问题讨论的回应》，《济南大学学报》（社会科学版）2008年第2期。

③ 章培恒《关于中国现代文学的开端——兼及“近代文学”问题》，《复旦学报》2001年第2期。

文学界影响深远的《中国近代小说大系》，因此，章培恒公开质疑近代文学，这一举动的意义实在非同小可。而在近两年有关“中国文学古今演变”的讨论中，很多学者只谈古代文学和现代文学，甚至尽量避免使用“近代文学”这个概念。近代文学学科正面临前所未有的挑战。

近年来，笔者一直关注近代文学的学科地位问题，也尝试着作了一些思考，主要认识有以下几点。

第一，“二十世纪中国文学”“重写文学史”“中国文学古今演变研究”等一系列具有方法论意义的学术命题的提出，都促使中国文学研究在视野、理论和方法等方面发生重大变革，并进而影响中国文学研究的走向和格局，文学史分期只是其所涉及的内容之一。其对传统意义上中国文学史分期的冲击是全方位的，不仅涉及近代文学，也涉及当代文学，甚至是现代文学。近代文学面临“被取消”的危险，当代文学也风光不再，“被给出”一个“指近十年的文学”[①]的说法，甚至有可能沦落到由文学史概念变成文学批评概念的地步。相比较而言，现代文学的境况要好得多，其在历次讨论中表现出的强烈扩张性也充分展示了这个学科的生机和活力。其实，对近代文学学科的最多怀疑主要不来自于古代文学，而是现代文学——古代文学研究专家章培恒不是从古代文学而是从现代文学出发质疑近代文学，这就是一个很有力的证明。但是现代文学学科本身也面临很大的挑战：20世纪80年代通过文学/政治、现代/传统等二元对立方式建构起来的“二十世纪中国文学”概念，虽然立下了整合近代文学、现代文学、当代文学分期的功劳，但实质上抹杀了现代文学追求现代性的学科特征，客观上存在解构现代文学学科独立性的可能；90年代以后范伯群提出“双翼展翅”论（如今被表述为“生态平衡 多元共生”），对传统的现代文学史观提出严厉批评，在学术界引发了不小轰动；21世纪以来，范伯群、汤哲声、栾梅健等提出1892年是现代文学的起源，问世于1892年的《海上花列传》是第一部现代文学作品。这种做法表面上像是为现代文学扩张地盘，其实质则仍然有抹杀新文学价值和意义的嫌疑，同样存在解构现代文学学科独立性的可能。正因如此，有学者不无忧虑地指出：“我们现在所理解的现代

① 许志英《给“当代文学”一个说法》，《文学评论》2002年第3期。

文学，包括今天主张中国现代文学发端于晚清的学者，都是在学科的范围内提出问题，都没有解构这个学科的意图。可是我们所运用的逻辑，却存在着使这个学科的独立性解构的可能。”[①]由此可见，中国文学史学科的所有变革和调整，其影响都是十分广泛的，应把近代文学的历史地位与中国文学的学科建构放在一起观照，在中国文学研究路径和格局进行重大调整的背景下看待近代文学学科面临的困难，不应孤立讨论近代文学的历史地位问题。

第二，长期以来，我们将“过渡性”、“桥梁”和“承前启后”作为近代文学的基本特征，我们说近代文学既是中国古典文学的发展和终结，又是现代文学的胚胎和先声；近代文学是中国文学由古代向现代转型的文学，具有承前启后的意义。今天看来，这一成说实有重新考量的必要，因为它隐含的意义可能是，近代文学是不重要的，甚至是可有可无的。当我们说近代文学是古今文学转型桥梁的时候，如果古代文学是直接飞越到现代的话，那么“桥梁”就不再成为必须，过渡的意义自然无从提起；当我们说近代文学是中国文学现代化的起点和开端时，就像说近代文学是新文学起飞的“跑道”，当新文学这架不打算返航的飞机腾空之后，“跑道”自然就沦为一片废墟。因此，过分强调近代文学的“过渡性”特征，其实是对其主体性和独立价值的遮蔽与掠夺。有学者指出：“近代文学从其学科萌生阶段起，就以过渡性作为整个的学科定位；在之后的学科建构和发展过程中，过渡性的学科定位一直延续至今而没有改变。这种过渡性的学科定位使得近代文学以中国古代文学和现代文学作为学科建构的参照系，使得自身的学科独立性反而被取消了；同时，单一的过渡性学科定位使得近代文学研究失去了从其他层面来研究文学的可能性。”[②]“中国近代文学由于自身的边缘化，有意或者无意地攀附古代文学和现代文学，它以延续了没落的古典传统为荣，以孕育了朝气蓬勃的现代文学为乐，而事实上，对这两个方面的强调正好实现了对近代文学主体性的盗掘，也是其价值依

① 陈国恩《百年后学科架构的多维思考——关于中国现代文学史起点问题的对话》，《学术月刊》2009年第3期。

② 李卫涛、梁玲华《中国近代文学的学科定位反思》，《学习与探索》2005年第1期。

附性的显在标志。作为古代文学的‘黄昏期’，它除了繁华落尽、脉息凝滞的苍凉和无奈外，还有什么？作为现代文学诞生的‘前夜’，除了自身的盲闭之外，还有什么值得夸耀的？一个独立的学科，不能满足于成为古代文学的停尸场和培育现代文学的宫腔。”[①]

第三，20 世纪 90 年代末期，王德威提出著名的“没有晚清，何来五四”命题，在学术界引起巨大影响。“没有晚清，何来五四”曾一度让近代文学研究者感到扬眉吐气，似乎“晚清文学”的地位终于得到了提升，其实情况远非那么简单。尽管有学者依据福柯“知识考古学”理论解读王德威的观点，指出其真正用意在解构“文学起源论”本身[②]，但王德威站在新文学的本位立场上强调晚清文学的价值和意义，其逻辑起点却是“母以子贵”，实际上包含了对近代文学的歧视。“正如母亲的价值需要儿子来体现，晚清文学的价值也是通过‘五四’来彰显的。也正是在‘五四’文学的参照下，晚清才衍生出新的意义和价值，而学者之所以大肆渲染晚清的贡献和意义，甚至将它升格为中国‘现代文学的起点’，全是因为它有一个‘好儿子’——伟大的‘五四’。从这个意义上来看，与其说‘没有晚清，何来五四’，倒不如说，‘没有五四，何来晚清’？”[③] 因此，这种观点表面强调晚清文学的重要，实际上同样存在解构近代文学主体性的可能。

第四，在今天，如果真的需要为近代文学讨个“说法”，我们既不应该自固藩篱，自说自话近代文学多么重要，也无须通过为古代文学“提鞋”或为新文学填写“出生证明”来求得一席之地，而应该从观念、方法层面着手，打破固有的思维定势，通过确立近代文学的本位观来确立近代文学的学科地位，这是近代文学学科建构的基础。所谓“本位观”，是指站在本体的基本立足点上观察事物。人类观察、判断事物都建立在“本位观”的基础上，“本位观”决定了人的价值观。长期以来，近代文学处于古代文学和现代文学两种本位观之下一直无所归属，似乎两头不讨好，但如果

① 张全之《夹缝中的“中国近代文学”——从学科角度考察“中国近代文学”的危机与出路》，“中国近代文学教学与研究研讨会”暨山东省近代文学学会 2009 年年会论文。

② 李杨《“没有晚清，何来五四”的两种读法》，《中国现代文学丛刊》2006 年第 1 期。

③ 杨建兵《没有“五四”，何来晚清——兼与王德威先生商榷》，《汕头大学学报》（人文社会科学版）2008 年第 5 期。

站在近代文学的本位立场上，情形则变得完全不一样。近代文学没有产生杰作，这是人们比较普遍的看法，但近代文学并不是真的没有杰作，只是没有现代文学或古代文学意义上的杰作。“过去，我们站在古代文学本位立场或者现代文学本位立场上，近代文学的复杂性、过渡性、缺乏内在的统一性，其内在的矛盾、冲突、层次、变化等都被看成文学的不成熟，但站在近代文学的本位立场，这些恰恰具有其特殊的价值。”①既不够古典又不够现代，新旧杂陈，良莠并存，没有经典，没有统一主题，没有绝对的价值标准，这是近代文学受排斥贬抑的主要原因，而这恰恰是近代文学不同于古代文学和现代文学，足以成为一个独立学术分支的理由。“近代文学作为中国文学史一个至关重要的时期，给研究者提供的广度是足够的，旧有文体的整合、新兴书面语的崛起，以及文学史的建构，乃至‘文学’作为概念和观念，无不出现在那时，而同时存在的多种可能性作为埋没的资源，可以为我们反思现实提供依据。这些特质使得近代文学完全有可能与古代文学和现代文学区别开来，说得更明确点，有成为独立学术分支的基础，而一旦出现独有的研究思路，上引下联，将影响我们对古代文学和现代文学的看法。”②

第五，确立近代文学的历史地位，最终必须构建成熟完备的理论体系和阐释系统。在这方面，袁进和张全之的观点给我们提供了很好的借鉴。2001 年，袁进的《近代文学的突围》一书出版，袁进认为，“近代文学的意义在于：中国文学的发展到了近代好比是到了一个十字路口，传统文学的活力已经弱化，外来影响的冲击却在加强，中国文学如何‘突围’？到底选择哪一条道路继续发展，这最初的选择是在近代作出的，它决定了中国文学后来的转型方向与转型模式”③。应该说，当时人们对该书以“突围”命名并未太注意，但今天看来，这其实是对近代文学基本特征的一个准确概括。而张全之则提出用“突围与变革”来描述近代文学的外在风貌，以“民族主义和世界主义的对抗与互动”来概括近代文学的思想特征，主张以

① 高玉、梅新林《论中国近代文学的本位性》，《学习与探索》2004 年第 6 期。

② 王风《为什么要有近代文学》，《中国现代文学研究丛刊》2001 年第 1 期。

③ 袁进《近代文学的突围》“后记”，上海人民出版社 2001 年版。

此为理论框架，将“近代文学”整合为一个既不同于古代文学也不同于现代文学的知识体系，从而使这一学科获得独立性[①]。尽管这些看法仍有继续考量的必要，但毕竟为近代文学学科理论体系和阐释系统的建构提供了有意义的思路。

2009 年初，由复旦大学、哈佛大学、台湾“中央研究院”联合举办的“中国近代文学研究国际学术研讨会”在上海召开。此次会议的最重要特点是，不仅仅将近代的定义集中在 1840—1919 年，而且以 80 年的时间为一个基准点，往前看，把眼光延伸到明代，尤其是晚明这一段复杂的思潮起伏的时代。另外，会议也将近代的定义延伸到五四运动以后的各种后续发展。会议主办人之一王德威提交了《近代有多现代——关于近代文学起源的三种思考》的论文，认为近代文学不能只作为现代或当代文学当前的发展或者是中国古代文学的最后一个高潮，近代文学应当有它自己的位置……我们做近代文学或现代文学研究，不必再仅仅计较是否启发后之来者，像对新文学的影响；也不必仅仅计较是在什么样的状态下跟古代文学的对话。近代文学也好，现代文学也好，它发生了，也就真的发生了，在这个意义上，它的现代性才真正浮现出来[②]。“这是一次震撼教育，让我们感到近代文学研究大有可为。”[③]

（三）近代文学的研究趋向

尽管近代文学研究已经取得了很大成绩，但空白点仍有不少，可供深入挖掘的领域更多。在传统小说诗文以及近年来比较兴盛的近代文艺报刊研究以外，笔者以为，近代文学研究的趋向和重点集中在以下几个方面。

第一，女性文学研究。随着中国近代社会的全面转型、西学东渐的深入和近代女权运动的发展，近代女性文学从创造主体、文体结构、思想意蕴、艺术风格到传播方式等方面，较古代女性文学均发生了很大变化。郭

---

① 张全之《为什么要保留“近代文学”——对文学分期问题讨论的回应》，《济南大学学报》（社会科学版）2008 年第 2 期。

② 李楠、徐金柱《近代有多现代？——“中国近代文学研究国际学术研讨会”综述》，《中国现代文学研究丛刊》2009 年第 6 期。

③ 朱自奋《“近代文学”应从明代中晚期算起？中国近代文学国际学术研讨会新见迭出》，《文汇读书周报》2009 年 2 月 20 日。

延礼认为，20世纪前20年，女性文学进入了由古典向现代的转型期，出现了四大女性作家群体：女性小说家群、女性翻译文学家群、女性政论文学家群和南社女性作家群，其中前三个群体是古代女性文学中所未有的①。但到目前为止，近代女性文学研究尚处于拓荒阶段，其研究成果与近代女性文学所取得的成就相比极不相称。今后，随着女性文学作品的进一步发掘和整理，性别研究背景下的近代女性文学将会成为学术界关注的重点之一。

第二，翻译文学研究。近代翻译文学不仅体裁多样，而且数量可观。据不完全统计，大约有翻译小说近3000种、翻译诗歌百余篇、翻译戏剧数十种，还有翻译散文、寓言和童话若干。在这些翻译文学门类中，翻译小说的成就最大。不仅数量多，而且类型全，有社会小说、爱情小说、历史小说、政治小说、科学（科幻）小说、侦探小说、教育小说等。其中如政治小说、科学小说、侦探小说等小说类型，是中国传统小说从未有过的。翻译文学是中国近代文学的重要组成部分，并对近代文学创作产生过重要影响，然而，以往各种文学选集都没有将翻译文学纳入中国文学体系之中，直到20世纪90年代《中国近代文学大系》首次收入“翻译文学集”，才算是国内学界对翻译文学身份意识觉醒的标志。1998年，郭延礼的《中国近代翻译文学概论》出版。这是我国第一部近代翻译文学专史，为近代翻译文学研究提供了丰富的史料和研究路径。今后这一领域将会成为近代文学研究一个重要的增长点，一些重要的理论问题，如如何确定近代翻译文学的概念和范围，外国传教士的翻译活动及其意义等，都会得到逐步解决。

第三，文献学研究。一般来说，文献指的是载于各种载体的有历史价值的语言文字资料，以文字记录、储存和传播知识信息，是文献的共同特征。作为一个完整的历史时期的文学，近代文学已经成为历史，搜集、整理、研究近代文学文献，加强近代文学文献学研究已成为历史的要求。几十年来，近代文学在搜集、整理与研究方面已经取得了一系列成果，也积累了比较丰富的实践经验。近代文学文献资料的发掘、整理、研究，近代文学史实、版本的考订，以及著作、论文的目录编制等文献学工作，日益受到研究者的重视，文献整理与研究成果大量出现。近代文学期刊、书籍

---

① 郭延礼《20世纪初中国女性文学四大作家群体考论》，《文史哲》2009年第4期。

的影印和再版，著名作家年谱、传记的出版，近代文学书目、索引等检索文献的编制，近代文学资料和大规模丛书的陆续出版，都为近代文学文献学理论的发展奠定了比较坚实的实践基础。到目前为止，无论从类型还是从数量上说，中国近代文学文献的存在都已比较齐备。从文献学的研究对象角度看，对中国近代文学文献学进行综合研究，建立中国近代文学文献学的客观基础条件已经成熟。

附录二：1996—1997年中国近代文学研究综述

中国近代文学研究在20世纪最后20年里进入突飞猛进、全面丰收的繁盛时期。继续加强对近代文学资料的发掘和清理，注重宏观研究并开始从学科建设的高度考虑和规划近代文学研究，观念更新，方法多样，自由探索，多元互补，代表了20世纪90年代中国近代文学研究的主要走向，也是1996—1997年研究特色的集中体现。据不完全统计，1996—1997年共发表近代文学研究论文400余篇，出版研究资料、作品集及论著约20余部，总体上呈现出蓬勃旺盛的势头。其中，对近代文学资料的发掘和整理工作尤为引人注目。众所周知，从事近代文学研究遇到的最大困难是资料的匮乏，不仅有关作家、社团、流派的史料严重不足，甚至连作为研究对象的文学作品也有相当部分未被披露出来——这对研究工作的巨大制约是显而易见的。鉴于此，研究者从80年代起开始有计划地收集、整理近代文学资料，并编辑了几套大型丛书，如《中国近代文学论文集》《中国近代文学研究资料丛书》《晚清小说大系》《中国近代小说大系》等，对近代文学研究起了极大的推动作用。1996—1997年是近代文学资料（特别是作品）集中出版的两年。首先，受世人瞩目的《中国近代文学大系》于1996年由上海书店全部出齐。80年代后期，《中国近代文学大系》的编辑有感于近代文学资料“繁、碎、乱，而且还有相当一部分的手抄孤本，仍流存在一些专家个人和作者亲属的手里”的困难，决心“把这些浩如烟海、隐显错杂、良莠不齐、濒于佚失的近代文学资料，分门别类地搜集、烛隐、筛选、点校，整理出一套有点有面、鲜明系统的资料系列，便于文学专业工作者、教学工作者和文学爱好者的研究、选材、教学和鉴赏”[①]。从1987年召开编辑工作会议到1996年，国内众多专家通力合作，经过10余年的不懈努力，终于将包括《文学理论集》《小说集》《散文集》《诗词集》《戏剧集》《笔记文学集》《俗文学集》《民间文学集》《书信日记集》《少数民族文学集》《翻译文学集》《史料索引集》在内共12专集30卷1500万字的《中国近代文学大系》（另附“别集”约500万字）全部编成出版。《中国近代文学大系》是我国第一部系统、全面整理中国近代文学的大型丛书，在近代文学研究史上具有划时代的意义。与此同时，全套80卷、收集数百种近代小说、字数近4000万的《中国近代小说大系》也由江西人民出版社和百花洲文艺出版社陆续出版完成，这是中国近代小说史研究资料建设的一项最宏伟的工程；于润琦主编的《清末民初小说书系》于1997年由中国文联出版公司出版，该书分社会、侦探、武侠、爱国、滑稽、家庭、警世、言情、科学、伦理10个门类，收录了800多篇近400万字的短篇小说，这是迄今为止收录我国近代短篇小说门类最全、数量最多的小说丛书；董文成和李勤学主编的《中国近代珍稀本小说》于1997年由春风文艺出版社出版，该书分20册，收录近年来没有单行本流传的近代珍稀小说60种；梁淑安和姚柯夫编著的《中国近代传奇杂剧经眼录》于1996年由书目文献出版社出版，该书收录近代戏曲多达270种，被认为“是一部目前最完备的近代传奇、杂剧的专门书录”[②]；袁进主编的《鸳鸯蝴蝶派散文大系》于1997年由东方出版中心出版；严迪昌编著的《近代词钞》于1996年由江苏古籍出版社出版。此外，《李伯元全集》于1997年由江苏古籍出版社出版，《辜鸿铭文集》于1996年由海南出版社出版，《湘绮楼诗文集》《湘绮楼日记》也在1996、1997两年里由岳麓书社出版。这些资料特别是《中国近代文学大系》的问世，为系统和深入的近代文学研究打下了扎实的基础。在学科建设方面，广东人民出版社于1996年出版了钟贤培和汪松涛主编的《广东近代文学史》，中国文联出版公司于1997年出版了谢飘云的《中国近代散文史》，浙江古籍出版社于1997年出版了欧阳健的《晚清小

① 《〈中国近代文学大系〉编辑构架·缘起》，转引自《中国近代文学争鸣》（上海书店1989年版）。

② 邓绍基为该书申请中国社会科学院出版基金所写《推荐意见》中语。

说史》（收入“中国小说史丛书”），中国近代文学学会第八届年会暨学术讨论会于1996年10月21—23日在河南大学举行，梁淑安主编的《中国文学家大辞典・近代卷》也由中华书局于1997年出版。此外，袁进的《中国文学观念的近代变革》（上海社会科学院出版社1996年版）、颜廷亮的《晚清小说理论》（中华书局1996年版）、张全之的《突围与变革——二十世纪初期文化交流与中国文学变迁》（西北大学出版社1997年版）、严光辉的《辜鸿铭传》（海南出版社1996年版）、杨正典的《严复评传》（中国社会科学出版社1997年版）等著作的出版，也有力推动了近代文学的研究进程。

另外需要提及的是，樽本照雄编著的《新编清末民初小说目录》于1997年由日本清末小说研究会出版。该书是樽本照雄1988年出版的《清末民初小说目录》的增订本，共收录1840—1919年产生的小说16 046件（其中创作小说11 074件，翻译小说4972件），剔除一书多种版本的重复，实际收录创作小说7466种，翻译小说2545种，共计10 011种[①]。这是目前著录作品最多的一部近代小说书目，比阿英《晚清戏曲小说目》所收小说多了近10倍。一个外国人，能对中国文学研究投入如此大的精力，做出如此大的成绩，实在令人敬佩。

1996—1997年近代文学研究的总体情况大致如上，下面对这两年来研究中的热点问题及其主要成果作一简略回顾。

（一）宏观研究

在充分占有资料的基础上进行卓有成效的宏观研究是一个学科整体研究水平提高的重要标志。与前些年宏观研究有所不同的是，1996—1997年的研究更注重从“变”的角度探讨中西文化交流中近代文学的特征和意义等问题。1996年第八届年会的主要议题就是“中国文学的近代化”，与会代表对此进行过热烈、深入的讨论。就已公开发表的论著来看，袁进的观点很有代表性，他说“中国近代是中国文学转型的关键。经过近代，原来文学的作者是士大夫，后来变成了知识分子。原来的文学读者士大夫，经

① 郭延礼《对中国近代小说的新认识——简评〈新编清末民初小说目录〉》，《文史哲》1998年第2期。

过近代却变成了市民和学堂培养出来的知识分子。原来的文学文本是线装书，经过近代却变成了以平装书和报刊为主，它们更便宜，更面向市场，于是文学的运行机制也趋向于‘市场化’。文学的语言原来是士大夫专用的文言，经过近代却变成了市民的白话。各种文学体裁原来几乎都有固定的形式，经过近代，除了词以外，各种文学体裁几乎都发生了极为巨大的变化。……中国历史上还从来没有一个时代像近代这样在文学上发生如此众多的根本性转变，所以，中国文学的近代变革是一次根本性变革，改变了中国古代文学的结构体制机制，因此它是一次最为重要的选择，以后的变化只是顺着近代已经作出的选择继续走下去，至多也是重新回到近代时的选择出发点。虽然还有歧路，还要作出选择，但是它们已经比近代的变化和选择小得多了”。袁进认为，文学观念的变革既是近代文学变革的重要方面，又“指导着文学的变革”，而文学观念的变革既与中国传统文学观念难以适应新时代的需要有关，更与文学社会运行机制的变革和西方近代文学观念的影响有关①。这就比仅仅站在本土文化角度，笼统评价近代文学的“过渡”或“桥梁”作用更为深入和合理。同样，在考察中国近代复古思潮的兴衰历程时，袁进也立足于“变”，并把关注重点放在西学东渐对中国文学思潮的影响上。在剖析复古思潮衰亡的原因时，他说，“19 世纪‘西学’的输入，无疑是‘复古’派的一个大敌。在相当长的时间内，‘西学’受到守旧势力的压制，未能在社会上形成权威。但到 19 世纪末，中国屡遭外侮的现状和‘经世致用’的思潮，终于把‘西学’推上了权威的地位。尤其是‘进化论’思想被社会广泛接受，‘物竞天择，优胜劣败’的‘天演’成为知识分子思考的准则。这时，‘三代’云云便不再具有吸引力了，人们选择与现实对比的参照系不再像过去那样只能作历史的纵向比较，选择古代为参照系，而是可以作现实的横向比较，选择外国为参照系，尤其是西方、日本等资本主义国家为参照系，而后者从‘经世致用’的角度来看，显然更切合实际，更能帮助解决当时中国面对的抵抗外侮、富国强兵的实际问题。因此，越来越多的士大夫和知识分子从‘复古’的思路中摆脱出来，变‘向后看’为‘向前看’”；“传播媒介的变革改变

① 《中国文学观念的近代变革》，上海社会科学院出版社 1996 年版。

了中国古代士大夫垄断文化的局面。新兴的市民阶层本来就是现实主义者，较少‘复古’倾向。向西方学习促使清廷下了废科举办学堂的决心，这就从根子上断绝了士大夫的来源。民国初年教育部废止读经，用浅近文言与白话编教科书，使得当时在文坛上活跃的士大夫成为最后的士大夫。这也就从根本上断绝了‘复古’思潮的生路。在读者形成的市场决定作者写作方向的商品化社会中，‘复古’充其量只能成为古董市场上的商品，不可能再成气候，形成思潮。它的衰亡是理所当然的”①。

与以前的情形一样，小说研究在近代文学研究中仍然占主要地位，两年里不断有观点新颖的论文发表。例如，对近代小说的繁荣问题，罗嘉慧侧重从近代商品经济与小说关系的角度来考察，认为近代社会经济形态为近代小说的繁荣提供了稳定的消费者群体，形成了作为商业生产者的作者群体，以及作为商品形式的小说刊物群体。小说成为商品流通中的特殊畅销商品，其商业性质在一定程度上决定了它的审美倾向——功利性、通俗性、消遣性，缺乏深刻的人文精神②；王学均从小说与小说市场的关系角度来探寻“小说界革命”的起因，认为“将小说市场的情形和书肆坊贾的经验化用为自己的目标服务，乃是‘小说界革命’之所以发生的基本原因”，并对小说市场作用下产生的我国第一份近代小说期刊《新小说》的价值和意义做了简要的概括③；欧阳健则认为“庚子国变的直接结果并不是像鲁迅所说，是熄灭了‘有识者’心头使中国臻于富强的希望，相反，它恰恰预示着新的改革时期的来临”④，清政府于光绪二十六年十二月丁未（1901 年 1 月 29 日）在西安以光绪的名义颁布的改革谕旨“揭开了晚清改革的序幕。从此，清政府在其最后的 10 年中，主持了一场大规模的社会改革运动，改革的内容包括废除科举、创办学堂、奖励留学、扩展新军、兴建铁路、发展实业、改革法制，以及推行地方自治和立宪政治等，涉及中国的政治、经济、社会、文化、教育、军事、法律等领域，从而使中国的政治生活与社会风俗发生了朝着现代化的方向挺进的重大变化”，“由于改革出于最

① 《中国近代的复古思潮》，《学术月刊》1997 年第 3 期。

② 《试论近代商品经济演化与近代小说的繁荣》，《中山大学学报》1997 年第 4 期。

③ 《晚清小说界革命与小说市场》，《明清小说研究》1997 年第 3 期。

④ 《晚清新小说的生成和价值内涵》，《吉林大学学报》1997 年第 3 期。

高统治者的倡导，维新报刊如雨后春笋般涌现，热情宣传爱国救亡，鼓吹开民智、兴民权、呼吁发展教育，振兴实业，传播科学知识，反对迷信，抨击三从四德，提倡妇女解放，介绍西学，批评时政，从而形成了席卷全国的改革维新的时代潮流。正是处于改革的大氛围之中，晚清的小说创作，无论在量上还是质上，都产生了飞跃”[①]。尽管这些观点中有些提法尚有待于进一步讨论，但其表现出的力图冲破传统思维模式、大胆创新的精神则是相当可贵的。对民初小说及民初小说理论的关注，是1996—1997年近代文学研究的一个重要特点。张法把民初小说的特征归纳为三个方面：“一，从题材上说，政治小说、谴责小说从主流演为支流，而日益弱小，言情小说从边缘入主中心，而日益扩张”；“二，从小说的语言载体上看，清末小说革命是白话呈现大声势，民初小说则以文言为主力军”；“三，小说情味上的回归传统。我们仿佛看到了古代才子佳人小说的卷土重来，确实体会到了古代诗词中的哀艳心态。”[②]对民初小说形态特征的形成动因，张法将它们归纳为两点，一是民初小说为维护、保持自己刚刚从小说革命中获得的文艺高位而作的无意识的调整和应战。其具体表现为，民初小说一方面以古文骈文写作，显得相当“高雅”，另一方面又朝西方小说的“形式创新”发展，从而在新旧并存、东西交错的民国语境中建造一种维持小说高位的新型坐标，并在此坐标上努力奋进，构成了民初小说似旧而新又似新而旧的独特形貌；二是民初的都市化进程对小说的促进作用。清朝灭亡后，革命家纷纷脱离小说领域，而因为政治原因被抬至“文学之最上乘”的小说一下子失去了革命潮流的支持，只能在都市化的溪流中载沉载浮。都市文化人成为领导小说的主体，与革命相脱节的都市法则、都市消费、都市趣味成为小说的主流，“一方面，民初小说要坚持小说在文艺中的优势地位，从而走向了语言、形式、情调中的‘雅’；另一方面，它保持这种优势地位的实实在在的基础又是都市化进程，这又使民初小说走向了语言、形式、情调中的‘俗’。民初小说就是这种‘雅’与‘俗’的奇妙拼贴”[③]。袁进针

① 《晚清小说史》，浙江古籍出版社1997年版。

② 《民初小说与时代心态》，《中国文化研究》1996年第4期。

③ 同②。

对以往研究中国近代小说理论重晚清轻民初的偏颇，对民初小说理论的性质、特征及意义等问题做了深入的探讨，指出“民初小说理论既有复古、向传统文学观念回归的一面，也有学习西方，进一步发展晚清小说理论的一面，从而呈现出丰富复杂的情况。以往对民初小说理论只看见前者而没有对后者予以充分的重视，显然是不公正的，这样做的结果是忽视了民初小说理论在晚清小说理论和新文学之间曾经起过的过渡作用。民初小说理论的复杂性是由于它继承晚清小说理论，而又采取折中调和，没有做到像王国维那样把小说理论完全建立在艺术审美的基础上。这样，它就不可能成为一种崭新的在近代文艺观指导下的小说理论体系，建立这一理论体系的历史使命便只能由五四新文学去完成了”①。

此外，林薇针对阿英《晚清小说史》中“两性私生活描写的小说，在此时期不为社会所重，甚至出版商人，也不肯印行”的推论，对“小说界革命”前后问世的《兰花梦奇传》《花神梦》《泪珠缘》，以及吴趼人创作的《恨海》《劫余灰》《情变》等写情小说做了比较细致的分析，得出了“即使在政治小说、社会小说、理想小说、科幻小说……铺天盖地而来之际，写情小说依然不绝如缕，上承才子佳人小说之绪，下开鸳鸯蝴蝶派小说之端。民国初年写情小说风靡于世，恐怕不仅仅是由于革命退潮、作家对政治失望和淡漠这些外在的社会原因；同时也是基于文学自身的内在规律，是‘小说界革命’前后写情小说发展的结果”的结论②。陈平原以晚清科学小说中经常出现的“飞车”为考察中心，探讨了促成当时作家获得写作科学小说（或“准科学小说”）所必须具备的兴趣和能力。陈平原指出，“在我看来，翻译小说只是获得这种能力的一个途径——而且不是最主要的途径；晚清刊行的海外游记，以及各种热衷于介绍西学的报刊，对作家之养成知识、调动兴致、驰骋想象，可能发挥更大的作用”③。陈颖对《中东大战演义》《罂粟花》《旅顺落难记》等一向很少人研究的近代反侵

① 《试论民初小说理论》，《社会科学》1997 年第 3 期。

② 《小说界革命前后的写情小说》，《社会科学辑刊》1997 年第 5 期。

③ 《从科普读物到科学小说——以“飞车”为中心的考察》（《中国文化》1996.12），后收入作者论文集《文学史的形成与建构》，广西教育出版社 1999 年版。

略战争小说做了较为细致的分析①；陈建华对清末大量译介虚无党小说的现象，以及虚无党小说的基本特色和价值做了评析②；欧阳健则把晚清出现的一批袭用古典小说名著而冠以“新”名的《新水浒》《新三国》《新石头记》等作品命名为“翻新小说”，分析了它们产生的内在机制和三种不同的表现类型③；于润琦对清末民初种类繁多、数目巨大的短篇小说的思想内容、艺术特色，以及十种类型短篇小说的情况做了比较详尽的介绍④；王旭川对近代小说理论研究中较少注意的小说本体论的形成原因、理论的范围程度和意义作了简要的论述⑤；而管林的《有所突破，各具特色——评五部中国近代文学史》⑥一文对复旦大学中文系所编《中国近代文学史稿》、陈则光所著的《中国近代文学史》、任访秋主编的《中国近代文学史》、管林和钟贤培主编的《中国近代文学发展史》，以及郭延礼所著的《中国近代文学发展史》共五部中国近代文学史逐一进行介绍和评价，是从学科建设角度对近代文学史研究进行宏观考察的有益实践。

（二）重要作家研究

1. 梁启超

梁启超与“小说界革命”是中国近代文学研究中经久不衰的热点话题，这两年来的情形同样如此。在已发表的论文中，王宏志的观点颇为引人注意。他以《佳人奇遇》和《新中国未来记》两部作品为中心，对梁启超提倡并亲自参与翻译和创作政治小说做了深入的论述，指出强烈的政治诉求使“专欲发表区区政见”的政治小说和意在图强救国的“小说界革命”实际上损害了小说的文学性，从而导致梁启超在《论小说与群治之关系》中提出的 “熏”“浸”“刺”“提”四种力根本无法存在于这些政治小说中，因此不能发挥感人移情的作用，“虽然梁启超多番强调‘小说为文学之最

① 《中国近代反侵略战争小说综论》，《福建师范大学学报》1997 年第 2 期。

② 《“虚无党小说”：清末特殊的译介现象》，《华东师范大学学报》1996 年第 4 期。

③ 《晚清“翻新”小说综论》，《社会科学研究》1997 年第 5 期。

④ 《清末民初的短篇小说》，原为作者主编的《清末民初小说书系》的“代序”，稍后载《明清小说研究》1997 年第 3 期。

⑤ 《论近代小说本体论》，《上海师范大学学报》1996 年第 4 期。

⑥ 载《华南师范大学学报（社会科学版）》1996 年第 2 期。

上乘'，客观上来说，他也的确把小说的地位大为提高，清末民初成了小说繁荣的年代，可是，梁启超潜意识里并不是真的重视或尊重小说。在谈到他最喜欢的日本政治小说，大加赞扬它们宣传政治的功能之余，梁启超说过这样一句话：'固不得专以小说目之'，这岂不是跟他自己所提小说'为文学之上乘'的理论相矛盾？在这种情形下，梁启超心目中的'新小说'根本不可能出现，而就是真的出现了，也还是不能做到'新民'，这样，小说界的革命，是否连小说的生命也给革去了？"①；而蒋英豪则从"新小说"、"诗界革命"和"新文体"三个主要方面论述了梁启超在中国近代新旧文学过渡期的卓越贡献，认为"梁启超在 19 世纪末 20 世纪初基于政治上维新改良的需要，受外国文化艺术的启发，在小说、戏剧、诗歌、散文及文学理论等领域，均有开创性的建树。他以饱满的热情与非凡的气魄革故鼎新，建立新文论、新文体，并亲身从事翻译及创作，满怀激情地为新文学的诞生鼓吹奔走，对促进中国文学摆脱传统桎梏，吸收新鲜血液以至走向世界，起到了无可替代的先导作用。梁氏开启了一代文学的新风气，其影响所及，不但改变了中国文学的传统面貌，使近代文坛涌现了一批崭新的文学作品，为文学的发展注入了新的生机与活力，而且培育了一批矢志文学革新的作家和理论批评家，并为'五四'时代彻底的文学革命准备了条件"②。此外，钟贤培把梁启超对中国近代小说的贡献归纳为"创办《新小说》，为小说革新开辟阵地""努力开创小说理论研究的新领域、新模式""在小说创作开辟现实主义新蹊径"三个方面③，王中忱对梁启超在日本的小说出版活动④、李开军对梁启超的小说本体理论⑤、张全之对梁启超"小说界革命"的内在价值冲突⑥等问题也做了有益的探索。

---

① 《"专欲发表区区政见"：梁启超和晚清政治小说的翻译和创作》，《文艺理论研究》1996 年第 6 期。

② 《梁启超与中国近代新旧文学的过渡》，《南开学报》1997 年第 5 期。

③ 《梁启超对中国近代小说革新的贡献——梁启超与晚清"小说界革命"》，《广东社会科学》1996 年第 2 期。

④ 《梁启超在日本的小说出版活动考略》，《清华大学学报：哲学社会科学版》1996 年第 4 期。

⑤ 《梁启超的小说本体理论初探》，《聊城师范学院学报》1996 年第 3 期。

⑥ 《在艺术与启蒙之间：梁启超"小说界革命"的内在价值冲突》，《临沂师专学报》1997 年第 5 期。

2. 王国维

王国维是近代著名的史学大师、文学家、翻译家和教育家，他一生著述多达60余种，手批手校有关著述190多种，并在许多领域做出过开创性、独创性的贡献。1997年适逢王国维诞辰120周年、逝世70周年，因此1997年前后的王国维研究显得十分热烈，国内学术界召开了纪念王国维诞辰120周年学术研讨会及王国维戏曲学术研讨会两次大型会议，而1996—1997年期刊上发表的有关王国维的论文也超过了60篇，数量位居近代作家之首。其中，钱竞的《王国维美学思想与晚清文学变革》①是一篇功力深厚的论文。该文从对王国维在维新狂潮中醉心、钻研康德、叔本华哲学与美学这一“个人化案例”的追寻入手，侧重分析和批评了王国维在美学、文学研究方面三件开创性、开风气的工作，即“首次引进西方哲学美学，确立一个能够在中国文化系统之外来观察、检讨传统学术的新坐标系”、“依据引进的美学理论框架或重要范畴，应用于中国文艺作品，建立起一种新批评”和“以元曲研究和《人间词话》，为一种注重民间动力的文化史观和融汇中西的诗学奠定基础”，并对清末民初社会转型时期人文学者的学术研究可以产生的历史文化功能做了进一步探讨。作者认为，“王国维并非政治斗士型人物，而是内向忧郁的人文学者。他从“为己之学”出发，却不期然介入了文学观念的重大变革”。文章呼吁“在了解我们的前辈学者尤其是楷模人物的时候，必须十分重视历史语境问题。而且，更有必要的是，把历史语境的研究贯彻到更深、更细的层面上，从而得到更多的有益于今天世道人心的成果，有益于重建和传承中国学术的成果。因此，对于王国维的研究，不仅是必要的，而且应长期坚持，力求别开生面”。而蒋英豪的《王国维与世界文学》②一文则从王国维与世界文学的关系入手，对王国维的学术观念、文学观念的特征和意义做了精到的分析和评价。蒋英豪注意到“王国维受到叔本华思想的影响，在学术和文学上都反对功利主义，主张摆脱现实政治和个人利害的纯学术研究、纯文学创作”的特点，认为“从这个角度来看，他与当时以梁启超为代表的学术、文学主流是背道而驰的，是

① 载《文学评论》1997年第6期。

② 载《复旦学报（社会科学版）》1997年第2期。

反潮流的。但其实他与晚清自魏源以来的思想家有一个共同的信念，就是对大同世界的追求，从这个角度来看，他与梁启超等人又有共通的地方，并非完全对立。不过由于王氏的基本思想是反政治、反功利，他所追求的大同也就不是政治社会的大同，而是学术世界、文学世界的大同”，“学术大同与文学大同的思想，决定了王国维文学批评与文学创作的特性。在他看来，学术无中外，文学也无中外。他以世界文学的眼光，借用外国的批评理论及批评角度来评论中国文学作品，把中国文学作品与外国文学作品相提并论，以衡量作品的价值，因而提出了许多传统文论中未有的新见解，为中国文学批评的世界化奠下基础”；该文认为，“王国维在 20 世纪初年虽然以反潮流的姿态出现在晚清文坛，但他与其他晚清文学家仍具有一些相同的时代特征。最明显的是他对传统的否定与背弃，只是他的背弃比其他人更决绝，所以其个性也就明显。他彻底否定传统载道的、为现实服务的文学观，强调文学有其独立的价值，不必依存于道统政治。他强调纯文学，主张为文学而文学，固与时人之重视文学与政治之关系，希冀以文学作为政治改良之工具大异其趣，他们也都以背弃传统作为面向未来、开创未来的手段。他们都肯定文学上中不如西，要向西方学习，但梁启超、林纾等人，或以仿效西方政治小说之体为满足，或以师法西方写实手法为能事，只有王国维尝试把西方哲理融入中国文学中，而带来中国文学本质的改变，也使中国文学更接近世界”。该文最后指出，“王国维的纯文学主张虽然不能成为文学的主流，但它弥补了为政治而文学者的缺失，使文学得以维持其艺术性，也使新文学在诞生时有一个比较健康的环境。从这些角度来观察，王国维对中国文学走向世界及对新文学的出现，都有不容低估的贡献与影响”。此外，郭豫适把王国维治学的思想和方法归纳为如下三个方面：一是“他认为天下事物，有‘全’有‘曲’，‘无大小，无远近’，学术研究目的和方法无它，就在于对之求真求实”；二是“学问‘无新旧’‘无中西’，二者可以互相比较，‘互相推动’”；三是“有方法论上的自觉性。他注意从自己的学术研究实践中，提炼出某种治学方法，不但身体力行，并且宣示于人，引导人们按照一定的治学方法去进行研究活动”[①]；饶芃子认为，中国文艺批评的现代转型始于王国维在1904年写的《红楼梦评论》，该文在中国文艺批评史上第一次突破了传统批评的批评样式，自创了一种新的批评范式（饶芃子将其命名为“理论批评”），这一新的批评范式后来经过许多人的参与发展成为中国现代批评的主流样式[②]；周一平则在近代中西方文化冲突的大背景中对王国维的死因做了探讨，认为王国维的死是一个文化悲剧，这个悲剧是中西文化冲突中中西方文化糟粕结合的恶果。叔本华的悲观厌世哲学是西方资本主义文化的糟粕；纲常名节是中国封建文化的糟粕。王国维是这些文化糟粕的牺牲品[③]；蒋哲伦针对学术界对王国维论清真词的困惑和误解，发表了精审、独到的见解[④]。毫无疑问，这些文章对论题的开掘都是相当深刻的，有力地推动了王国维研究的深入发展。

3. 林纾

林纾是我国近代翻译西洋文学最有影响的人，曾对近代中西文化的交流做出突出贡献；晚年又因为反对新文化、新文学，在五四运动前后遭到强烈的抨击。近年来，随着学术界对中西文化交流和近代翻译文学的关注，有关林纾及其翻译的研究论文也在不断增加。蒋英豪认为，“林纾在清末民初以古文笔调翻译了西洋小说189种，把外国文学大规模移植到中国来，促成了中国文学的巨变。他是古文家，颇为晚清桐城派‘护法’，但他从不承认自己是桐城派，也不按桐城派的清规戒律行事；他虽是改良派康梁思想的认同者和回应者，但却始终坚持自己的‘书生’身份。古文家身份为他翻译传播新文学、新文化的事业带来了特殊色彩，而以游侠自命的古文家更成了他晚年抗拒新文化、新文学的主要因素。他对外国小说的介绍、评价，在中国文学史上具有划时代的意义。他仿效西方文学的尝试，对推动中国文学走向世界，其作用也不可忽视”。针对认为林纾不懂外文，受口译者所累，选择不精，浪费了不少精力的说法，蒋英豪说：“我认为在

① 《王国维治学的思想和方法：纪念王国维诞辰120周年、逝世70周年》，《红楼梦研究》1997年第4期。

② 《中国文艺批评现代转型的起点——论王国维的〈红楼梦评论〉及其它》，《文艺研究》1996年第1期。

③ 《王国维死因新探》，《学术月刊》1997年第6期。

④ 《王国维论清真词》，《文学遗产》1996年第1期。

当时的文化环境中，不懂外文这个本来是致命、不可原谅的缺点，在林纾反而成了无人可及的优点。如果他懂外文，最多只能精通一种外文，根本不可能译出十余国的作品。如果他精通外文，他在翻译时可能严于取舍，下笔时可能字斟句酌，在意译与直译之间痛苦挣扎，也许不可能在二十四五年内译出 189 种作品。……在那个外国文学作品极端缺乏的环境里，数量显然比质量更重要。而要较全面的移植西方文学，夹杂不同民族风格、艺术风格，有经典的作品，也有世俗的作品，无疑是最恰当的。更何况他的翻译小说还背负着介绍中国以外世界的重任，他在翻译时的广征博采，就更是符合历史需要的。”①刘克敌的《晚年林纾与新文学运动》②一文通过对当时有关史实的细致梳理、分析，得出了如下结论：林纾并不真正反对白话文运动，他后来撰文反对白话的原因，并非如人们通常所说的林纾思想一贯封建守旧或者性格孤高狷介、固执己见、晚年主要与复古派人物交往等，而与当时文坛的魏晋文派与唐宋文派之争、林纾与章太炎积怨日深并愤而辞去北京大学教席之事有关，因此林纾的反对白话，“无论撰文还是写小说影射，在很大程度上是对人不对事，是含有很多泄愤出气成分的”；胡适、陈独秀等新文学阵营中人指责林纾企图借北洋军阀之手来迫害新文学运动和北京大学师生，“可以说是事出有因，但查无实据”；林纾与胡适、陈独秀等虽然势不两立，但在很多方面却又有内在一致的东西。该文指出，“在以往的对五四新文学运动的评价中，由于出于政治上的原因，往往简单地将一切反对白话者视为封建保守派而全盘否定，且不说这种划分是否正确，即使在真正的保守派如林纾那里，至少情况并非如此简单，而且来自反对阵营的声音中不仅有谩骂、有攻击，也有真知灼见。如果说陈独秀、胡适他们有意断章取义、故意利用一些事实、放弃一些事实是因为他们要讲述自己的理论来完成历史赋予他们的使命的话，那么在今天，我们也完全应该重新发现一些事实去完成我们应做的工作”。此外，林纾在辛亥革命后一度热心于小说创作，但声名多为其翻译所掩，一向不大为人注意。夏晓虹在《文史知识》上撰文，对林纾的五部长篇小说——《剑

① 《林纾与桐城派、改良派及新文学的关系》，《文史哲》1997 年第 1 期。

② 载《文学理论研究》1996 年第 4 期。

腥录》《金陵秋》《劫外昙花》《冤海灵光》《巾帼阳秋》——做了简要的介绍和分析，并给予了客观平实的评价：“尽管林纾的创作小说不如其翻译小说名气大，且又因浓厚的文人趣味与古文家身份限制了作品的读者群。然而在新旧交替的时代，由翻译而试手自撰的林纾，还是以其过渡形态的文学样式，为我们察知中国小说的演变历程，提供了珍贵的范例。”[①]

4. 辜鸿铭等

1996—1997 年也是辜鸿铭研究开始走热的两年。尽管其间发表的论文数量不多，但《辜鸿铭文集》以及辜鸿铭著的《中国人的精神》（黄兴涛和宋小庆译，海南出版社 1996 年版）、《清流传——中国的牛津运动》（语桥译，东方出版社 1997 年版）都在这两年出版，严光辉的《辜鸿铭传》（海南出版社 1996 年版）和黄兴涛的《闲话辜鸿铭》（海南出版社 1997 年版）都是质量较高的研究论著，这些都为今后辜鸿铭研究的进一步繁荣打下了良好的基础。此外，张德鸿对黄遵宪及其《日本杂事诗》[②]、蒋英豪对魏源新世界观的形成过程和意义[③]、李景光对王韬在中国近代文学史上的地位[④]等问题的研究，也都有较高的学术价值。

（三）文学流派及运动研究

1996—1997 年的近代文学流派和运动研究主要集中在晚清白话文运动、鸳鸯蝴蝶派和宋诗派三个方面。以下对它们的情况略做梳理。

1. 晚清白话文运动

近年来，随着近代文学研究的逐步开展和深入，人们已不再如从前那样天真地认为白话文运动是由几个年轻的留学生偶然鼓动起来的，白话文是五四运动的“特产”。我国早在晚清时期就已经出现过声势浩大的白话文运动，这已成为学术界一致的共识。因此，晚清白话文运动受到了人们越来越多的关注。1996—1997 年发表的有关论文中，有两篇很值得注意，

① 《古文家的“新小说”：林纾的长篇小说》，《文史知识》1996 年第 2 期。

② 《吟到中华以外天——谈黄遵宪及其〈日本本事诗〉》，《云南师范大学学报》1996 年第 3 期。

③ 《魏源及其作品中的新世界》，《文学遗产》1996 年第 4 期。

④ 《王韬在中国近代文学史上的地位》，《社会科学辑刊》1997 年第 5 期。

一篇是夏晓虹的《晚清白话文运动》[①]，该文对晚清白话文运动的理论基础、发展轨迹、成就及不足等问题做了比较全面、公允的描述和评价。该文认为，“晚清白话文运动不仅作为资产阶级思想启蒙运动，在提高国民觉悟上有很大功绩，而且作为语文改革运动，在推动言文合一方面发生了切实效用”，但是“白话文在晚清的使用与接受，明显地含有等级意识。文化水准的高低，成为取得阅读文言抑或白话资格的关键因素”，“以白话为开通民智的工具，既可收立竿见影之效，也存在着根本的隐患。启蒙者的角色认定，使晚清白话文的作者自居于先知先觉的地位。这种居高临下的态度，造成运动的不乏广度，却缺少深度”，因此，尽管以言文合一为标志的白话文在晚清作家的不断实践中日趋纯熟、流畅，但是它们至少还缺乏现代散文的两项基本要素：新词语与文学性。该文最后说，“晚清白话文所遗留的问题，在‘五四’文学革命发生后始获得圆满解决。平民化的思潮兴起，取消了使用文言的语言特权，白话方可能在社会各界通行无阻，被约定为最主要的写作文体。新词语的融入与‘美文’概念的提出，使白话文真正无意不可达，而享有了文学的声誉。至此，现代白话文才脱颖而出。”相比较而言，袁进《试论中国近代文学语言的变革》[②]一文对白话文运动的认识更为具体和深刻。该文认为，中国近代是中国文学史上语言急剧变革的时期，在短短30余年里，士大夫以之安身立命的文言，急速转变为以白话为主要书面语言，而语言变革的主要动因是外来影响，“大体说来，这一变革的次序从传教士翻译西方书籍，外国人创办华文报刊开始，到90年代末先进士大夫从‘救国’出发倡导‘言文一致’，开始进入高潮。……‘庚子事变’后的数年之内，全国涌现了一大批白话文报纸，出现了一个‘白话文运动’。这个白话文运动的目标是用白话来开发民智，同当时占主导地位的文学观念是完全一致的。所用的白话已经不是中国小说用的‘古白话’，也不完全是当时的口语，白话中有大量来自西方国家和日本的新名词，夹杂着一些外国语言的句型”。袁进认识到，晚清文学语言的变革是一个曲折和复杂的过程，具有追求“言文一致”和“由俗趋雅”两条相互

① 载《文史知识》1996年第9期。

② 载《上海社会科学院学术季刊》1997年第4期。

交融的发展线索，“晚清语言变革的独特之处就在于：一方面变革语言，白话取代文言成为主导趋势，‘报章体’盛行，文言文纷纷出现‘俗化’倾向；另一方面，原来是最‘俗’的‘俗文学’的小说，却出现了‘雅化’的倾向，至少是在小说领域中，‘雅化’压倒了‘俗化’”。另外，该文还批评了周作人说晚清白话文与“后来的白话文可说是没有大关系”和胡适说“文言文是死文学，白话文是活文学”的偏颇之论，认为不应该人为割裂晚清白话文与五四白话文之间的传承关系，更不应该抽掉文学的审美价值内涵，而把语言形式作为评价作品文学价值的标准。这些都是相当中肯、精到的见解。

2. 鸳鸯蝴蝶派

鸳鸯蝴蝶派是中国近现代文学史上一个阵容庞大、影响深远的文学流派，按照一般文学史著作“严肃文学”与“通俗文学”的二分法，它无疑应属于后者。因为它以“消闲”“趣味”为宗旨，坚持迎合世俗的通俗性，因此被正人君子骂了将近一个世纪。近年来，从纯粹政治功利角度评判文学的做法正逐渐受到质疑和唾弃，加上通俗文学的再次兴盛，历史地、科学地考察鸳鸯蝴蝶派并对其做出客观的评价，已成为绝大多数学界同仁的共识。1997 年 9 月，袁进主编的 8 卷本《鸳鸯蝴蝶派散文大系》出版，标志着学术界对鸳鸯蝴蝶派的关注已从向来的以小说为主，扩展到了散文领域。袁进在为该书写的“前言”中说，鸳鸯蝴蝶派是一种世俗文化，是伴随着近代都市的发展而孕育成熟的。与西方国家的情形一样，以帮助读者消遣为宗旨的文学作品大量出现，“这是近代都市崛起、形成的客观社会需要，也是人性需要消遣的客观需求，满足客观的、正当的社会需求，是文学应尽的职责。这也是鸳鸯蝴蝶派作品生命力之所在。另外，随着近代都市的发展，报刊业由于可以同时满足市民了解信息的需要和消遣的需要而迅速发达起来，这也为鸳鸯蝴蝶派的崛起、兴盛提供了实际可能”。在鸳鸯蝴蝶派的创作中，散文占有相当的比例，但一直是研究中的空白。袁进认为，从文学研究的角度看，鸳鸯蝴蝶派散文的价值和意义首先在于，中国近代、现代之交，是文学转型的关键时期，与后来问世的新文学相比，鸳鸯蝴蝶派散文更能显示文学转型的轨迹；鸳鸯蝴蝶派散文艺术风格的特点是注重趣味，趣味其实是文学的生命。当年新文学主流用“趣味主义”

批判鸳鸯蝴蝶派，结果并没有将他们批倒，自己倒是付出了代价，为了与鸳鸯蝴蝶派的“趣味主义”及其他讲“趣味”的新文学划清界限，他们有意避开“趣味”，甚至把“趣味”作为罪名，结果作品的艺术性因此而大受影响，写出的作品像“死板板的长面孔叫人亲近不得”（朱自清语）。这是一个沉重的教训，值得文坛牢牢记住。呼吁对鸳鸯蝴蝶派进行公正、客观评价的还有黄玮。黄玮认为，鸳鸯蝴蝶派是中国文学史上最为庞大的文学流派，是一种复合型新旧思想交织的文学团体。鸳鸯蝴蝶派的主要特征体现在通俗性上。当年，新文学运动的先驱者对其进行的猛烈抨击具有合理的一面，但他们排斥鸳鸯蝴蝶派进步、健康的一面，否定鸳鸯蝴蝶派追求文学娱乐性和消遣性的观点，也有偏颇之处。实际上，鸳鸯蝴蝶派在文学形式、语言、叙述方式等方面都对新文学产生过重大影响。因此，对鸳鸯蝴蝶派的评价，应建立在对通俗文学的正确理解的框架中①。此外，袁荻涌还着重考察了鸳鸯蝴蝶派小说（主要是言情小说）与西方文学的关系问题，认为鸳鸯蝴蝶派文学是西方言情小说与东方才子佳人作品奇妙结合的产物，西方小说在艺术表现形式方面给予鸳鸯蝴蝶派小说的影响主要表现在三个方面：其一，结构布局上的变化；其二，重视心理活动和自然景物的描写；其三，提倡新体短篇小说的创作②。尽管该文中有一些提法不够确切和妥当，但它的研究角度和思维方式无疑是很有启发意义的。

3. 宋诗派

宋诗派本是一个广义的称谓，清代以来凡论诗宗宋者都可称为宋诗派，近代宋诗派主要包括道光咸丰年间的宋诗运动和同光体诗人。在 1996—1997 年的近代诗文研究中，宋诗派是较受关注的一个流派。吴淑钿通过对近代宋诗派诗体论的细致剖析，指出宋诗派诗体论在“用”的方面表现为“以意与结构为前提，注重作品的能‘还其本来’，成‘当然之诣’，而非固守诗体法式，作者以各自的学问根砥及艺术修养相题行事，表现出作品的独特风格”；而在辨别诗体方面，“古近体中，他们五古主宗李杜韩及王孟韦柳，七古主宗李杜韩苏黄，五律主宗李杜王孟，七律主宗黄陆，不

① 《再评鸳鸯蝴蝶派》，《中国人民大学学报》1997 年第 5 期。

② 《鸳鸯蝴蝶派小说与西方文学》，《贵州社会科学》1997 年第 1 期。

尚五绝，而七绝主宗杜陆……要皆不出唐宋之范围，符合他们唐宋一体的诗史观”，宋诗派在辨别诗体方面的看法，实际上反映了他们对中国古典诗歌的审美价值取向，特别是偏向于文学内美的审美观①。陈方《从清季宋诗运动探寻中国古典诗学特征》一文从“诗心”“诗式”“诗作”“诗路”“诗理”“诗味”“诗法”七个角度考察了清季宋诗运动的理论意义，并由此探寻中国古典诗学的重要特征。该文认为，“宋诗运动选择了富有变化的活性的宋诗诗艺体系既是古典诗学的更新，又是古典诗学的凝聚。其诗论深濡封建义理诗教，操握古典诗艺法式；追求脱俗人生，表现诗美本色；顺应诗歌的表现惯例，又力求诗艺的通变创新；学古以丰富养分，读书以修炼诗式，建构起‘学人之言与诗人之言合’的理论框架，体现了集人品与艺品、才情与学理、唐诗与宋诗、诗歌与散文为一体的美学意趣”②。在具体作家研究方面，当以钱仲联对沈曾植“学人之诗”的概括最为精深。③

（四）翻译文学

1996—1997年，中国文学的近代化问题成为近代文学研究的重要内容，1996年河南年会的中心议题就是中国文学的近代化。中国文学的近代化既取决于中国传统文学的自身转化，更受到中西文化交流这一新语境的制约。而考察中西文化交流中西方文学对中国文学的影响，在某种意义上说就是要考察翻译文学对中国文学的影响，因此，翻译文学研究在这两年里受到学术界的格外关注。在这方面做出突出贡献的是郭延礼。郭延礼从1993年开始做近代翻译文学的专题研究，1996—1997年先后发表了《中国近代翻译文学理论初探》《近代翻译侦探小说述略》《近代外国政治小说的翻译》《近代翻译文学与中国文学的近代化》等论文多篇④，其国家社会科学基金课题“中国近代翻译文学史”的阶段性成果《中国近代翻译文学概论》（44万字）也已于1997年完成，由湖北人民出版社收入“中华翻译研究丛书”

① 《近代宋诗派的诗体论》，《华东师范大学学报》1996年第2期。

② 《从清季宋诗运动探寻中国古典诗学特征》，《中山大学学报》1997年第1 期。

③ 《沈曾植诗学蠡测》，《文学遗产》1996年第1期。

④ 《中国近代翻译文学理论初探》载《文史哲》1996年第2期、《近代翻译侦探小说述略》载《外国文学研究》1996年第3期、《近代外国政治小说的翻译》载《齐鲁学刊》1996年第4期、《近代翻译文学与中国文学的近代化》载《山东大学学报》1997年第3期。

中出版。郭延礼将中国近代翻译文学界定为“中国人在国内或国外用中文译的外国文学作品”，在《近代翻译文学与中国文学的近代化》一文中，郭延礼首先指出，近代翻译文学对中国文学观念的影响主要表现在两个方面：一是动摇了中国士人在文学方面的自我优越感，明白西方文学中也有不少如《红楼梦》一样的杰作；二是翻译小说的大量存在，对扭转中国士人轻视小说的观念产生了积极影响，而且梁启超、夏曾佑等把小说作为思想启蒙和宣传变革的观点也首先是受到外国小说的启示。其次，该文重点分析了翻译文学在艺术形式方面对中国文学近代化的影响：第一，翻译文学促进了中国近代文体类型的健全，使中国小说在传统志人、志怪和讲史三大类型之外，增加了政治、侦探、科学、教育等多种小说类型，并促成了中国话剧的产生；第二，叙事艺术的“东渐”促进了文学的近代化，使中国近代文学，特别是近代小说在叙事模式和艺术技巧方面发生新变，其主要表现就是第一人称叙事角度和倒叙手法的有意识运用，并在人物形象塑造特别是心理描写等方面显出新变。该文最后指出，“中国近代作家在接受翻译文学的影响时，由于不是自觉地从美学观点、审美情趣和审美感受着眼，而较侧重于模仿、学习其艺术形式，加之他们又缺乏驾驭这种新形式、新技巧的消化融解，因此，就整体而论，近代文学并没有达到一个超越古代文学的新的高度，中国文学在1840—1919年也没有完成充分的近代化。”而导致这种“不充分的文学近代化”的直接原因，主要有三点：第一，中国文学近代化的历程较英国、法国要短得多；第二，中国的资本主义发展较英国、法国等国家要迟得多，且很不充分，这也限制了资产阶级文学的发展；第三，中国近代社会变化太快，在短短的80年间，有好几次大的思潮变动。这便使近代文学虽然冲破了封闭的文化传统，表现了勇于面向世界的开放活力，却未能在中国文学的近代化方面做出更大的贡献，而真正的文学近代化也只有在五四运动之后才能彻底完成。同时关注翻译文学的还有袁进，他专门考察了近代翻译小说对民初言情小说的影响问题，认为中国近代翻译小说对民初的言情小说产生了重要的影响，这种影响主要表现在三个方面：首先，在价值观念上，它帮助当时中国正处在朦胧状态的对宗法制的反抗推向明确，开始显示独立的个性的人的存在，走向正视现实和反抗现实；其次，在人物塑造上，民初小说出现了恋爱的和尚、寡妇等崭新的人物，增加了人物的牺牲精神与忏悔意识，运用写实的方法描绘人物，改变了原先“才子佳人”的模式；最后，在叙述方式上，民初小说改变传统叙事方式和结构，接受外来影响，促使小说转型①。此外，袁荻涌对 19 世纪我国翻译和介绍西方文学的情况做了简略回顾②，李广利介绍了曾朴的翻译思想③，范伯群论述了包天笑、周瘦鹃、徐卓呆三位通俗文学作家的文学翻译及其对小说创作的促进作用④，黎跃进考察了近代新小说与日本启蒙文学的关系⑤，这些都预示着近代翻译文学研究热潮的到来。

综观 1996—1997 年的近代文学研究，可以发现有如下几个突出特点：第一，继续加强对近代文学资料特别是近代文学作品的发掘和整理，并取得了显著的成绩；第二，研究范围有所扩展，除名家名作外，也开始关注不大为人注意的作家作品，如对满族女文学家顾太清的介绍⑥、对近代女戏曲家刘清韵生平、著述的考证⑦、对南社作家阮式事迹作品的考索⑧、对《碎琴楼》作者何諏生平事迹的考评⑨等，都说明了近代文学研究在逐步走向细致和深入；第三，更加关注近代文学从观念到内容形式的“变革”或“转型”，并将其作为中国文学现代化进程的关键或“根本性变革”，而不再仅仅作为从古代到现代的“过渡”和“桥梁”，这样实际上提高了近代文学在中国文学史上的地位；第四，重视中西文化交流特别是翻译文学的研究，为近代文学研究开辟了一个新的视角和途径，并开始表现出良好的发展势头。关于这两年来研究中体现出的不足，笔者大致归纳为以下几点。第一，尽管已经有一些角度新颖、见解独特的论著出现，但旧的研究观念和思维模式还没有被完全打破，文学研究受政治、历史研究影响的痕迹还比较明显，那种似曾相识、“义正词严”式的论文还经常可以见到，近代

① 《近代翻译小说对言情小说的影响》，《上海社科院学术季刊》1996 年第 3 期。
② 《19 世纪我国对西方文学的翻译和介绍》，《中国比较文学》1996 年第 2 期。
③ 《曾朴的翻译思想》，《中国比较文学》1996 年第 2 期。
④ 《包天笑、周瘦鹃、徐卓呆的文学翻译对小说创作之促进》，《江海学刊》1996 年第 6 期。
⑤ 《近代“新小说”与日本启蒙文学》，《中国文学研究》1997 年第 1 期。
⑥ 张璋《八旗有才女，西林一枝花——记清代满族女文学家顾太清》，《文学遗产》1996 年第 3 期。
⑦ 李志宏《戏曲女作家刘清韵生平、著作考述》，《艺术百家》1997 年第 2 期。
⑧ 朱德慈《南社作家阮式事迹作品考索》，《文教资料》1996 年第 2 期。
⑨ 晏立豪《〈碎琴楼〉作者何諏考评》，《明清小说研究》1997 年第 3 期。

文学研究在观念和手段上多点突破传统模式的工作还任重道远。第二，研究局面欠平衡。在各体文学中，小说仍然是备受关注的对象，而对近代诗文，特别是近代词的研究则相对薄弱得多。第三，对近代报刊、出版机构等近代文学主要载体和传播媒介的重视还远未达到普遍和深入。文学社会运行机制和传播媒介研究将是今后近代文学研究的重点和主要走向，需要学界同人在今后投入更多的时间和精力。

参 考 文 献

阿英. 1957. 晚清戏曲小说目. 上海: 古典文学出版社.
阿英. 1958. 晚清文艺报刊述略. 上海: 古典文学出版社.
阿英. 1960. 晚清文学丛钞・小说戏曲研究卷. 北京: 中华书局.
阿英. 1985. 小说闲谈四种. 上海: 上海古籍出版社.
阿英. 1996. 晚清小说史. 北京: 东方出版社.
包天笑. 1971. 钏影楼回忆录. 香港: 香港大华出版社.
包天笑. 1973. 钏影楼回忆录续编. 香港: 香港大华出版社.
陈伯海. 1997. 近四百年中国文学思潮史. 上海: 东方出版中心.
陈伯海, 袁进. 1993. 上海近代文学史. 上海: 上海人民出版社.
陈大康. 2014. 中国近代小说编年史. 北京: 人民文学出版社.
陈平原. 1988. 中国小说叙事模式的转变. 上海: 上海人民出版社.
陈平原. 1989. 二十世纪中国小说史(第一卷). 北京: 北京大学出版社.
陈平原, 夏晓虹. 1997. 二十世纪中国小说理论资料. 第一卷. 北京: 北京大学出版社.
丁守和. 1982—1987. 辛亥革命时期期刊介绍. 北京: 人民出版社.
丁文江, 赵丰田. 1983. 梁启超年谱长编. 上海: 上海人民出版社.
范伯群. 1999. 中国近现代通俗文学史. 南京: 江苏教育出版社.
范伯群. 2007. 中国现代通俗文学史. 北京: 北京大学出版社.
方汉奇. 1981. 中国近代报刊史. 太原: 山西人民出版社.
方汉奇. 1992. 中国新闻事业通史. 第一卷. 北京: 中国人民大学出版社.
方晓红. 2000. 晚清报刊与晚清小说发展关系研究. 南京: 南京师范大学博士学位论文.
冯自由. 1981. 革命逸史. 北京: 中华书局.
付建舟. 2008. 小说界革命的兴起与发展. 北京: 中国社会科学出版社.
高翰卿等. 1992. 商务印书馆九十五年. 北京: 商务印书馆.
戈公振. 1955. 中国报学史. 北京: 生活・读书・新知三联书店.
郭延礼. 1990—1993. 中国近代文学发展史. 济南: 山东教育出版社.
郭延礼. 1998. 中国近代翻译文学概论. 武汉: 湖北教育出版社.
郭延礼. 1999. 中西文化碰撞与近代文学. 济南: 山东教育出版社.
郭延礼. 2000. 近代西学与中国文学. 南昌: 百花洲文艺出版社.
郭延礼. 2004. 20 世纪中国近代文学研究学术史. 南昌: 江西高校出版社.
郭延礼. 2005. 中国前现代文学的转型. 济南: 山东大学出版社.
郭延礼, 郭蓁. 2016. 中国女性文学研究（1900—1919）. 济南: 山东教育出版社.

海风. 1998. 吴趼人全集. 哈尔滨: 北方文艺出版社.
韩锡铎, 牟仁隆, 王清原. 2002. 小说书坊录. 北京: 北京图书馆出版社.
何宏玲. 2016. 晚清上海文艺报纸与近代文学变革. 北京: 人民出版社.
胡全章. 2011. 清末民初白话报刊研究. 北京: 中国社会科学出版社.
黄锦珠. 2014. 清末民初女作家小说研究. 台北: 里仁书局.
黄霖. 1993. 近代文学批评史. 上海: 上海古籍出版社.
贾树枚. 2000. 上海新闻志. 上海: 上海社会科学院出版社.
江苏省社会科学院明清小说研究中心. 1990. 中国通俗小说总目提要. 北京: 中国文联出版公司.
蒋晓丽. 2005. 中国近代大众传媒与中国近代文学. 成都: 四川出版集团 巴蜀书社.
阚文文. 2008. 晚清报刊翻译小说研究——以八大报刊为中心. 上海: 华东师范大学博士学位论文.
康有为. 1999. 我史. 南京: 江苏人民出版社.
李开军. 2001. 梁启超与中国文学的转变. 济南: 山东大学博士学位论文.
李喜所, 元青. 1993. 梁启超传. 北京: 人民出版社.
李晓丽. 2005. 《月月小说》研究. 扬州: 扬州大学硕士学位论文.
梁启超. 1996. 清代学术概论. 北京: 东方出版社.
刘颖慧. 2014. 晚清小说广告研究. 北京: 人民出版社.
刘永文. 2004. 晚清报刊小说研究. 上海: 上海师范大学博士学位论文.
刘永文. 2008. 晚清小说目录. 上海: 上海古籍出版社.
刘永文. 2011. 民国小说目录(1912—1920). 上海: 上海古籍出版社.
柳珊. 2004. 在历史的缝隙中挣扎——1910—1920年间的《小说月报》研究. 南昌: 百花洲文艺出版社.
鲁迅. 1981. 中国小说史略. 北京: 人民文学出版社.
栾梅健, 张霞. 2015. 近代出版与文学的现代化. 上海: 复旦大学出版社.
栾伟平. 2014. 古典文献研究辑刊: 小说林社研究. 新北: 花木兰文化出版社.
马光仁. 1996. 上海新闻史. 上海: 复旦大学出版社.
马勤勤. 2016. 隐蔽的风景: 清末民初女性小说创作研究. 天津: 南开大学出版社.
[捷]米列娜. 1991. 从传统到现代——世纪转折时期的中国小说. 伍晓明译. 北京: 北京大学出版社.
欧阳健. 1997. 晚清小说史. 杭州: 浙江古籍出版社.
潘建国. 2016. 物质技术视域中的文学景观: 近代出版与小说研究. 北京: 北京大学出版社.
钱理群. 2013. 中国现代文学编年史——以文学广告为中心(1915—1927). 北京: 北京大学出版社.
任访秋. 1988. 中国近代文学史. 开封: 河南大学出版社.
芮和师, 范伯群, 郑学弢等. 1984. 鸳鸯蝴蝶派文学资料. 福州. 福建人民出版社.
上海通社. 1984. 上海研究资料. 上海: 上海书店.
上海图书馆. 1978—1981. 中国近代期刊篇目汇录. 上海: 上海人民出版社.

沈燕. 2004. 二十世纪初中国女性作家小说研究. 上海: 上海师范大学硕士学位论文.
时萌. 2001. 曾朴及虞山作家. 上海: 上海文化出版社.
史和, 姚福申, 叶翠娣. 1991. 中国近代报刊名录. 福州: 福建人民出版社.
宋原放, 李坚白. 1991. 中国出版史. 北京: 中国书籍出版社.
宋原放, 孙顒. 2000. 上海出版志. 上海: 上海社会科学院出版社.
陶春军. 2015. 中国近现代通俗文学期刊风格研究——以《礼拜六》《小说月报》(1910—1920)《小说世界》为例. 南京: 南京大学出版社.
汪家熔. 2008. 中国出版通史. 清代卷(下). 北京: 中国书籍出版社.
王飚. 2011. 中国文学通史. 第七卷. 南京: 江苏文艺出版社.
王燕. 2002. 晚清小说期刊史论. 长春: 吉林人民出版社.
王余光, 吴永贵. 2008. 中国出版通史. 民国卷. 北京: 中国书籍出版社.
魏绍昌. 1962. 老残游记资料. 北京: 中华书局.
魏绍昌. 1980. 李伯元研究资料. 上海: 上海古籍出版社.
魏绍昌. 1980. 吴趼人研究资料. 上海: 上海古籍出版社.
魏绍昌. 1982. 孽海花资料. 上海: 上海古籍出版社.
魏绍昌. 1984. 鸳鸯蝴蝶派研究资料. 上卷. 上海: 上海文艺出版社.
文迎霞. 2007. 晚清报载小说研究——以《申报》《新闻报》《时报》《神州日报》为中心. 上海: 华东师范大学博士学位论文.
夏晓虹. 1992. 觉世与传世——梁启超的文学道路. 上海: 上海人民出版社.
谢仁敏. 2014. 晚清小说低潮研究——以宣统朝小说界为中心. 北京: 中国社会科学出版社.
谢晓霞. 2006. 《小说月报》1910—1920: 商业、文化与未完成的现代性. 上海: 上海三联书店.
熊月之. 1994. 西学东渐与晚清社会. 上海: 上海人民出版社.
徐载平, 徐瑞芳. 1988. 清末四十年申报史料. 北京: 新华出版社.
薛正兴. 1997. 李伯元全集. 南京: 江苏古籍出版社.
杨光辉, 熊尚厚, 吕良海, 等. 1986. 中国近代报刊发展概况. 北京: 新华出版社.
杨义. 1996. 中国新文学图志. 北京: 人民文学出版社.
袁进. 1992. 中国小说的近代变革. 北京: 中国社会科学出版社.
袁进. 1996. 中国文学观念的近代变革. 上海: 上海社会科学院出版社.
袁进. 2001. 近代文学的突围. 上海: 上海人民出版社.
袁进. 2013. 中国近代文学编年史——以文学广告为中心(1872—1914). 北京: 北京大学出版社.
翟春荣. 2010. "息楼"与"息楼中人"——清末上海知识人活动空间与知识人群体的个案考察. 华东师范大学硕士学位论文.
张静庐. 1957. 中国出版史料补编. 北京: 中华书局.
张静庐. 1957. 中国近代出版史料・初编, 二编. 北京: 中华书局.
张静庐. 1957—1959. 中国现代出版史料. 甲编, 乙编, 丙编, 丁编. 北京: 中华书局.
张人凤, 柳和城. 2011. 张元济年谱长编. 上海: 上海交通大学出版社.

张树年. 1991. 张元济年谱. 北京: 商务印书馆.
张天星. 2011. 报刊与晚清文学现代化的发生. 南京: 凤凰出版传媒集团 凤凰出版社.
张仲礼. 2008. 近代上海城市研究. 上海: 上海文艺出版社.
[美]赵俊迈. 2017. 典瑞流芳——民国大出版家夏瑞芳. 北京: 商务印书馆.
中国近代文学大系编委会. 1990—1996. 中国近代文学大系. 上海: 上海书店.
中国近代小说大系编委会. 1988—1998. 中国近代小说大系. 南昌: 江西人民出版社、百花洲文艺出版社.
朱联保. 1993. 近现代上海出版业印象记. 上海: 学林出版社.
［日］樽本照雄. 2002. 新编增补清末民初小说目录. 济南: 齐鲁书社.
［日］樽本照雄. 2006. 清末小说研究集稿. 济南: 齐鲁书社.

后　　记

回想起来，从1997年投到郭延礼师门学习、研讨中国近代文学，到今天已经整20个年头了。20年的岁月，无论国家还是个人，都经历了很多事情，发生了很大改变。对我来说同样如此，唯一不变的是对中国近代文学研究的密切关注，尽管这些年来做出的成绩实在太少。

20世纪90年代末攻读博士学位时，确定的课题是近代文学报刊研究。那时算是国内较早从报刊入手研究近代文学的了。尽管当时的条件跟今天无法相比，但研究工作一直在顽强推进，其中的甘苦自不必说。2000年，我的博士学位论文《中国近代四大小说杂志研究》通过答辩，并于2003年由当代中国出版社出版。但由于条件所限，这本书只印了几百册，主要用于赠送师友阅读交流，在图书市场上销量很小，因此也说不上有什么反响或影响。2006年，我申请了山东省社会科学重点规划项目"近代报刊与中国小说的转型"，希望从近代文学报刊及报刊编辑活动的个案分析入手，探讨近代小说与报刊的互动关系及其对小说转型的影响，厘清近代小说与报刊之间密切而复杂的关系。这本小书就是这些年来我对于近代小说与报刊关系问题思考的结果。需要说明的是，本书的部分成果此前在《文史哲》、《明清小说研究》、《齐鲁学刊》、《学术论坛》以及日本《清末小说》等海内外学术期刊上发表过，衷心感谢这些学术刊物的有力支持。

感谢山东省社科规划办对项目的支持，特别感谢济南大学出版基金对本书出版的资助。感谢郭延礼先生长期以来对我以及济南大学近代文学研究团队的关怀和指导。科学出版社王洪秀女士为本书的编辑出版付出了辛勤的劳动，在此表示衷心感谢。最后，感谢妻子苏春玲女士的悉心照料和支持，使我得以在琐碎繁重的工作之余能集中时间和精力从事教学与研究工作。

郭浩帆

2018年春于济南历下